ND INFORMAL

LÓGICA INFORMAL

Manual de argumentação crítica

Douglas N. Walton

Tradução
Ana Lúcia R. Franco
Carlos A. L. Salum

Revisão da tradução
Fernando Santos

wmf **martinsfontes**

Esta obra foi publicada originalmente em inglês com o título
INFORMAL LOGIC por The Press Syndicate of the University of Cambridge.
Copyright © Cambridge University Press, 1989.
Copyright © 2006, Livraria Martins Fontes Editora Ltda.,
São Paulo, para a presente edição.

1ª edição 2006
2ª edição 2012
3ª tiragem 2022

Tradução
ANA LÚCIA R. FRANCO
CARLOS A. L. SALUM

Revisão da tradução
Fernando Santos
Acompanhamento editorial
Luzia Aparecida dos Santos
Revisões
Helena Guimarães Bittencourt
Marisa Rosa Teixeira
Dinarte Zorzanelli da Silva
Produção gráfica
Geraldo Alves
Paginação
Studio 3 Desenvolvimento Editorial
Capa
Katia Harumi Terasaka

Dados Internacionais de Catalogação na Publicação (CIP)
(Câmara Brasileira do Livro, SP, Brasil)

Walton, Douglas N.
 Lógica informal : manual de argumentação crítica / Douglas N. Walton ; tradução Ana Lúcia R. Franco, Carlos A. L. Salum ; revisão da tradução Fernando Santos. – 2ª ed. – São Paulo : Editora WMF Martins Fontes, 2012.

 Título original: Informal logic.
 Bibliografia.
 ISBN 978-85-7827-564-8

 1. Lógica 2. Raciocínio I. Título.

12-03381   CDD-168

Índices para catálogo sistemático:
1. Argumentação : Lógica   168

Todos os direitos desta edição reservados à
Editora WMF Martins Fontes Ltda.
Rua Prof. Laerte Ramos de Carvalho, 133 01325-030 São Paulo SP Brasil
Tel. (11) 3293.8150 e-mail: info@wmfmartinsfontes.com.br
http://www.wmfmartinsfontes.com.br

ÍNDICE

Prefácio IX
Agradecimentos XIII

1 | O argumento como diálogo racional 1
   1.1 Tipos de diálogo argumentativo 4
   1.2 Componentes do diálogo argumentativo 12
   1.3 Diálogo persuasivo (discussão crítica) 16
   1.4 Regras negativas do diálogo persuasivo 22
   1.5 Algumas falácias informais mais importantes . . . 26
   1.6 A perspectiva crítica 32

2 | Perguntas e respostas no diálogo 37
   2.1 Pressupostos das perguntas 39
   2.2 Perguntas complexas 43
   2.3 Você parou de bater na sua mulher? 48
   2.4 Diálogo racional 53
   2.5 Argumentos da ignorância 58
   2.6 Responder a uma pergunta com outra 67
   2.7 Petição de princípio 71
   2.8 Regras de pergunta e resposta no diálogo 73

3 | Críticas por não-pertinência 81
   3.1 Alegações de não-pertinência 83
   3.2 Não-pertinência global 88
   3.3 Pertinência da resposta à pergunta 92
   3.4 A criação de uma pauta de discussão 97
   3.5 Diferentes críticas por não-pertinência 103
   3.6 Sumário 106

4 | Apelos à emoção 113
   4.1 *Argumentum ad populum* 116
   4.2 O argumento da popularidade 121
   4.3 Problemas dos apelos à popularidade 125
   4.4 Apelos ameaçadores à força 130
   4.5 Outros problemas *ad baculum* 135
   4.6 Apelos à piedade 140
   4.7 Apelos explícitos e evocativos à piedade 143
   4.8 Sumário 146

5 | Argumentos válidos 151
   5.1 Validade dedutiva 152
   5.2 Identificação de argumentos 155
   5.3 Validade como conceito semântico 159
   5.4 Formas válidas do argumento 163
   5.5 Argumentos inválidos 170
   5.6 Incoerência 174
   5.7 Composição e divisão 179
   5.8 Sumário 183

6 | Ataque pessoal na argumentação 187
   6.1 O argumento *ad hominem* abusivo 189
   6.2 O argumento *ad hominem* circunstancial 196
   6.3 O ataque à imparcialidade do argumentador .. 208
   6.4 Argumentos *ad hominem* não-falaciosos 215

    6.5   Réplica a um ataque pessoal 222
    6.6   Questionamento crítico do argumento *ad hominem* 227
    6.7   Tipos mais importantes de erro 230
    6.8   Outros casos para discussão 234

7 | Apelos à autoridade 241
    7.1   Apelos racionais à autoridade 243
    7.2   Três erros comuns do recurso a opiniões de especialistas 250
    7.3   Testemunho de especialistas em argumentação jurídica 253
    7.4   Até que ponto a autoridade é especialista? 258
    7.5   Interpretação do que disse o especialista 265
    7.6   Esquema de argumentação para apelo à opinião especializada 269
    7.7   Questionamento crítico do apelo à opinião especializada 271

8 | Erros indutivos, vieses e falácias 277
    8.1   Estatísticas sem sentido e incompreensíveis ... 280
    8.2   Procedimentos de amostragem 286
    8.3   Estatísticas insuficientes e parciais 289
    8.4   Perguntas e definições questionáveis 292
    8.5   O argumento *post hoc* 298
    8.6   Seis tipos de erros *post hoc* 302
    8.7   Viés devido à definição de variáveis 311
    8.8   Críticas *post hoc* em forma de questionamento crítico numa investigação 314
    8.9   Fortalecimento de argumentos causais através do questionamento crítico 319
    8.10 Sumário 329

9 | Argumentação em linguagem natural 335
   9.1   Ambigüidade e vagueza 336
   9.2   Termos capciosos e linguagem que implica a petição de princípio 341
   9.3   Equívoco 351
   9.4   Argumentos por analogia 355
   9.5   Uso argumentativo da analogia 359
   9.6   Críticas a argumentos por analogia 365
   9.7   Declive escorregadio 369
   9.8   Equívocos sutis 379
   9.9   Variabilidade no rigor dos padrões 385
   9.10 Conclusões 390

Bibliografia 397
Índice remissivo 403

PREFÁCIO

O propósito deste manual é fornecer ao leitor os métodos básicos de análise crítica dos argumentos tais como ocorrem em linguagem natural no universo real de discussões sobre assuntos controversos em áreas como política, direito, ciência e em todos os aspectos da vida diária. Trata-se, em larga medida, de disciplina prática (aplicada), já que cada argumento é, até certo ponto, único. A aplicação caso a caso das orientações gerais da crítica a cada tipo de esquema de argumentação requer capacidade prática de avaliação e interpretação judiciosa na identificação do argumento, que deve ter seu fio principal separado do discurso em que está contido. Pragmática, essa técnica exige que o tipo de diálogo em que ocorre o argumento seja previamente identificado.

A semântica lógica é uma disciplina importante por si mesma. Trata-se da construção de teorias coerentes e completas baseadas em constantes semânticas e no uso de variáveis. O Capítulo 5 é sobre semântica. Mas os outros oito capítulos são sobre a pragmática da argumentação. Em geral, aplicar regras críticas de boa argumentação ao discurso argumentativo sobre assuntos controversos em linguagem natural é uma tarefa essencialmente prática. É um trabalho que exige muitos dos recursos tradicionais associados às humanidades – empatia, perspectiva crítica, cuidado com a linguagem, capacidade de lidar com vagueza e ambigüidade, identificação equilibrada dos pontos mais fortes e mais fracos de um argumento que não seja totalmente bom nem totalmente ruim, atenção às provas que sustentam uma alegação, capacidade de identificar conclusões, capacidade de separar a linha principal da argumentação da massa de enunciados e, em afirmações ou argumentos especializados, discernimento crítico para questionar alegações baseadas na opinião de peritos. Assim, as expressões "lógica informal" e "argumentação crítica" são adequadas ao tema e aos métodos deste manual.

Uma exigência básica da argumentação crítica é que qualquer argumento que se pretenda avaliar seja delimitado e apreciado de maneira adequada no contexto do diálogo em que ocorre. Isso significa que, às vezes, é preciso enfrentar argumentos longos e complexos ou investigar a fundo as partes não enunciadas de um argumento, a posição e os comprometimentos do argumentador, indicados pela evidência do texto, e a questão que o argumento deve supostamente resolver. Essa exigência significa que, para criticar um argumento ou para chamá-lo de fraco, errôneo ou até mesmo falacioso, é preciso apresentar justificativas substanciais da razoabilidade de tal crítica, em forma de provas documentadas oriundas da elocução efetiva e do contexto do argumento em questão. Nesse tipo dialético de abordagem do estudo dos argumentos, é essencial que a análise ou crítica racional ponha em evidência o contexto de perguntas e respostas da argumentação. Assim, todo argumento é concebido de acordo com um modelo de contestação e resposta do diálogo interativo, em que duas pessoas "raciocinam juntas". Entre os tipos mais importantes de contexto estão as seqüências de diálogo de perguntas e respostas sobre assuntos polêmicos. Assim, em geral, a teoria da lógica informal se baseia no conceito de diálogo de perguntas e réplicas como forma de interação entre dois participantes, representando cada qual um lado de uma argumentação sobre uma questão polêmica.

Como Erik Krabbe (1985) sugeriu, o conceito de análise crítica dos argumentos como lógica do diálogo merece ser a pedra fundamental das novas teorias da argumentação, que são agora motivo de tanto interesse. Recentemente, a atenção dada à lógica clássica, às proposições e suas extensões começou, mediante a necessidade de uma abordagem prática do estudo dos argumentos, a se voltar para uma concepção pragmática de diálogo racional como estrutura normativa do argumento. Essa mudança tem sido marcada pelo surgimento de livros didáticos de orientação prática, como também por trabalhos acadêmicos nessa área em expansão. Duas importantes publicações novas apareceram recentemente: *Informal Logic* e *Argumentation*. Foi fundada também a Associação de Lógica Informal e Pensamento Crítico, assim como a Sociedade Internacional para o Estudo da Argumentação. Além disso, em junho de 1986, realizou-se em Amsterdam a Primeira Conferência Internacional sobre Argumentação. Essas tendências indicam uma mudança bem-vinda para a prática da lógica e um renascimento do interesse pelo estudo da argumentação em geral.

Aconteça o que acontecer nos próximos anos com o estudo da teoria da argumentação, o fato é que já se começou a ensinar uma nova abordagem da lógica e do argumento nas aulas de lógica no mundo inteiro. Embora essa nova lógica esteja, ou deveria estar, baseada em novos fundamentos teóricos que incluem estruturas abstratas de diálogo formal e estruturas pragmáticas de análise do discurso, ela, através de uma abordagem mais prática do estudo de argumentos específicos em linguagem natural, aproximou-se muito mais dos objetivos tradicionais das humanidades.

AGRADECIMENTOS

Este trabalho teve o apoio da Killam Research Fellowship, uma bolsa de estudos do Instituto Holandês para Estudos Avançados em Humanidades e Ciências Sociais, e de um auxílio à pesquisa do Conselho de Pesquisa em Humanidades e Ciências Sociais do Canadá. As técnicas usadas foram bastante refinadas e melhoradas pelas discussões com Frans van Eemeren e Rob Grootendorst, durante oficinas e discussões na Universidade de Amsterdam, e também por muitas discussões com Erik Krabbe durante os cinco meses de pesquisa conjunta para um projeto afim no Instituto Holandês, em 1987-88.

Outro estímulo importante foi a Conferência Internacional sobre Argumentação, em Amsterdam, em junho de 1986. Entre os colegas cujos artigos, palestras ou correspondências foram particularmente úteis à elaboração das idéias do presente trabalho, gostaria de agradecer a Francisca Snoeck Henkemans, Tjark Kruiger, Johan Kaufmann, John Woods, Bob Binkley, Jim Mackenzie, William Mann, Henry W. Johnstone Jr., Dick Epstein, Max Cresswell, Michael Wreen, Christoph

Lumer, Tony Blair, John Hoaglund, Ralph Johnson, Michael Schmidt, Trudy Govier, John Biro, Ed Damer, Maurice Finocchiaro, Alan Brinton e Michel Meyer. Gostaria de expressar minha gratidão a Amy Merrett pela digitação do manuscrito.

1. O ARGUMENTO COMO DIÁLOGO RACIONAL

O objetivo deste livro é ajudar o leitor a usar métodos críticos para avaliar de forma imparcial e razoável os pontos fortes e fracos dos argumentos. Os muitos exemplos de argumento estudados neste texto são amostras comuns, embora controversas, provenientes de fontes como debates políticos, argumentos jurídicos, disputas internacionais sobre política externa, controvérsias científicas, perguntas de consumidores, problemas éticos e questões de saúde. Qualquer argumento que ocorra, por exemplo, no contexto de um debate acalorado, de um conflito de opiniões, de um processo de persuasão racional, de questionamento, de crítica ou de interrogatório pode ser proveitosamente analisado pelos métodos que seguem.

Cabe ressaltar que os métodos deste trabalho são essencialmente práticos. Eles pertencem mais ao campo do que é corretamente chamado de pragmática lógica, em oposição à teoria lógica (semântica). Tradicionalmente, a teoria lógica tende a enfatizar as relações semânticas, ou seja, as relações entre conjuntos de proposições verdadeiras ou falsas (tema do Capítulo 2 deste livro). A pragmática lógica diz respeito ao uso que um argumentador faz dessas proposições para alcançar o objetivo do diálogo ao argumentar com um segundo participante. Um tipo de objetivo comum e muito importante é o de convencer ou persuadir outro argumentador, com quem o primeiro participa de um diálogo racional. Na teoria lógica, um argumento não é nada mais nada menos do que um conjunto de proposições. Neste caso, importa apenas a verdade ou a falsidade dessas proposições. O contexto mais amplo do diálogo não é levado em conta. Na pragmática lógica, um argumento é uma alegação que, de acordo com os procedimentos adequados do diálogo racional, deve ser pertinente à conclusão do argumentador, contribuindo para prová-la ou estabelecê-la.

A teoria lógica, então, se preocupa basicamente com as proposições que constituem o argumento. A pragmática lógica se interessa pelo uso racional dessas proposições num diálogo, tendo em vista um objetivo, como, por exemplo, construir ou refutar um raciocínio que apóie um dos lados de uma questão controversa no contexto dialógico. Ela se interessa pelo que é feito com essas proposições nesse contexto, pelo uso dado a elas para convencer o outro argumentador. A pragmática lógica é uma disciplina prática, uma arte aplicada.

A distinção entre semântica e pragmática é ilustrada de forma pitoresca na seguinte anedota:

Exemplo 1.0

Um marinheiro, destacado para o nosso navio pouco antes de deixarmos Halifax, nunca tinha visto o capitão, que no mar costumava andar sem quepe e com uma jaqueta surrada.

O novato tinha acabado de assumir o posto de guarda junto aos canhões quando o capitão apareceu e se pôs a andar pelo convés. De repente, ele se abaixou e pegou uma ponta de cigarro. Atirando-a na direção do marinheiro, perguntou: "Quero saber quem é o desgraçado que é dono desta porcaria."

O novo marinheiro pensou um pouco e depois disse ao oficial sem quepe e sem insígnias: "Acho que é você, colega. Foi você quem achou."[1]

Neste caso, a resposta do marinheiro à pergunta do outro homem foi perfeitamente razoável e apropriada, só que não naquele contexto de diálogo, já que o autor da pergunta era o capitão. Numa resposta ao capitão, os procedimentos de diálogo são muito diferentes do que numa resposta à pergunta de um colega marinheiro. A resposta do marinheiro foi semanticamente apropriada dentro do que ele supôs ser o contexto do diálogo. Mas o contexto da disputa não era a questão do direito à ponta de cigarro achada no chão. Assim, do ponto de vista prático, a resposta do marinheiro foi totalmente inadequada, já que ele se equivocou quanto ao propósito da pergunta. Se ele soubesse que o autor da pergunta era o capitão, teria percebido que o contexto do diálogo dava à pergunta um significado muito diferente: o capitão queria saber quem era o responsável por ter deixado aquela ponta de cigarro no convés. E o marinheiro saberia que uma resposta afirmativa nesse contexto seria uma admissão de culpa por uma falta censurável.

Aqui, o problema era saber sobre o que era a argumentação. Para o capitão, era sobre a limpeza do navio. Para o marinheiro, era sobre a posse de um objeto achado no chão. O equívoco gerou um problema prático.

▼

1. Jack Wilson, em relato a Dave McIntosh em *Legion Magazine*. Publicada novamente em *Readers Digest*, novembro de 1986, p. 39.

Um problema típico da pragmática lógica é que, num dado argumento, vários fatores importantes do contexto do diálogo podem ser obscuros, imprecisos, ambíguos e difíceis de localizar. Pode não ficar claro qual é a verdadeira questão e até mesmo o que é o argumento. Mas antes que um argumento, ou o que parece ser um argumento, seja considerado forte ou fraco, bom ou ruim, não é uma tarefa sem importância determinar o que ele é ou parece ser. Boa parte do trabalho da pragmática lógica reside nessa fase preliminar, quando deve ficar claro o que é o argumento.

Sabe-se, é claro, que a aplicação de qualquer teoria a objetos reais e complexos, como ocorrem em experiências e questões ordinárias, é um projeto que traz problemas exclusivos desse tipo de trabalho prático. E assim é com a lógica prática. Cada argumento em estado bruto tem que ser abordado com cuidado, e as provas fornecidas têm que ser usadas da melhor forma possível para que ele seja racionalmente avaliado. Do ponto de vista pragmático, cada argumento tem que ser considerado no contexto de um ambiente de diálogo determinado. A sensibilidade às características especiais dos diferentes contextos de diálogo é uma exigência para a análise racional de um argumento.

1.1 TIPOS DE DIÁLOGO ARGUMENTATIVO

Um diálogo é uma seqüência de trocas de mensagens ou atos de fala entre dois (ou mais) participantes. Tipicamente, porém, um diálogo é uma troca de perguntas e respostas entre duas partes. Cada diálogo tem um objetivo, cuja realização depende da cooperação entre os participantes. Isso significa que cada participante tem a obrigação de trabalhar pela realização do próprio objetivo e de cooperar com o outro participante na realização do objetivo dele. Em geral, um argumento é considerado um mau argumento quando uma dessas obrigações básicas deixa de ser cumprida.

Um dos contextos de diálogo é a *altercação pessoal*, caracterizada por ataques pessoais agressivos, apelo às emoções e vontade de vencer a discussão a qualquer custo. A altercação se caracteriza por recriminações amargas e perda de perspectiva equilibrada, terminando depois em arrependimento pelos ataques pessoais, que não eram intencionais nem merecidos. A altercação não é amiga da lógica e, muitas vezes, representa o pior tipo de argumento. Nela, a meta de cada argumentador é atacar ou "atingir" o oponente a qualquer custo, usando quaisquer meios, sejam eles razoáveis e justos ou não. Assim, a altercação é caracterizada pelo falacioso ataque *ad hominem* (ataque contra a pessoa e não contra o argumento) e por argumentos emocionais que não seriam considerados pertinentes por padrões mais razoáveis.

A altercação representa o nível mais baixo da argumentação. É preciso estipular padrões razoáveis de procedimento para impedir que uma argumentação se deteriore e se transforme em altercação pessoal. Em geral, as lições lógicas que se podem extrair de uma altercação são patológicas. Ela representa o mau argumento, o argumento exaltado, instrumento de falácias, ataques cruéis e críticas unilaterais que deveriam ser evitados ou desestimulados pelo diálogo racional. Quando um argumento desce ao nível da altercação, geralmente se encontra em grande dificuldade.

Outro contexto de diálogo é o *debate* (*forense*). O debate forense é mais ordenado do que a altercação. Nele, há juízes ou árbitros que determinam, às vezes pelo voto, qual dos lados apresentou o melhor argumento. O debate é regido por regras de procedimento que determinam quando e por quanto tempo cada argumentador pode falar. Em certos casos, o debate é julgado por uma platéia que pode votar após o seu término. Então, vence o debate quem conseguir mais votos.

O debate forense é mais compatível com o raciocínio lógico do que a altercação pessoal porque o resultado é decidido por uma terceira parte, que não está sujeita aos ataques pessoais que podem estar contidos nos argumentos. Assim, alguns debates são controlados por regras que proíbem as formas mais graves de ataque pessoal e outras táticas agressivas ou falaciosas. Mas, às vezes, as regras do debate forense são muito permissivas, dando lugar a todo tipo de argumento falacioso. Nesses casos, como é permitido que as perguntas contenham alegações pessoais muito prejudiciais, pode ser difícil responder a questões extremamente agressivas enquanto se responde à pergunta. Às vezes, tais lances falaciosos não são apenas tolerados, mas valorizados como boa tática de debate.

É claro que, do ponto de vista da lógica, o debate está um grau acima da altercação pessoal[2]. No entanto, o propósito básico do debate forense é conquistar uma vitória verbal contra o oponente impressionando a platéia (ou o árbitro). Isso significa que argumentos falaciosos e ataques pessoais são um bom recurso quando favorecem essa vitória. Em outras palavras, no contexto de um debate, nem sempre um argumento bem-sucedido é um argumento racional do ponto de vista da lógica. *Dar a impressão* de ter um argumento racional pode ser

▼

2. Para saber mais sobre altercação e debate como modelos de argumento, ver Woods e Walton (1982, cap. 1).

uma boa estratégia, mas o mais importante não é tê-lo realmente. O que importa é vencer o debate. Assim, os padrões do debate forense não representam necessariamente, ou de maneira confiável, bons padrões de argumento racional.

Um terceiro contexto de argumento é o do *diálogo persuasivo*[3], também denominado *discussão crítica*. Nesse tipo de diálogo há dois participantes, cada qual com uma tese (conclusão) a provar. No principal método de diálogo persuasivo, cada participante prova a própria tese através de regras de inferência baseadas nas concessões do outro participante[4]. Se você e eu estamos envolvidos num diálogo persuasivo, meu objetivo é persuadi-lo da minha tese, e minha obrigação é provar essa tese a partir de premissas que você aceita ou com as quais está comprometido. Sua obrigação é provar sua tese a partir de premissas que eu aceito ou com as quais estou comprometido (Figura 1.0)[5].

No diálogo persuasivo (discussão crítica), cada parte tem como objetivo persuadir a outra parte da sua tese (conclusão, ponto de vista), tendo como método provar a própria tese[6]. No entanto, dois tipos de prova podem ser usados. A *prova interna* é aquela em que cada participante infere uma proposição a partir das concessões do outro. Esse é o método básico do diálogo persuasivo.

▼

3. Ver Walton (1984). A noção de diálogo racional como jogo regulamentado foi analisada sistematicamente pela primeira vez por Lorenzen (1969) e Hamblin (1970).
4. Provar a partir das concessões do outro participante não é o único tipo de diálogo racional. No entanto, é um tipo muito importante para os propósitos da lógica prática. Modelos teóricos desse tipo de diálogo na argumentação racional são apresentados em Hintikka (1981) e Barth e Krabbe (1982).
5. Ver Krabbe (1985).
6. O conceito de discussão crítica está esboçado em Van Eemeren e Grootendorst (1984).

Esse tipo de diálogo pode também ser facilitado por provas científicas externas. A *prova externa* acarreta a introdução de "novos fatos" no argumento através do recurso a provas científicas, à opinião especializada de uma terceira parte ou a várias fontes especializadas[7]. As normas para uso de provas externas no diálogo persuasivo são estudadas nos Capítulos 7 e 8. Depois que uma proposição é apresentada por um dos participantes como prova externa e aceita como tal pelo outro, pode-se recorrer a ela como premissa para uma prova interna.

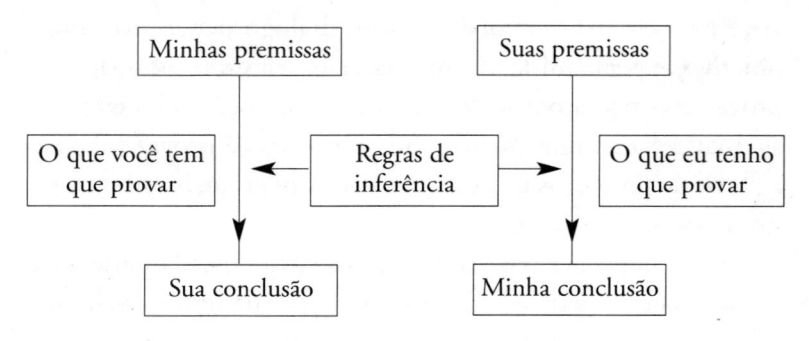

Figura 1.0. *Obrigações do diálogo persuasivo (discussão crítica).*

Embora a primeira obrigação de quem participa de um diálogo persuasivo seja provar sua tese a partir das concessões do outro participante, há também uma segunda obrigação, que é cooperar com o outro nas tentativas de provar a tese dele. Essa obrigação exige respostas úteis e honestas às perguntas do outro participante, permitindo-lhe extrair, do pri-

---

7. Van Eemeren e Grootendorst (1984, p. 167) se referem a um procedimento de teste intersubjetivo no diálogo como método pelo qual os participantes concordam em determinar o que é aceitável como prova numa argumentação.

meiro participante, comprometimentos que possam ser usados como premissas em seus argumentos[8].

No diálogo persuasivo, o argumento é baseado nas concessões da outra parte, e cada participante é livre para aceitar as proposições que quiser. Mas, em outro tipo de diálogo, chamado *investigação*, as premissas só podem ser proposições reconhecidamente verdadeiras, aceitas como informação confiável por todas as partes da investigação.

Um exemplo de investigação é o Warren Commission Report, um dossiê acerca da morte de John F. Kennedy, que procurou determinar os fatos pertinentes ao assassinato e, assim, produzir a prova de uma determinada conclusão. Um diálogo persuasivo, ao contrário, costuma ser sobre uma questão do tipo: "Será o socialismo a melhor forma de governo?" Neste caso, a meta não é provar conclusivamente nenhum dos lados da questão, mas avaliar o poder de persuasão dos argumentos de ambos os lados[9]. Tais argumentos podem revelar convicções e razões importantes para comprometimentos pessoais quanto a uma questão, mesmo que o objetivo não seja estabelecer provas conclusivas com base em premissas reconhecidamente verdadeiras.

A meta básica da investigação é obter incrementos de conhecimento. Assim, ela é um tipo essencialmente *cumulativo* de diálogo, o que significa que não prevê quebras de compromisso. A investigação também parte de uma posição inicial, mas que, nesse caso, é um certo grau de falta de conhecimento a ser superado. Assim, a investigação busca *provas* ou o má-

▼

8. Essa idéia aparece com clareza no modelo de diálogo analisado por Hintikka (1981).
9. Esta função do diálogo, que revela comprometimentos ocultos, é trazida à baila na análise de Walton (1984, cap. 5).

ximo possível de certeza que se pode obter com a evidência disponível. A prioridade comprobatória é a principal característica da investigação, já que ela é conduzida no sentido de tirar suas conclusões de premissas que podem ser estabelecidas sobre provas sólidas. No diálogo persuasivo, ao contrário, o máximo que se pode esperar é o comprometimento plausível com uma opinião baseada em prova racional (mas não conclusiva).

Na investigação, espera-se que, na medida do possível, os participantes sejam investigadores neutros de uma verdade objetiva. A investigação é um contexto de diálogo mais cooperativo do que competitivo[10]. Nela a prova lógica é importante, mas o método pode variar conforme o assunto ou a área. Muitas vezes, a investigação pretende ser "científica" e "factual" em seus métodos e critérios.

No *diálogo de negociação*, o objetivo é o ganho pessoal, e o método é a barganha. A negociação não pretende ser uma investigação objetiva acerca da verdade de uma questão. De fato, ao contrário do diálogo persuasivo, ela não precisa envolver o compromisso com a verdade das proposições nem a convicção de que os ideais se baseiam em sólida argumentação. Na negociação, as opiniões a respeito do que é verdadeiro ou as convicções acerca do que é digno de crédito não são o centro da questão e podem nem ser questionadas por um bom negociador. Diferentemente do diálogo persuasivo, as concessões aqui não são comprometimentos, mas acordos que podem ser sacrificados em troca de alguma vantagem fu-

▼

10. A avaliação racional de qualquer argumento envolve sempre os dados determinados de um texto de discurso a ser analisado. Pressupostos comuns mas não enunciados do argumentador e do avaliador também influem na avaliação. Uma teoria da análise do discurso que mostra a relação do diálogo com o texto é apresentada em Van Eemeren e Grootendorst (1984).

tura. Agora, a posição se torna uma posição de barganha. A prova lógica não é importante neste tipo de diálogo, pois ele é totalmente competitivo. É um tipo de diálogo baseado francamente no ganho pessoal, que não tem a pretensão de ser neutro nem objetivo, nem de investigar a verdade. É possível fazer coalizões com parceiros, mas o objetivo é sempre "fazer um bom negócio", visando ao próprio interesse.

Este tipo de diálogo, a negociação, é chamado por Moore de *conflito baseado no interesse* (1986, p. 74). Ele o define como "cooperação competitiva" em que "os disputantes colaboram para competir pelo mesmo conjunto de bens ou benefícios" em condições de "escassez percebida ou real". Nessa situação, os ganhos de um participante podem significar perdas para o outro. O diálogo é uma espécie de troca de concessões que satisfaz os dois participantes.

Alguns casos de discurso argumentativo combinam dois ou mais tipos de diálogo. Um processo de divórcio, por exemplo, pode começar como uma competição para determinar quem vai ter a custódia dos filhos. No entanto, quando passa à consideração a respeito de quem está mais equipado para cuidar dos filhos, o diálogo deixa de ser uma barganha baseada no interesse e se torna um diálogo persuasivo. Essa mudança no contexto do diálogo pode ser altamente construtiva e benéfica. Ela pode indicar que os interesses individuais do marido e da mulher deram lugar a uma consideração mais ampla do que é melhor para todos, incluindo os filhos. Em geral, passar do modelo de negociação para o modelo de persuasão é um bom passo.

Embora a persuasão, a investigação e a negociação sejam os tipos básicos de diálogo quando se pretende estudar as espécies fundamentais de crítica e argumentação racionais, há muitos outros tipos de diálogo. Um é a *procura de informação*, em que uma das partes tem o objetivo de descobrir informações que a outra parte supostamente tem. Outro é a *procura de ação*, identificado por Mann (1988), em que o objetivo de uma parte é fazer com que a outra siga um determinado curso de ação. Outro tipo é o *diálogo educacional*, em que uma parte (o professor) tem o objetivo de transmitir conhecimento para a outra parte (o aluno). Cada um desses modelos de diálogo tem uma situação inicial distinta e diferentes regras de procedimento para atingir o objetivo a partir da situação inicial. O Quadro 1.0 apresenta um resumo desses oito tipos de diálogo.

Do ponto de vista da argumentação crítica, adotado neste livro, o diálogo persuasivo (discussão crítica) é o tipo de diálogo mais significativo. Ele representa um modelo ideal, ou normativo, de bom diálogo porque tem regras normativas que, tomadas em conjunto, estabelecem um padrão que define como deve ser um bom diálogo persuasivo. No entanto, é importante saber reconhecer os outros tipos de diálogo indicados acima, pois erros e equívocos importantes podem ocorrer quando há uma passagem (dialética) de um tipo de diálogo a outro. Se uma passagem dessas não for percebida, pode levar a interpretações equivocadas, a erros e a uma argumentação enganosa.

1.2. COMPONENTES DO DIÁLOGO ARGUMENTATIVO

Qualquer seqüência de diálogo argumentativo pode ser dividida em quatro estágios[11]. No *estágio inicial*, deve ser especificado o tipo de diálogo. Nesse estágio, os participantes devem

▼

---

11. O conceito dos quatro estágios do diálogo vem de Van Eemeren e Grootendorst (1984).

concordar em participar de um determinado tipo de diálogo, ou pelo menos mostrar disposição para tal. Todo bom diálogo tem regras de procedimento que devem ficar muito claras para os participantes, como parte do estágio inicial do diálogo. Em alguns casos, as regras são enunciadas ou codificadas de maneira explícita, como por exemplo num julgamento criminal. Numa conversa, essas regras costumam ser uma questão de costume e boa educação, que estabelecem expectativas normais de conduta no diálogo (regras da implicatura griceana[12]). Mas, no estágio inicial, as regras podem ser explicitamente enunciadas e aceitas pelos participantes, sempre que isso for útil e necessário.

Quadro 1.0. *Tipos de diálogo*

Diálogo	Situação inicial	Método	Objetivo
Altercação	Inquietação emocional	Ataque pessoal	"Atingir" o outro
Debate	Disputa forense	Vitória verbal	Impressionar a platéia
Persuasão (discussão crítica)	Diferença de opinião	Prova interna e externa	Persuadir o outro
Investigação	Falta de prova	Argumentação baseada em conhecimento	Estabelecer provas
Negociação	Diferença de interesses	Barganha	Obter ganho pessoal
Procura de informação	Falta de informação	Questionamento	Descobrir informações
Procura de ação	Necessidade de ação	Imperativos do tema	Produzir ação
Educacional	Ignorância	Ensino	Transmitir conhecimento

▼

12. Grice (1975).

Há quatro tipos de regras de diálogo. As *regras de locução* estipulam quais são os tipos permitidos de atos de fala ou locuções. Normalmente, no diálogo persuasivo, por exemplo, perguntas e afirmações são locuções permitidas. As *regras de diálogo* especificam a vez de cada um e outras normas a respeito de quando e de quem pode ou deve se pronunciar. As *regras de comprometimento* especificam como cada tipo de locução leva a comprometimentos por parte de cada participante. Por exemplo, quando um participante afirma uma proposição, ela normalmente passa a fazer parte de seu rol de comprometimentos. Finalmente, as *regras estratégicas* (*ganhar ou perder*) determinam a seqüência de locuções que constitui a realização do objetivo do diálogo.

Todo diálogo surge de um problema, de uma diferença de opinião ou de um assunto a ser resolvido que tenha dois lados. Esses lados constituem o *tema* do diálogo. O *estágio de confrontação* é o estágio em que esse tema deve ser anunciado, aceito ou esclarecido, de maneira que torne claro o objetivo do diálogo.

O *estágio de argumentação* é o estágio em que a obrigação que cada parte tem de atingir o objetivo do diálogo, ou contribuir para tal, deve ser cumprida através de métodos apropriados. Cada participante tem a obrigação de fazer um esforço sério para atingir seu próprio objetivo no diálogo. Tem também a obrigação de permitir que a outra parte cumpra sua obrigação. Essas obrigações implicam certas regras de diálogo. Elas exigem, por exemplo, que os participantes tenham cada qual a sua vez, de maneira ordenada, para que todas as partes tenham uma oportunidade razoável de responder às perguntas ou de opinar.

O *estágio final* é o ponto em que o objetivo do diálogo já foi atingido ou em que os participantes concordam com o fim do diálogo. Há maneiras corretas de encerrar um diálogo, que trazem implicações para as regras de condução de um bom diálogo. Um participante não deve se esquivar ilicitamente de participar só porque as coisas parecem não estar correndo como ele quer. Em geral, os participantes devem continuar o diálogo, seguindo as regras, até que ele seja corretamente encerrado.

Esses requisitos gerais dos quatro estágios do diálogo implicam outras regras, aplicáveis a problemas específicos encontrados nos outros capítulos deste livro. As *regras de pertinência* exigem que o participante não se desvie do assunto (o objetivo do diálogo), sob pena de ser contestado. As *regras de cooperação* exigem que o participante responda às perguntas de maneira cooperativa e aceite comprometimentos que reflitam exatamente a sua posição. As *regras de nível de informação* exigem que cada participante adapte seus argumentos ao que a outra parte sabe ou não sabe. Cada participante tem que fornecer informações suficientes para convencer a outra parte, mas apenas as informações necessárias ou úteis àquele propósito.

A Seção 1.3 ilustra a aplicação específica dessas regras ao tipo de diálogo chamado diálogo persuasivo. A Seção 1.4 relaciona algumas proibições ou regras negativas que indicam alguns tipos importantes de erros ou falhas do diálogo persuasivo. A Seção 1.5 apresenta uma visão introdutória de alguns erros mais importantes, com os quais se deve tomar um cuidado especial numa argumentação, já que podem ser usados como táticas sistemáticas e engenhosas para enganar e iludir.

1.3 DIÁLOGO PERSUASIVO (DISCUSSÃO CRÍTICA)

Há dois tipos básicos de diálogo persuasivo. No *diálogo persuasivo assimétrico*, cada participante tem um tipo diferente de obrigação. No *diálogo persuasivo simétrico*, os dois participantes têm o mesmo tipo de obrigação. O exemplo 1.1 é um caso de diálogo persuasivo assimétrico:

Exemplo 1.1

Karl, que acredita convictamente em Deus, tenta convencer Erik de que Deus existe. Erik não se convence com os argumentos de Karl e levanta muitas dúvidas. Erik não é ateu, mas se considera um agnóstico.

Neste caso, as obrigações de Karl e Erik são de tipos diferentes. Karl tomou para si a tarefa de provar a Erik a tese positiva de que Deus existe. Erik é um cético (agnóstico). Ele não pretende provar a tese negativa, de que Deus não existe. Sua obrigação é apenas levantar questões que reflitam suas dúvidas sobre a aceitabilidade dos argumentos de Karl.

O exemplo 1.2, ao contrário, é um caso de diálogo persuasivo simétrico:

Exemplo 1.2

Mary, atéia convicta, está argumentando que Deus não existe. Barbara acredita em Deus e tenta convencer Mary de que Deus existe. Uma procura refutar a tese da outra.

No exemplo 1.2, Mary e Barbara têm o mesmo tipo de obrigação, ou seja, provar sua tese. Poderíamos dizer que ambas têm o ônus da prova positivo, enquanto, no exemplo 1.1, só Karl tinha o dever positivo de provar sua tese. Erik tinha apenas o dever negativo de levantar dúvidas em relação às provas de Karl[13].

No diálogo persuasivo, o objetivo básico é provar uma tese para resolver uma questão. Então, nesse tipo de diálogo, a obrigação principal é o *ônus da prova*, o que significa que o participante com obrigação de provar alguma coisa tem o "ônus" (ou obrigação) de realizar essa tarefa. No diálogo persuasivo simétrico, cabe a ambas as partes o ônus da prova[14].

Num caso como o do exemplo 1.2, dizemos também que os dois participantes têm obrigações *fortemente opostas*, ou seja, um é obrigado a provar uma tese que é o oposto (negação) da tese que o outro é obrigado a provar. No entanto, num caso como o do exemplo 1.1, dizemos que as obrigações dos dois participantes são *fracamente opostas*, ou seja, um é obrigado a negar, a questionar ou a não aceitar as tentativas que o outro faz para provar sua tese, mas não é obrigado a provar o oposto dessa tese. Num caso como esse, dizemos que cabe ao primeiro participante o ônus da prova, mas ao outro não. O ônus do outro é mais leve – apenas levantar questões.

O exemplo a seguir é um caso de diálogo persuasivo simétrico, que mostra forte oposição entre os participantes:

Exemplo 1.3

Bob: Dar gorjeta é bom porque recompensa a excelência no serviço. Essa recompensa leva a um esforço maior e a um trabalho melhor. Logo, dar gorjeta é uma prática que deve ser mantida.

▼

13. Ver, em Walton (1988), um esboço conceitual de ônus da prova.
14. A importância do conceito de ônus da prova para a teoria da argumentação está bem determinada em Rescher (1976).

Helen: Quem faz um bom trabalho deve receber um pagamento regular que reflita o valor desse trabalho. O trabalhador não deve ter que depender dos humores dos clientes para ter um bom salário. Logo, a gorjeta é uma prática que não deve ser mantida.

A conclusão de Bob (precedida pela palavra "logo") é o oposto da conclusão de Helen (precedida pela mesma palavra indicativa de conclusão). Essa prova textual indica que o diálogo persuasivo do exemplo 1.3 é simétrico.

Um componente importante do diálogo persuasivo é a posição do argumentador[15]. Vamos imaginar que o diálogo do exemplo 1.3 continue e que, no decorrer da argumentação, fique evidente que os participantes têm comprometimentos distintos.

Bob está comprometido com a gorjeta como prática aceitável porque é uma troca da economia de livre mercado. Helen é contra a gorjeta porque deixar tais decisões às vicissitudes da economia de livre mercado não é necessariamente uma prática justa ou eqüitativa. Ela prefere que a legislação garanta a cada trabalhador uma remuneração baseada no valor relativo do seu trabalho. Então, cada um revelou uma posição, definida pelos comprometimentos aos quais ficou sujeito por suas perguntas e réplicas.

Tendo acompanhado todo o curso da argumentação, ficamos com uma idéia das proposições com que cada argumentador está comprometido. Segundo a concepção de argumentação apresentada em Hamblin (1970), o aspecto mais importante da argumentação como diálogo persuasivo é o con-

▼

15. Walton (1985b).

junto de comprometimentos, ou estoque de comprometimentos, que cada participante precisa ter. Esse conjunto de comprometimentos pode ser visualizado fisicamente como uma lista de afirmações escritas numa lousa. Ou como um conjunto de proposições gravadas na memória de um computador. Seja como for, o importante é que esse estoque de comprometimentos seja um conjunto definido de proposições. Ele pode ser um conjunto vazio, a menos que a tese de cada participante seja entendida como um comprometimento inicial, dado, desse participante.

O que Hamblin chama de conjunto de comprometimentos de um participante nós chamamos aqui, coletivamente, de posição desse participante no diálogo persuasivo. Segundo Hamblin, o conjunto de comprometimentos é visível para todos os participantes. No entanto, ele não precisa ser visível para todos os participantes, ou para um participante, em todos os momentos ou num momento qualquer. Basta que seja um conjunto definido de proposições.

A idéia é que, à medida que prossegue o jogo do diálogo, são acrescentadas ou riscadas proposições do conjunto de comprometimentos de cada um dos participantes, de acordo com as regras do diálogo.

É o objetivo de um diálogo persuasivo que estabelece o ônus da prova. Mas é importante saber que pode haver diferentes padrões de rigor para o cumprimento dessa exigência.

O padrão mais rigoroso é estabelecido para o *argumento dedutivamente válido*, que exige que seja logicamente impossível que a conclusão seja falsa se as premissas forem verdadeiras. No diálogo sobre a gorjeta, suponha que Helen argumentasse da seguinte maneira:

Exemplo 1.4

    Quem faz um bom trabalho deve receber um pagamento regular que reflita o valor desse trabalho.
    Alice faz um bom trabalho.
    Logo, Alice deve receber um pagamento regular que reflita o valor do seu trabalho.

Esse argumento é dedutivamente válido, ou seja, se as premissas são verdadeiras, a conclusão *tem* que ser verdadeira. Não há como escapar da conclusão quando se aceitam as premissas. Em outras palavras, é logicamente impossível que a conclusão seja falsa e as premissas, verdadeiras. Mas suponha que Helen argumentasse assim:

Exemplo 1.5

    A maior parte das pessoas que faz um bom trabalho deve receber um pagamento regular que reflita o valor desse trabalho.
    Alice faz um bom trabalho.
    Logo, Alice deve receber um pagamento regular que reflita o valor do seu trabalho.

Neste caso, o argumento não é dedutivamente válido. Pode ser que as premissas sejam verdadeiras. Mas, mesmo assim, a conclusão pode ser falsa. Mas o argumento é *indutivamente forte* porque, se as premissas forem verdadeiras, então é provável que a conclusão seja verdadeira. É evidente que a força indutiva é uma exigência menos rigorosa para o sucesso de um argumento do que a validade dedutiva.

    Num terceiro tipo de argumento, chamado *argumento plausível*, o requisito para o sucesso é ainda menos rigoroso do que no caso do argumento indutivamente forte:

Exemplo 1.6

Aceita-se, em geral, que aquele que faz um bom trabalho deve receber um pagamento regular que reflita o valor desse trabalho.
Alice faz um bom trabalho.
Logo, Alice deve receber um pagamento regular que reflita o valor do seu trabalho.

Esse tipo de argumento é intrinsecamente mais fraco. Num argumento plausível, quando as premissas são plausivelmente verdadeiras, então a conclusão é plausivelmente tão verdadeira quanto a premissa menos plausível[16]. Isso não significa que seja impossível, nem mesmo improvável, que a conclusão seja falsa, sendo as premissas verdadeiras. Quer dizer apenas que a conclusão é, no mínimo, tão plausível quanto as premissas. Assim, se o argumentador está comprometido com as premissas, como parte de sua posição, então ele deve estar comprometido na mesma medida com a conclusão. Em outras palavras, se ele rejeita a conclusão mas está comprometido a aceitar as premissas, então o ônus da prova recai sobre ele – pelo argumento 1.6 neste caso –, que deve mostrar por que não aceita a conclusão como plausível.

A função do argumento plausível é transferir o ônus da prova. Muitos dos tipos de críticas a argumentos que examinaremos mais adiante são bons na medida em que transferem com sucesso o ônus da prova para o lado do oponente no diálogo persuasivo.

---

16. Rescher (1976, p. 15).

1.4 REGRAS NEGATIVAS DO DIÁLOGO PERSUASIVO

As regras positivas do diálogo persuasivo propiciam um *modelo normativo* de bom diálogo persuasivo, uma espécie de diálogo ideal em relação ao qual casos particulares de argumentação podem ser julgados. Essas regras positivas implicam também *regras negativas* que exprimem proibições. Violar tais proibições pode resultar em diversos tipos de erros, falhas e deficiências de argumentação.

Certos tipos característicos de falhas ou erros de argumentação são tradicionalmente classificados sob a denominação de *falácias informais*, que são estratégias de argumentação sistematicamente enganosas, baseadas num erro básico e sistemático do diálogo racional. Infelizmente, no entanto, a categoria falácia informal diluiu-se demais nos textos tradicionais, passando a incluir não apenas argumentos fracos ou incompletos, mas até mesmo aqueles que são basicamente corretos e razoáveis como mecanismos de argumentação no diálogo persuasivo.

Algumas violações das regras negativas do diálogo se encaixam mais na categoria da *tolice* do que da falácia porque não são artifícios sistemáticos nem inteligentes para provar alguma coisa, mas simples erros ou lapsos que prejudicam ou enfraquecem a argumentação de quem os comete em vez de derrotar o oponente. Outros argumentos são incompletos porque não respondem adequadamente ao questionamento crítico do participante que deveriam persuadir. Tais argumentos não são "falácias". É melhor classificá-los como exemplos de argumentação fraca ou incompleta.

Alegar que um argumento contém uma falácia é uma crítica forte, pois significa que ele contém um sério erro de lógica ou, o que é ainda mais forte, que se baseia numa falha fundamental de raciocínio, podendo então ser refutado. Mas, como vamos ver, há críticas muito boas que não partem para uma refutação total do argumento para aumentar sua importância. Na verdade, uma interpretação muito severa implicaria um dogmatismo injustificado (um erro em si mesmo).

Uma crítica sempre pede uma réplica, mas uma crítica bem argumentada também transfere o ônus da prova para o proponente do argumento criticado. Para que a crítica seja racional, contudo, o crítico tem a obrigação de apresentar razões que a justifiquem. Veremos, nos capítulos seguintes, como documentar e sustentar cada tipo de crítica. Veremos também que muitos tipos importantes de falhas e erros de argumentação consistem na incapacidade de responder ao questionamento crítico.

Os argumentos que são agora chamados de falácias informais em textos de lógica descendem historicamente do que Aristóteles chamava de *sophistici elenchi*, que significa refutações sofísticas[17]. Uma refutação sofística é uma refutação que parece ser plausivelmente correta mas não é. O termo "sofístico" se refere a uma ilusão ou artifício que esconde uma incorreção lógica. O uso do termo *sophistici elenchi* e de seu descendente, "falácias", gerou a idéia equivocada de que qualquer argumento que se encaixe na categoria tradicional de "falácia" é inerentemente ruim ou sem valor. Assim, pelos padrões da lógica, tais argumentos teriam que ser completamente refutados em qualquer instância.

Agora é um bom momento, na história da lógica, para reconsiderar a área das falácias informais e chegar a uma pers-

---

17. Ver Hamblin (1970).

pectiva mais ampla de todo o contexto dialógico na crítica da argumentação, a fim de classificar falhas e erros específicos da argumentação persuasiva.

Algumas regras negativas importantes do diálogo persuasivo estão resumidas a seguir. A Seção 1.5 introduz algumas falácias informais mais importantes (que serão analisadas nos capítulos subseqüentes) e mostra que algumas dessas falácias famosas estão associadas a transgressões de regras negativas específicas.

Regras negativas do diálogo persuasivo

Estágio inicial

1. Não são permitidas mudanças injustificadas de um tipo de diálogo para outro.

Estágio de confrontação

1. Não são permitidas tentativas injustificadas de modificar a pauta.
2. A recusa a aceitar uma pauta de diálogo específica impede a passagem ao estágio de argumentação.

Estágio de argumentação

1. Deixar de fazer um esforço sério para cumprir uma obrigação é uma estratégia ruim. Por exemplo, ignorar o ônus da prova ou deixar de defender um comprometimento em caso de contestação.
2. Não é permitido tentar transferir o ônus da prova para a outra parte ou alterá-lo ilicitamente.
3. Não é permitido tentar produzir uma prova interna usando premissas que não foram admitidas pela outra parte.
4. Recorrer a fontes externas de provas sem justificar adequadamente seu argumento pode ser motivo de objeção.
5. As falhas de pertinência incluem: apresentar a tese errada, desviar-se do ponto a ser provado, responder à pergunta errada num diálogo.

6. Deixar de fazer as perguntas cabíveis num determinado estágio do diálogo deve ser proibido, assim como fazer perguntas inadequadas.
7. Deixar de dar respostas apropriadas às perguntas deve ser proibido, incluindo aí respostas indevidamente evasivas.
8. Deixar de definir, esclarecer ou justificar o significado ou definição de um termo usado num argumento, de acordo com os padrões de precisão adequados à discussão, é uma violação, caso o uso desse termo seja questionado por outro participante.

Estágio final

1. O participante não deve tentar forçar o fim prematuro de um diálogo antes que ele seja corretamente encerrado, seja por acordo mútuo, seja por seu objetivo ter sido atingido.

Estas regras não são completas, e é preciso discernimento para aplicá-las a contextos específicos do discurso argumentativo. Mas, em geral, para cada falácia ou tolice que ocorre num contexto de diálogo há uma regra para a conduta da discussão que foi prejudicada ou manipulada.

O rigor com que as regras são formuladas ou aplicadas depende do contexto específico do diálogo. Por exemplo: regras de pertinência tendem a ser formuladas e aplicadas com muito mais rigor num tribunal do que numa discussão filosófica.

Essas regras, no entanto, dão ao leitor uma idéia do que é um diálogo persuasivo como forma de atividade coerente e regrada. O propósito básico de um diálogo persuasivo (discussão crítica) é dar a cada participante a oportunidade de expressar suas opiniões sobre uma questão e de prová-las se for possível. Tal diálogo deve ser uma troca de pontos de vista em que cada um é livre para fazer perguntas esclarecedoras e dar respostas pertinentes. Cada lado deve ter a justa oportunidade de expressar seu ponto de vista e de contestar o ponto de vista do outro.

No entanto, há outros tipos de diálogo, como a negociação, por exemplo, em que as regras podem diferir, sob certos aspectos, das regras do diálogo persuasivo. Assim, as mudanças dialéticas podem influenciar nossa opinião a respeito de um determinado discurso ser ou não "falacioso".

1.5 ALGUMAS FALÁCIAS INFORMAIS MAIS IMPORTANTES

É importante conhecer os tipos mais significativos de erros ou táticas enganosas de argumentação, tradicionalmente rotulados de *falácias informais* (importantes). Antes de analisá-las mais a fundo em cada capítulo, vamos apresentá-las rapidamente ao leitor.

A *falácia das perguntas múltiplas* (*perguntas complexas*) ocorre quando uma pergunta é feita de maneira abertamente agressiva, pressupondo comprometimento com respostas anteriores a perguntas que ainda não foram feitas. A estratégia enganadora consiste em preparar uma armadilha ou confundir o oponente, levando-o a incorrer em comprometimentos prejudiciais que podem ser usados para derrotá-lo.

O caso clássico é a pergunta: "Você parou de bater na sua mulher?" O participante que tem a obrigação de responder a essa pergunta se vê sempre em apuros, pois qualquer resposta direta pressupõe que ele admite ter uma mulher em quem batia no passado. Essas táticas de questionamento abertamente agressivas transgridem as regras 2 e 6 do estágio de argumentação, como será mostrado no Capítulo 2.

A *falácia "de ignoratio elenchi"*, também denominada *falácia da conclusão não-pertinente* ou *falácia de ignorância da questão*, ocorre quando um argumento é conduzido de maneira que prove uma conclusão errada ou não-pertinente. O argumento pode ser válido, mas o problema é que se afastou da questão (falta de pertinência – ver regra 5 acima).

Por exemplo, num processo por assassinato, a acusação pode argumentar com sucesso que o assassinato é um crime hediondo. Essa linha de argumentação pode ser emocionalmente eficaz, mas é um diversionismo, já que a obrigação do promotor é provar que aquele réu específico é culpado de assassinato. A falácia de não-pertinência acontece, em geral, quando um dos participantes do diálogo persuasivo não consegue cumprir a obrigação de provar sua tese, que deve estar em questão no diálogo. Quando um argumentador se afasta demais da obrigação de se ater à questão da disputa, ele pode (e deve, em muitos casos) sofrer uma objeção por não-pertinência.

Várias falácias contêm apelos a emoções como pena, medo e entusiasmo. Como, numa argumentação, as emoções costumam ser diversionistas, as falácias emocionais são quase sempre consideradas falácias de pertinência. Mas as emoções podem ser usadas também para forçar o fim prematuro da argumentação, transgredindo a regra negativa do estágio final.

A falácia *argumentum ad baculum* (apelo à força) ocorre quando um participante recorre à força ou à ameaça (intimidação) para impor sua conclusão sem ter apresentado argumentos adequados para sustentá-la. O *argumentum ad misericordiam* é o apelo à piedade, e o *argumentum ad populum* é o apelo às emoções, ao entusiasmo ou aos sentimentos coletivos de uma platéia. Essas duas formas de apelo emocional são consideradas falácias quando o participante as usa para impor uma conclusão sem que tenha cumprido a obrigação de justificá-la através de provas fortes e pertinentes ao ônus da prova. O apelo emocional é usado para disfarçar a falta de provas sólidas a favor de uma alegação quando uma dessas falácias é perpetrada.

No entanto, o uso de emoção no argumento não é intrinsecamente falacioso ou errado. Somente o mau uso de um apelo emocional deve ser criticado como falacioso. No Capítulo 4, são examinados muitos exemplos de apelos emocionais. A análise da argumentação tem como tarefa julgar quando um determinado apelo emocional pode ser considerado, com justiça, um diversionismo ou um artifício não-pertinente ou falacioso.

Numa argumentação, o ataque pessoal é sempre perigoso e favorece a exaltação dos ânimos e as altercações amargas, e não a discussão racional de uma questão. A falácia *argumentum ad hominem* ocorre quando alguém critica um argumento atacando pessoalmente o argumentador em vez de considerar os méritos de seu argumento. Em alguns casos, questões de caráter e conduta pessoal são pertinentes quando se considera um argumento. Mas, quando não são, acontece então a falácia *ad hominem*. Seguem-se dois exemplos de *argumentum ad hominem*, citados por Christopher Cerf e Victor Navasky em *The Experts Speak*:

Exemplo 1.7

"As chamadas teorias de Einstein não passam de delírios de uma mente poluída por besteiras democráticas e liberais, coisa totalmente inaceitável para homens de ciência alemães."[18]

▼

18. Dr. Walter Gross, representante oficial da "Ciência Nórdica" do Terceiro Reich, reproduzido no *American Mercury*, março de 1940, p. 339, citado por Christopher Cerf e Victor Navasky em *The Experts Speak* (Nova York, Pantheon, 1984, p. 300).

Exemplo 1.8
"A teoria de um universo relativístico é a obra hostil dos agentes do fascismo. É a propaganda repugnante de uma ideologia moribunda e contra-revolucionária."[19]

Para julgar a validade científica da teoria da relatividade, o que importa é a prova científica. As opiniões pessoais, morais ou políticas dos representantes ou descobridores da teoria não são pertinentes ao contexto de uma corroboração ou investigação científica séria da teoria. Assim, o uso do ataque pessoal nos exemplos 1.7 e 1.8 é um tipo falacioso de *argumentum ad hominem*.

Muitas vezes, a falácia *ad hominem* decorre de uma mudança ilícita de um tipo de diálogo para outro. Nos exemplos 1.7 e 1.8, a mudança é de uma investigação científica para um diálogo persuasivo a respeito de opiniões políticas e convicções pessoais.

Outro tipo de falácia, o *argumentum ad verecundiam*, ou "apelo à modéstia", é o mau uso que um participante faz da opinião de um perito ou autoridade na tentativa de se furtar à própria opinião, já que pode alegar que não ousa discutir a palavra de uma autoridade no assunto. O apelo à opinião especializada é, em si, uma forma legítima de argumentação, mas pode ser mal empregado, transgredindo a regra 4 da argumentação.

Algumas falácias estão relacionadas à indução e ao raciocínio estatístico. É o caso da infame falácia *post hoc, ergo propter hoc*, que fundamenta erroneamente uma conclusão causal

---

19. *Astronomical Journal of the Soviet Union*, citado no *American Mercury*, março de 1940, p. 339, citado em ibid.

numa fraca correlação estatística entre dois eventos. Por exemplo, embora possa haver uma correlação genuína entre a população de cegonhas e o índice de nascimentos (humanos) no norte da Europa, é um erro concluir que há uma relação causal entre as duas coisas. A citação de fontes estatísticas como prova pode levar a transgressões da regra 4 da argumentação, analisada no Capítulo 8.

Outras falácias estão relacionadas ao uso da linguagem natural na argumentação. Elas decorrem da imprecisão e da ambigüidade de termos e frases da linguagem natural. A imprecisão e a ambigüidade na argumentação não são inerentemente ruins. Mas pode haver problemas e confusões por causa das discordâncias e divergências a respeito de definições de palavras ou frases controversas. O Capítulo 9 apresenta vários tipos importantes de falácias relacionadas ao significado dos termos em linguagem natural. Essas falácias dizem respeito à regra 8 do estágio de argumentação.

Entre as falácias restantes, vale mencionar seis como erros comuns de argumentação, as quais serão analisadas em capítulos subseqüentes:

1. A falácia do *argumentum ad ignorantiam* (argumento da ignorância) pode ser ilustrada pelo argumento de que os fantasmas existem porque ninguém conseguiu provar que eles não existem. Esse tipo de argumento mostra que é perigoso argumentar com base na ignorância, e que a impossibilidade de desmentir uma proposição nem sempre a comprova. Essa falácia é discutida na Seção 2.5.
2. A falácia do equívoco vem da confusão entre dois significados diferentes de um termo, no mesmo argumento, quando há uma mudança contextual. Considere o argumento: "Todos os elefantes são animais, Henri é um elefante e Henri é um elefante pe-

queno. Logo, Henri é um animal pequeno." O problema aqui é que o significado do termo relativo "pequeno" muda quando aplicado a elefantes (animais relativamente grandes), em oposição aos casos em que se aplica aos animais em geral. Essa falácia é discutida na Seção 9.3.

3. A falácia do espantalho ocorre quando a posição de um argumentador é deturpada por ser citada de maneira errada, exagerada ou por sofrer outro tipo de distorção.
4. A falácia do argumento circular (também chamada *petitio principii*, ou petição de princípio) ocorre quando a conclusão a ser provada pelo argumentador já está pressuposta em suas premissas. Por exemplo: suponha que Bob, um ateu, pede a Leo para provar que Deus é benevolente. Leo argumenta: "Deus tem todas as virtudes, e a benevolência é uma virtude. Logo, Deus é benevolente." Bob pode objetar dizendo que Leo pressupõe a própria conclusão que deveria provar, pois Bob duvida que Deus tenha *qualquer* virtude (inclusive a benevolência), ou mesmo que Deus exista. Portanto, o argumento de Leo parte do princípio que deveria provar. Esse argumento é discutido na Seção 2.7.
5. A falácia da ladeira escorregadia ocorre quando uma proposta é criticada, sem provas suficientes, sob a alegação de que vai levar, por uma seqüência inevitável de consequências estreitamente ligadas, a um resultado catastrófico. Por exemplo, uma proposta em prol da legalização do aborto em certos casos poderia ser criticada com o argumento de que tal passo levaria à perda de respeito pela vida humana, o que acabaria levando a campos de concentração para a eliminação de pessoas que não são úteis à economia. Esse tipo de argumento, estudado na Seção 9.7, pressupõe que depois do primeiro passo, que é aceitar a proposição em questão, é inevitável prosseguir ladeira abaixo, já que há uma seqüência de passos que se segue inexoravelmente ao primeiro.
6. A falácia da composição argumenta de maneira irracional, partindo dos atributos de algumas partes de um todo, ou de membros de um grupo, para concluir dos atributos do todo ou do próprio grupo. Por exemplo: é um erro concluir que certo time de hóquei vai jogar bem e ganhar um campeonato só porque

cada um dos jogadores é individualmente excelente. Os jogadores podem ser bons, mas, caso não consigam cooperar, o time pode jogar mal. A falácia da divisão é o tipo oposto de argumentação questionável. Um exemplo dessa falácia é argumentar que uma universidade é notável por sua erudição e concluir que, portanto, o professor Dullard, que dá aula nessa universidade, deve ser notável por sua erudição. A composição e a divisão são tratadas na Seção 5.7.

Esta lista de falácias está longe de ser completa, mas oferece ao leitor uma introdução aos tipos clássicos de erros de raciocínio mais significativos na lógica informal.

1.6 A PERSPECTIVA CRÍTICA

O diálogo racional deve ser essencialmente aberto e estimular perguntas esclarecedoras sobre todos os aspectos pertinentes de uma questão controversa. A briga de foice de críticas afiadas e réplicas vigorosas não é, em si mesma, ruim nem falaciosa. Dentro de certos limites, essa interação entre adversários que joga um argumento contra o outro é, de fato, um aspecto essencial da argumentação que revela e esclarece. As regras do diálogo racional não devem ser rígidas a ponto de excluir a livre argumentação.

A argumentação racional tem como característica um aspecto competitivo porque cada argumentador procura persuadir uma platéia ou o outro argumentador. Quando tal aspecto se torna agressivo ou pessoal demais, a argumentação tende a se tornar menos racional e mais belicosa. Mesmo assim, essa natureza competitiva não é, em si mesma, ruim nem contrária à razão, já que, numa questão controversa, a força de um argumento deve ser avaliada com base na sua eficácia diante dos argumentos contrários. Em investigações científicas, o teste por que passa um argumento é saber se, diante de evidências empíricas contrárias, ele é falso ou não. Numa disputa a respeito de uma questão controversa, onde a convicção racional é o máximo que se pode esperar, o argumento é avaliado com base no fato de poder ou não ser refutado por argumentos contrários num diálogo racional. Assim, o aspecto competitivo do diálogo racional é, ou pelo menos pode ser, uma parte importante daquilo que o torna racional.

O problema do debate e da altercação como modelos de argumento é que o objetivo passa a ser a vitória pessoal a qualquer custo, mesmo que seja preciso abandonar ou contrariar os padrões imparciais do raciocínio lógico. Contudo, o diálogo só pode ser racional na medida em que o objetivo de construir uma argumentação mais forte do que a do oponente é levado a cabo dentro de uma estrutura que regule ambas as partes. Caso contrário, quando se caminha para a revelação das posições mais profundas dos participantes sobre a questão a ser discutida, o argumento tende a se desviar do curso do diálogo. Uma diatribe unilateral é inútil e não esclarece nada.

Daí a importância da crítica imparcial. É preciso saber reconhecer aqueles pontos críticos em que o diálogo deixa de ser racional ou se afasta de uma linha melhor de argumentação. Na verdade, saber reconhecer esses pontos e saber lidar com eles através do questionamento crítico correto são habilidades fundamentais da lógica informal como disciplina.

As falácias informais relacionadas na Seção 1.5 representam os tipos mais importantes de estratégias de ataque no diálogo argumentativo. Ardilosas e eficazes, elas podem ser usadas com sucesso para pressionar o oponente e levar a melhor no diálogo, mesmo que o argumento usado para esse fim seja fraco ou errado. Elas são como as táticas e os truques usados em luta livre para confundir o oponente mais forte e fazê-lo cair, ou até mesmo perder a luta. Mas as táticas associadas às falácias informais tradicionais nem sempre são usadas ilicitamente (transgressões de regras do diálogo honesto). Em alguns casos, elas também podem ser usadas com imparcialidade para atender a objetivos legítimos do diálogo racional. Esta lição a respeito de cada uma das falácias aparece nos capítulos subseqüentes.

Além disso, em outros casos, argumentos com um esquema igual ao das principais falácias nem sempre são "falaciosos", podendo ser apenas fracos ou sem sustentação. Tais argumentos devem ser criticados, mas não precisam ser sempre tachados de falaciosos e rejeitados. O proponente muitas vezes consegue responder ao questionamento crítico, preenchendo as lacunas de tal argumento. Neste caso, os dois participantes podem se beneficiar se raciocinarem juntos.

Mas as falácias são estratégias de argumentação que vale a pena conhecer, já que representam métodos eficazes de ataque que podem ser usados com propósitos tanto fraudulentos como legítimos. No entanto, há muito a dizer sobre os argumentos que não são totalmente ruins (falaciosos) nem totalmente bons.

Numa argumentação sobre assuntos controversos, nem sempre a tarefa do crítico é demonstrar que o argumento em questão é falacioso, logicamente incoerente ou baseado em provas sem valor, que devem ser rejeitadas por inteiro. Em geral, não cabe uma refutação assim tão forte. A tarefa do crítico, quase sempre, é mostrar que um determinado argumento dá margem a dúvidas razoáveis ou não tem sustentação suficiente, podendo assim ser questionado. Embora mais fraco, esse tipo de crítica é suficiente para conservar ou suspender o comprometimento do público a quem o argumento é dirigido. Apontando as falhas de um argumento questionável, o crítico demonstra que ele está sujeito à crítica racional. Isso, por si só, é de grande valia e pode ser suficiente para o crítico atingir seu objetivo. Uma crítica que transfere o ônus da prova é suficiente para que o público suspenda seu comprometimento. Quando se trata de temas controversos, esse tipo de crítica ocorre com freqüência, acabando por persuadir o público a mudar seu ponto de vista a respeito da questão.

Em geral, quem critica um argumento não é indiferente ao fato de ele favorecer um dos lados da questão. Por isso, no caso de assuntos controversos que tenham importância para nós, a perda de perspectiva crítica é um perigo constante. Isso não significa que os dois lados do argumento sejam igualmente bons. Significa que o crítico racional tem que se esforçar para investigar os dois lados, para poder avaliar críticas e réplicas de maneira sensível e inteligente. O erro do dogmatismo cego, que só considera um dos lados do argumento como a posição que vale a pena investigar, está entre os mais graves impedimentos ao diálogo racional. Conhecendo os esquemas de argumentação e questionamento crítico que acompanham a apresentação dos diferentes erros e falácias nos capítulos seguintes, o leitor vai aprender a criticar pontos de vista contrários ao seu sem deixar de apreciar seus méritos. A aplicação dessas diretrizes nos permite avaliar os defeitos e méritos reais dos argumentos, em vez de meramente concordar ou discordar de suas conclusões, ou julgá-los compatíveis ou não com nossa posição pessoal a respeito de uma questão.

2. PERGUNTAS E RESPOSTAS NO DIÁLOGO

No diálogo racional, cada participante tem a obrigação de dar respostas diretas às perguntas – se souber a resposta e se a pergunta for apropriada. Quem não souber a resposta direta, ou por algum motivo não puder dar essa resposta, é obrigado a ser o mais informativo possível. Em geral, esperamos uma resposta direta porque pressupomos que a pergunta é um pedido sincero de informação, em que seu autor ao menos espera que a outra parte tenha a informação e seja capaz de dá-la. Por isso, uma resposta que não é direta pode ser considerada inútil ou evasiva.

Como no diálogo racional são essas as expectativas normais, o propósito geral das perguntas é pedir informações, que aqui equivalem a um conjunto de proposições. Então, fazer uma pergunta é pedir à outra parte que forneça um conjunto de proposições.

Há vários tipos de perguntas, cada qual com um formato diferente para solicitar proposições[1]. Uma pergunta *ou* coloca

▼

1. Harrah (1984, p. 716) relaciona onze tipos de perguntas reconhecidos pela maioria dos teóricos da lógica das perguntas.

várias alternativas e requer que o oponente escolha uma. Por exemplo, a pergunta "Ela estava vestindo a calça cinza, o vestido vermelho ou o jeans azul?" exige que a outra parte escolha uma das proposições da disjunção. Um exemplo de resposta direta seria: "Ela estava usando o vestido vermelho." Uma pergunta *sim ou não* permite apenas duas alternativas, a resposta afirmativa ou a negativa, sendo assim um tipo simples da pergunta *ou* com duas opções. Uma pergunta *por que* pede que a outra parte apresente um conjunto de proposições que forneça premissas para o argumento racional, as quais permitirão ao autor da pergunta inferir a proposição em questão[2].

Uma *resposta direta* a uma pergunta fornece exatamente a informação pedida. Uma *resposta indireta* fornece parte da informação. Uma *réplica* a uma pergunta é uma resposta que pode não ser direta nem indireta[3]. Às vezes, a réplica questiona a própria pergunta. Mas, como observamos acima, espera-se normalmente por uma resposta útil.

No entanto, essa expectativa normal e razoável não vale para todas as perguntas, já que algumas não são pedidos sinceros de informação. São perguntas feitas de maneira agressiva, implicando pressupostos prejudiciais que podem desacreditar quem lhes dê uma resposta direta. Então, como algumas perguntas são deliberadamente prejudiciais, a falta de uma resposta direta nem sempre é evasiva ou não-pertinente. Em certos casos, dar uma resposta direta seria cair na armadilha do

▼

2. Ver em Aqvist (1965) e em Belnap e Steel (1976) modelos formalizados desses tipos de perguntas.
3. Harrah (1984, p. 715) observa que a maioria dos teóricos reconhece a distinção entre réplica e resposta.

autor da pergunta. Portanto, a resposta racional a certas perguntas é outra pergunta.

É preciso discernimento para saber quando uma pergunta é racional num contexto específico ou quando a ausência de uma resposta direta justifica uma crítica por evasão ou não-pertinência. Neste capítulo, vamos examinar vários fatores que devem ser levados em conta na avaliação racional de uma seqüência de perguntas e respostas num diálogo.

2.1 PRESSUPOSTOS DAS PERGUNTAS

Numa pergunta, o *pressuposto* é uma proposição supostamente aceitável para o oponente, que ficará comprometido com ela ao dar qualquer resposta direta. Em geral, uma pergunta pode ter vários pressupostos. Como um pressuposto é também uma proposição, o ato de fazer uma pergunta contém informações positivas em forma de proposições. Por isso, perguntar pode ser um modo de introduzir proposições num diálogo. Ou seja, perguntar é também argumentar e influenciar o curso subseqüente da argumentação.

Quanto aos pressupostos de uma pergunta, o que nos interessa aqui é o fato de qualquer resposta direta comprometer seu autor com tais pressupostos[4]. Assim, as perguntas podem afetar fortemente a posição de quem responde, seu conjunto de comprometimentos no diálogo. A própria pergunta pode ser argumentativa.

Certas perguntas são tradicionalmente consideradas falaciosas porque são cheias de pressupostos que funcionam como

---

4. Definimos "pressuposto" mais para o final deste capítulo.

uma armadilha para o oponente, seja qual for sua resposta. O exemplo mais famoso é a clássica pergunta sobre a surra na mulher:

> *Exemplo 2.0*
> Você parou de bater na sua mulher?

A característica mais contestável dessa pergunta ardilosa é que qualquer resposta, "sim" ou "não", compromete seu autor com o fato de em algum momento ter batido na mulher. Assim, quem não tem o hábito de bater na mulher é obrigado a admitir uma proposição com a qual não tem comprometimento algum, já que essa é a única forma de responder à pergunta. Trata-se de um ardil coercitivo que leva o oponente a admitir uma coisa prejudicial. Por isso, o exemplo 2.0 é considerado o caso clássico da *falácia das perguntas múltiplas*, chamada também de *falácia da pergunta complexa*.

Não é difícil encontrar perguntas semelhantes à 2.0. Todas elas têm a mesma característica contestável:

> *Exemplo 2.1*
> Você sempre foi mentiroso ou está começando agora?

> *Exemplo 2.2*
> Você fez investimentos lucrativos com o dinheiro que ganhou usando fundos do governo de maneira antiética?

Nos dois casos, a pergunta contém um pressuposto prejudicial. Seja qual for a resposta, seu autor se vê obrigado a se incriminar. Qualquer que seja a resposta à pergunta 2.1, ele se compromete com o fato de ser um mentiroso. Depois de aceitar tal pressuposto, é provável que não tenha mais credibilidade na continuação do diálogo.

Considere agora a pergunta 2.2. Ela poderia se dar no seguinte contexto de diálogo:

Exemplo 2.2a

Branco: Você fez investimentos lucrativos com o dinheiro que ganhou usando fundos do governo de maneira antiética?
Preto: Não.
Branco: Então você admite que usou de maneira antiética os fundos do governo. Exijo que renuncie imediatamente. Você não sabe que o uso antiético de fundos do governo é motivo suficiente para que você seja demitido?

Neste caso, quem pergunta completa seu ataque com outra pergunta capciosa.

O grande problema é que o formato *sim ou não* da pergunta não permite uma terceira opção, ou cláusula de escape. Em casos assim, fica claro que a melhor réplica é contestar a pergunta – questioná-la –, desde que isso seja permitido. Como resposta à pergunta, pode-se rejeitar o pressuposto ou, ao menos, questioná-lo. As duas perguntas acima são ainda mais falaciosas porque seu formato *sim ou não* pede uma resposta simples. Para esse tipo de pergunta, há apenas duas respostas diretas: "sim" ou "não". Mas não dar uma resposta direta às perguntas 2.0, 2.1 ou 2.2 não significa necessariamente escapar da pergunta ou deixar de dar uma resposta pertinente. Às vezes, a resposta direta não é a opção mais razoável porque a pergunta não é enunciada de forma que permita que quem responde afirme sua posição.

Pode-se pensar que todas as perguntas com pressupostos são falaciosas. Mas muitas perguntas que têm pressupostos significativos são razoáveis e legítimas:

Exemplo 2.3
O homem de chapéu vermelho, sentado na última fileira, é do curso de Psicologia?

Esta pergunta contém muitos pressupostos. Ela pressupõe que há um homem na última fileira, que ele está usando algo, que se trata de um chapéu, que o chapéu é vermelho e assim por diante. Mas não é problemático responder a essa pergunta e ela não parece ser falaciosa. Ela é uma pergunta *sim ou não* com múltiplos pressupostos, mas, na maior parte dos contextos, não há uma boa razão para vê-la como uma pergunta-armadilha ou como uma falácia de perguntas múltiplas.

A diferença entre a inofensiva pergunta 2.3 e as três perguntas falaciosas anteriores está na natureza dos pressupostos. Nesta última, eles parecem inofensivos e inocentes. Mas dificilmente alguém gostaria de se comprometer publicamente com os pressupostos das três primeiras. Poderíamos chamar tais pressupostos de *comprometimentos indesejáveis*, e as perguntas que os contêm de *perguntas capciosas*. É a posição de quem tem a obrigação de responder que determina se a pergunta é ou não capciosa. Se tal pessoa não quer se comprometer com o pressuposto de uma determinada pergunta, então esta pode ser considerada capciosa em relação à sua posição.

Mas, no geral, na maior parte dos contextos do diálogo racional, as perguntas 2.0, 2.1 e 2.2 podem ser consideradas capciosas. Ponha-se no lugar de quem tem que responder à pergunta. Você gostaria ou deveria ter que admitir que bate na sua mulher? Se não, quando dirigida a você, 2.0 é uma pergunta capciosa. No caso da pergunta 2.1, quase ninguém gostaria de admitir que é um mentiroso. Quem fizesse tal admissão ficaria desacreditado nos argumentos futuros, além de solapar a possibilidade de diálogo racional. Finalmente, na pergunta 2.2, é pouco provável que alguém que seja inocente da acusação de uso antiético de fundos do governo queira admitir tal uso para obter lucro. É possível que haja alguém disposto a fazer tal admissão, mas o contexto sugere que a pergunta foi dirigida a uma pessoa inocente, para quem tal comprometimento não é bem-vindo nem apropriado. Então, 2.0, 2.1 e 2.2 seriam normalmente consideradas (com razão) perguntas capciosas.

2.2 PERGUNTAS COMPLEXAS

Vimos que nem todas as perguntas que contêm pressupostos são falaciosas. Na verdade, toda pergunta pressupõe alguma coisa. Até mesmo uma pergunta como "2 é um número?" pressupõe que existem números e que 2 é o tipo de coisa que pode ser um número. Até a pergunta mais inocente contém pressupostos, que nem sempre são um problema nem uma indicação de que tal pergunta seja, de alguma forma, suspeita ou falaciosa.

Outra lição a aprender é que há perguntas complexas que podem não ser falaciosas nem problemáticas:

Exemplo 2.4
   Gerta saiu de vestido ou de calça comprida?

Exemplo 2.5
   Você pegou sua camisa e pôs na máquina?

Exemplo 2.6
   Você pode abrir a porta se Kevin esquecer a chave?

Cada uma dessas perguntas é semanticamente complexa. O exemplo 2.4 é uma pergunta disjuntiva; o exemplo 2.5 é uma pergunta conjuntiva; e o 2.6 é uma pergunta condicional[5]. No entanto, na maioria dos contextos, não seria razoável chamar nenhum desses exemplos de pergunta capciosa ou falaciosa. Em outras palavras, não há nada de inerentemente errado numa pergunta com pressupostos complexos (múltiplos).

Para entender o quanto uma pergunta pode ser complexa, reflita sobre esta amostra de diálogo da sessão de debates da Câmara dos Comuns do Canadá[6]. A pergunta do sr. Chrétien é incomumente complexa para a Sessão de Argüição, um tipo de diálogo em que as perguntas devem ser curtas, e não "argumentações":

Exemplo 2.7

Honorável Jean Chrétien (Saint-Maurice): Senhor presidente, minha pergunta é dirigida ao Honorável Primeiro-Ministro.

Segundo uma reportagem publicada hoje, o ministro da Expansão Industrial Regional é dono de uma empresa: ele tem 50 por cento das ações de uma companhia que fabrica calçados e, como é responsável pelo Tribunal Antidumping e pela fixação das cotas de importação de calçados, e como o presidente da companhia disse que ela estava tendo problemas por causa da importação, terá o Honorável Primeiro-Ministro tomado as precauções necessárias ao nomear o ministro da Indústria e Comércio ou o ministro da Expansão Industrial Regional, fazendo-lhe certas perguntas pertinentes, e terá o ministro informado o primeiro-ministro

▼

5. Um estudo cuidadoso dos problemas das perguntas múltiplas é apresentado em Hintikka (1976, cap. 6).
6. *Canada: House of Commons Debates (Hansard)*, vol. 126, 16 de novembro de 1984, p. 297.

dos potenciais conflitos de interesse que existiam na época, e, se o primeiro-ministro estava ciente da situação, como pôde o membro em questão tornar-se ministro de um departamento em que tem que tomar decisões diárias que podem afetar a posição financeira de uma companhia da qual ele detém 50 por cento das ações?

Honorável Brian Mulroney (Primeiro-Ministro): Estou surpreso e surpreso [*sic*] por o Honorável Representante fazer tal pergunta. No entanto, posso garantir a ele que todos os requisitos legais foram preenchidos antes de qualquer um ser nomeado, inclusive o ministro em questão. O Honorável Representante está ciente, sem dúvida, de que, de tempos em tempos, os cidadãos canadenses, inclusive os membros desta Câmara que trabalharam no mundo dos negócios, têm enfrentado certos problemas, e devo dizer que tive todas as garantias de que todos os requisitos legais foram preenchidos, e estou certo de que o Honorável Representante em questão tem a integridade e a competência exigidas para cumprir seus deveres de ministro.

A pergunta do sr. Chrétien contém tantos pressupostos que fica difícil não perder o fio da meada. E é também bastante agressiva, apresentando uma alegação de conflito de interesses contra um ministro do governo. Mesmo assim, não parece que o sr. Chrétien tenha feito uma pergunta destituída de racionalidade. E, embora o sr. Mulroney tenha rejeitado a implicação da pergunta de que pode haver um conflito de interesses neste caso, ele não parece rejeitar a pergunta em si como intrinsecamente contestável ou imprópria por causa de sua estrutura.

Na Câmara dos Comuns do Canadá, as regras do debate exigem que a pergunta não seja um "discurso" nem comprida demais. Pode ser que, neste caso, uma intervenção do presidente da casa fosse cabível para impedir o sr. Chrétien de fazer uma pergunta tão longa.

Mas, como resposta a essa intervenção, o sr. Chrétien poderia argumentar que todos os assuntos estão interligados de maneira complexa, e que, portanto, neste caso, a extensão da pergunta não deixa de ser razoável. É sabido e aceito que nem todas as restrições que as regras de debate estipulam se aplicam a todos os casos.

Desse modo, ainda que a pergunta do sr. Chrétien seja um bom exemplo do grau de complexidade que uma pergunta pode ter e do quanto essa complexidade pode deixar o oponente desnorteado, disso não decorre que uma pergunta seja sempre falaciosa ou incorreta simplesmente por causa de sua complexidade. É a natureza capciosa da pergunta do sr. Chrétien que, combinada à sua multiplicidade, faz com que seja difícil deslindá-la.

Assim, embora alguns pressupostos da pergunta possam ser inaceitáveis, não seria correto concluir que ela é falaciosa por causa de sua complexidade. É evidente que essa pergunta é notavelmente complexa, mas isso não parece ser, em si, profundamente contestável, ou, ao menos, não parece ser motivo para concluir que ela seja uma pergunta falaciosa.

Embora possa haver limites práticos para a extensão de uma pergunta, é tolerável certo grau de complexidade de pressupostos. Se isso é verdade, a complexidade como tal – dentro de limites razoáveis – não é intrinsecamente falaciosa.

Além disso, a política de banir todas as perguntas complexas do diálogo racional parece ser uma proposta extremamente dúbia. Proibir totalmente as perguntas conjuntivas, disjuntivas ou condicionais seria empobrecer a atuação do argumentador, impedindo-o de fazer perguntas importantes e legítimas. Certamente tal empobrecimento teria que ter como contrapeso uma forte justificativa para que se acreditasse que as perguntas semanticamente complexas são intrinsecamente enganosas ou falaciosas. Mas essa idéia parece equivocada, já que uma pergunta semanticamente complexa só é falaciosa quando vários outros fatores se combinam para torná-la problemática, como no caso da pergunta sobre a surra na mulher.

De todo modo, as perguntas complexas podem trazer problemas para quem prefere responder a cada parte separadamente. Uma boa estratégia é pedir que a pergunta seja dividida, pois a resposta a uma pergunta não implica necessariamente a resposta à outra:

Exemplo 2.8
    Você apóia a prática da contratação eqüitativa e as quotas de empregos para minorias raciais?

Essa pergunta, formulada na forma *sim ou não*, coloca um problema para quem prefere, por exemplo, responder "sim" a uma parte e "não" à outra. A melhor estratégia é pedir que as duas perguntas sejam feitas separadamente ou, pelo menos, que seja possível dar respostas separadas.

No entanto, não é em qualquer contexto que é permitido dividir a pergunta. É costume, no legislativo, incluir um projeto de lei controvertido em outro mais amplo, que tenha maior aceitação por parte da oposição. Assim, a oposição só pode vetar o projeto de lei controvertido se pagar o preço de rejeitar também a parte que gostaria de ver aprovada. Esse problema é basicamente semelhante aos efeitos colaterais de um tratamento médico. Nesse caso, é a natureza que só nos concede os benefícios do tratamento se pagarmos o preço dos efeitos colaterais negativos.

Felizmente, em muitos contextos de diálogo, não é apenas permissível, mas também razoável, pedir que uma pergunta seja dividida em perguntas menores. O importante é estar ciente dessa possibilidade e recorrer a ela quando a divisão da pergunta for racional.

2.3 VOCÊ PAROU DE BATER NA SUA MULHER?

Vimos que há perguntas complexas e perguntas capciosas. Vimos também que as perguntas complexas nem sempre são falaciosas. E que as perguntas capciosas nem sempre são falaciosas, embora seja bom tomar muito cuidado ao responder a uma pergunta dessas. Às vezes, é melhor não respondê-la, mas questionar seus pressupostos. Veremos agora por que a pergunta 2.1, sobre a surra na mulher, é problemática. O problema é que se trata de uma pergunta ao mesmo tempo complexa e capciosa, e essa combinação é usada de maneira coercitiva contra o oponente.

Quem nunca bateu na mulher mas se vê obrigado a responder a essa pergunta pode dividi-la em duas partes e responder a cada uma separadamente:

(1) Não, nunca bati na minha mulher.
(2) Não, não bato na minha mulher agora.

Dividida, essa resposta frustra o ataque falacioso contido na pergunta. E cabe observar que a pergunta é capciosa, presumindo-se, é claro, que a pessoa a quem ela é dirigida não esteja acostumada a bater na mulher e não queira admitir esse fato pessoalmente.

Mas essa qualidade falaciosa da pergunta tem um terceiro aspecto. Como é formulada no formato *sim ou não*, ela se disfarça de pergunta inofensiva. Normalmente, uma pergunta *sim ou não é segura*, o que significa que seu pressuposto é trivialmente verdadeiro. Por exemplo: a pergunta "A neve é branca?" tem como pressuposto uma verdade trivial: "A neve é branca ou a neve não é branca." Uma vez que não há como negar racionalmente tal pressuposto, a pergunta é inofensiva. Ela não tem nenhum pressuposto significativo que nos leve a considerá-la capciosa. Em geral, as perguntas *sim ou não* são perfeitamente seguras. Contudo, a pergunta sobre a surra na mulher só parece segura porque é formulada nesse formato. Por outro lado, qualquer resposta "sim" ou "não" leva automaticamente a um comprometimento com uma proposição extremamente prejudicial (Figura 2.0). O problema é que a pergunta sobre a surra na mulher é feita para forçar o oponente a aceitar o pressuposto, seja qual for a sua resposta. E, como a pergunta é no formato *sim ou não*, essas são as únicas alternativas de resposta apresentadas.

Em resumo, essa pergunta é um caso problemático de pergunta complexa porque combina três elementos: (1) é uma pergunta complexa, (2) é uma pergunta capciosa e (3) é uma pergunta *sim ou não*. Quem é obrigado a respondê-la vê-se diante do dilema de uma escolha injusta. Se parou de bater, é porque antes costumava bater. Se não parou, é porque continua batendo. Seja como for, sai perdendo[7].

Mas não é em qualquer contexto de diálogo que a pergunta sobre a surra na mulher é problemática ou contestável. Imagine um julgamento em que o réu tenha admitido que batia na mulher. Então, seria perfeitamente racional a acusação per-

▼
7. Uma análise mais detalhada das diversas falhas dessa pergunta é encontrada em Walton (1981).

guntar "Você parou de bater na sua mulher?" – e é provável que o réu não tivesse problema em responder.

Então, é enganoso chamar a pergunta sobre a surra na mulher de falácia, ou de *falácia de perguntas múltiplas*, já que esse tipo de pergunta nem sempre é errôneo, embora possa representar um problema importante no diálogo.

O problema subjacente da pergunta sobre a surra na mulher, quando ele existe, é que ela não se encaixa numa ordem racional de perguntas e respostas no contexto do diálogo. Para entender por quê, é preciso comparar o contexto da colocação da pergunta com uma seqüência razoável de perguntas e respostas para esse contexto. Assim, é possível ver se a pergunta feita transgride essa ordem racional de diálogo.

```
        ┌─────────────────────────────────────┐
        │ Você parou de bater na sua mulher?  │
        └─────────────────────────────────────┘
               ↙                    ↘
        ┌─────────┐           ┌─────────┐
        │   SIM   │           │   NÃO   │
        └─────────┘           └─────────┘
               ↘                    ↙
        ┌─────────────────────────────────────────┐
        │ Em algum momento, já bati na minha mulher. │
        └─────────────────────────────────────────┘
```

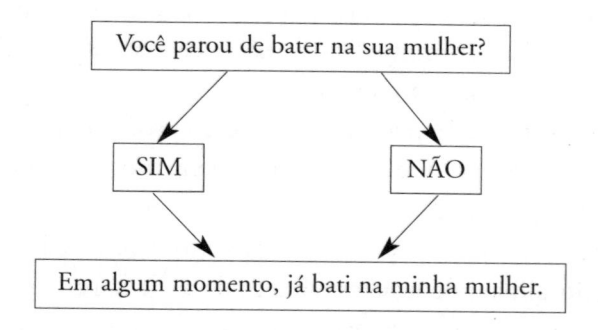

Figura 2.0. *A pergunta sobre a surra na mulher.*

Essa pergunta, para ser razoável, pressupõe respostas afirmativas a duas perguntas anteriores, feitas na seguinte ordem: (1) Você tem uma mulher? (2) Você já bateu na sua mulher? Se essas duas perguntas não forem feitas e respondidas primeiro, a pergunta sobre a surra na mulher transgride a ordem do diálogo razoável.

Mas não se trata apenas do contexto que a antecede. A pergunta sobre a surra na mulher favorece também um ataque subseqüente por parte do autor, depois que qualquer resposta direta lhe tenha sido dada. A Figura 2.1 mostra um esquema de diálogo que nos permite avaliar a racionalidade da pergunta sobre a surra na mulher.

Esse esquema mostra claramente a estratégia do autor da pergunta. Incorporando as duas perguntas anteriores àquela pergunta, a estratégia é obter respostas afirmativas para elas sem que o oponente tenha a oportunidade de se negar a fazer tais admissões.

```
                    Você tem uma mulher?
                    /                  \
                  Não                   Sim
                   |                     |
                  Fim         Você já bateu na sua mulher?
                                 /                    \
                               Sim                    Não
                                |                      |
               Você parou de bater na sua mulher?     Fim
                        /            \
                      Sim            Não
                        \            /
                Você sabe que essa conduta imoral pode
                        lhe trazer problemas?
```

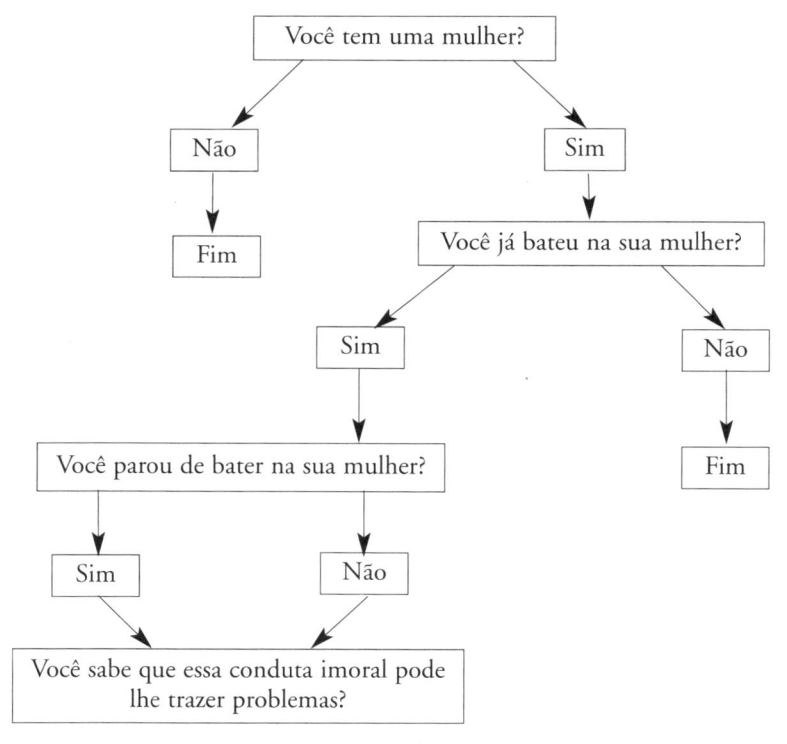

Figura 2.1. *Esquema de diálogo para a pergunta sobre a surra na mulher.*

Uma estratégia semelhante é deixada em aberto para a seqüência de diálogo que sucede à pergunta sobre a surra na mulher. Essa seqüência permite perguntas ainda mais incriminadoras, como a última da Figura 2.1. Ou, para mencionar outra linha possível de diálogo, o autor da pergunta poderia dar seguimento ao diálogo fazendo um ataque pessoal circunstancial através de outra pergunta: "Como você consegue conciliar sua conduta imoral com seus padrões pessoais de moralidade?" Caso o oponente caia na armadilha, essa estratégia pode ser repetida várias vezes, até que o lado do que responde à argumentação esteja totalmente destruído.

Vemos, então, que essa pergunta é coercitiva. Sem dar ao oponente a oportunidade justa de responder a uma pergunta de cada vez, quem pergunta pode seguir em frente, pulando perguntas não respondidas para derrotar a argumentação da outra parte.

Em suma, a verdadeira complexidade da pergunta sobre a surra na mulher não se resume à complexidade semântica do seu pressuposto. Há também uma complexidade pragmática que pertence à ordem da seqüência de perguntas e respostas no contexto do diálogo.

Num diálogo, o propósito das perguntas pode ser arrancar do oponente comprometimentos que possam depois ser usados como concessões para persuadi-lo. Mas toda pergunta deve dar a quem a responde a opção razoável de expressar sua opinião sincera. A pergunta sobre a surra na mulher tenta forçar o oponente a fazer uma admissão prejudicial e levar o diálogo a um fim prematuro. Por isso, ela vai contra os requisitos do bom diálogo[8].

▼

8. Pode ser interessante ter em mente as lições sobre como lidar com perguntas agressivas quando chegarmos ao caso da réplica do caçador na Seção 6.2, que tem a forma de uma pergunta.

Assim, para saber se uma resposta é racional, é preciso antes saber se a pergunta é racional. No exemplo a seguir, a réplica é considerada evasiva. Mas será que essa crítica se justifica?

Exemplo 2.9

> *P*: Por quanto tempo você pretende condenar esta empresa a um prejuízo contínuo recusando-se teimosamente a mudar suas políticas desastrosas?
>
> *R*: Eu não aceito, nem por um momento, seu pressuposto de que minhas políticas sejam desastrosas ou de que eu tenha sido teimoso.
>
> *P*: Você não respondeu à pergunta! Isso é típico de suas táticas evasivas.

Aqui, a estratégia do autor da pergunta é dar seguimento a uma pergunta agressiva e capciosa acusando o oponente de ser evasivo (de fazer uma réplica não-pertinente). No entanto, ele replicou corretamente ao questionar os pressupostos da pergunta.

É claro que, normalmente, todos têm a obrigação de dar respostas diretas, desde que isso seja possível e não apresente dificuldades despropositadas. Mas, no exemplo 2.9, uma resposta direta criaria uma armadilha. Então, a réplica "evasiva" é razoável.

2.4 DIÁLOGO RACIONAL

Na avaliação de amostras realistas de diálogo, tendemos naturalmente a nos concentrar na crítica às respostas na tentativa de detectar falácias. Mas até mesmo as perguntas, que em geral parecem inofensivas, podem também conter falácias ou estar sujeitas a críticas. Portanto, na avaliação de um diálogo, é bom começar examinando as perguntas que foram feitas. Primeiro, é preciso averiguar de que tipo é cada pergunta. Uma pergunta *sim ou não* é supostamente segura, mas, como vimos, muitas são capciosas e complexas em seus pressupostos. Tais perguntas não são seguras.

Outro tipo de pergunta é a pergunta *ou*, que oferece muitas alternativas. O exemplo 2.4 é uma pergunta *ou*, ou pergunta disjuntiva, porque coloca duas alternativas. Gerta saiu de calça comprida ou de vestido? No caso de perguntas *ou*, é bom se prevenir contra a falácia que consiste em deixar de apresentar a gama inteira de alternativas razoáveis. É a falácia *branco ou preto*, em que a pergunta coloca uma disjunção exclusiva que é restrita demais para representar as várias possibilidades razoáveis que uma resposta direta exige. Um exemplo clássico dessa falácia é a seguinte pergunta:

Exemplo 2.10
   A zebra é branca ou preta?

Essa pergunta é um problema porque o correto seria responder que a zebra é branca e preta. Mas, quando a pergunta é feita ou entendida como disjunção exclusiva, ela não permite a resposta "Ambas as coisas". Em outras palavras, o pressuposto da pergunta é que a zebra ou é branca ou é preta, mas não as duas coisas. Presumindo que esse pressuposto seja falso, a pergunta pode ser considerada contestável porque não permite uma resposta correta e nem ao menos direta, conforme fosse mais razoável.

Não é difícil encontrar exemplos desse tipo de pergunta:

Exemplo 2.11
Você é pacifista ou belicista?

Exemplo 2.12
[Título de livro] *Os abolicionistas: reformadores ou fanáticos?*

Perguntas disjuntivas como essas podem ser contestadas quando são por demais restritivas, não oferecendo uma latitude razoável para uma resposta direta. Aqui também, a melhor resposta pode ser refutar o pressuposto apresentando como réplica outra pergunta. Embora seja razoável exigir respostas diretas, em perguntas como estas tal exigência é por demais restritiva.

Mas, em princípio, não há nada de errado no tipo disjuntivo (*ou-ou*) de pergunta complexa. Qual é o erro, então, que torna uma pergunta *ou-ou* contestável? Basicamente, o que torna uma pergunta disjuntiva contestável é a mesma característica, já mencionada, da pergunta sobre a surra na mulher. Uma pergunta como essa é contestável quando transgride a ordem racional de perguntas e respostas no diálogo. Considere a seguinte pergunta:

Exemplo 2.13
Devemos permitir que o governo assuma o controle total da medicina ou devemos permitir que os médicos fiquem totalmente livres da regulamentação governamental?

O problema, neste caso, é o pressuposto de que uma resposta racional se encaixa numa das duas alternativas apresentadas. No entanto, esse pressuposto é altamente improvável e precisaria ser estabelecido por uma pergunta anterior, ou por uma seqüência de perguntas e respostas, para que a pergunta do exemplo 2.13 pudesse ser considerada razoável.

Há casos de emprego bastante agressivo de questões disjuntivas em que a estratégia é ainda mais transparente.

Exemplo 2.14
A neve é preta ou você é um desses loucos que acham que ela é branca?

Aqui, o autor da pergunta tentou se antecipar à resposta esperada definindo-a na pergunta como uma opção que já foi descartada como "louca". A ordem razoável seria perguntar primeiro se a neve é preta e, se a resposta fosse "A neve é branca", criticar então essa resposta.

Outro tipo de pergunta é a pergunta *por que*, que pode exigir uma explicação para alguma coisa ou uma razão para aceitar uma proposição. No diálogo racional, um tipo importante de pergunta *por que* é a que pede as razões de aceitação de uma proposição sujeita a questionamento ou controvérsia:

Exemplo 2.15
Por que o pacifismo é moralmente errado?

Muitas vezes, o contexto desse tipo de pergunta *por que* é uma disputa em que o participante a quem a pergunta é dirigida adotou certa posição ou está comprometido com ela. A pergunta pode ser um desafio para que tal participante forneça premissas que impliquem a proposição desejada, sendo essa proposição uma parte significativa de sua posição. No exemplo 2.15, o contexto da disputa poderia ser o seguinte: um dos participantes defende uma posição oposta ao pacifismo, e o autor da pergunta o desafia a apresentar as razões que o levaram a aceitar a proposição de que o pacifismo é moralmente errado.

No caso das perguntas *por que*, o problema é saber em que medida a resposta tem que ser direta para ser considerada pertinente. Uma resposta direta a uma pergunta *por que*, como a 2.15, pode ser definida como um conjunto de proposições que implica o pressuposto da pergunta através de argumentos válidos, de acordo com as regras de argumento válido apropriadas ao diálogo. Às vezes, contudo, numa disputa controversa, quem responde à pergunta precisa de espaço para argumentar. Talvez essa pessoa não consiga provar diretamente a proposição em questão, tendo que fazer com que o autor da pergunta aceite outras proposições como premissas adicionais para que possa avançar no sentido de provar sua conclusão. Mas quanto espaço para argumentar é razoável conceder a quem responde a uma pergunta *por quê*? Mais uma vez, é preciso discernimento para avaliar se a resposta é pertinente, se ela parece estar se encaminhando na direção correta. Não se deve tachar uma resposta de não-pertinente só porque ela não forneceu imediatamente a prova requerida.

Resumindo, há vários tipos de perguntas, como perguntas *sim ou não*, perguntas *ou* e perguntas *por que*. Na análise de qualquer diálogo, o primeiro passo é identificar o tipo de pergunta envolvida. O segundo passo é identificar e enunciar os pressupostos da pergunta. O terceiro passo é perguntar se o pressuposto da pergunta é complexo. O quarto passo é avaliar se o pressuposto da pergunta é capcioso. Se a resposta às duas últimas perguntas for "sim", então o quinto passo é averiguar se a pergunta é um caso da falácia de perguntas múltiplas. Avaliada a pergunta, cabe agora partir para uma avaliação da resposta.

O sexto passo da análise do diálogo é avaliar se a resposta é uma resposta direta. Se não for, o sétimo passo é perguntar se a resposta é razoavelmente pertinente. No entanto, este sétimo passo tem que levar em conta a propriedade e a razoabilidade da pergunta. Se ela for falaciosa ou muito agressiva, então a ausência de uma resposta direta pode não ser uma boa razão para considerar a resposta não-pertinente ou evasiva. Se a resposta deve ou não ser considerada pertinente é algo que depende da eqüidade da pergunta no contexto de objetivos e regras de procedimento razoável do diálogo.

Na análise de qualquer argumentação, as perguntas e as respostas às perguntas (asserções) não devem nunca ser avaliadas isoladamente umas das outras. Em outras palavras, toda argumentação é, na verdade, um diálogo e deve ser avaliada como tal. Todo argumento tem dois lados.

2.5 ARGUMENTOS DA IGNORÂNCIA

Num diálogo, todos têm a obrigação de dar uma resposta informativa, pertinente e direta a qualquer pergunta razoável, se for possível. Mas, caso um participante não saiba se a proposição em questão é verdadeira ou falsa, ele deve ter a opção de replicar "Eu não sei" ou "Nada a declarar". Em outras palavras, quem não sabe uma resposta deve ter a oportunidade de admitir sua ignorância já que, como lembrou Sócrates, o início da sabedoria é admitir a própria ignorância, desde que esta seja real. Por isso, um jogo de diálogo racional que não permita a resposta "Nada a declarar" não dá espaço para a sabedoria.

A idéia de que o participante deve admitir que não sabe a resposta, desde que realmente não saiba, reflete-se numa falácia tradicional, chamada falácia *ad ignorantiam*:

Exemplo 2.16
> *Elliot*: Como você sabe que não existem fantasmas?
> *Zelda*: Bem, até hoje ninguém provou que eles existem, não é?

Aqui, Elliot pede que Zelda justifique seu comprometimento com a proposição de que fantasmas não existem. Zelda responde devolvendo o ônus da prova a Elliot, que tem agora que demonstrar a existência dos fantasmas. No entanto, essa réplica comete a falácia de argumentar com base na ignorância (*argumentum ad ignorantiam*): o fato de uma proposição nunca ter sido provada não faz dela uma proposição falsa[9].

Por exemplo, o último teorema matemático de Fermat nunca foi provado. (Certa noite, Fermat escreveu o teorema entre suas notas, mas deixou de acrescentar a prova.) No entanto, demonstrar que é impossível provar o último teorema de Fermat é outra questão. Pode ser que seja impossível prová-lo, mas pode ser também que seja apenas difícil, ou não muito óbvio. Assim, a questão de uma proposição ter sido provada ou não é distinta da questão de ela *poder* ou não ser provada. Pode ser que ela não tenha sido provada porque é impossível prová-la. Mas pode ser que não. Isso ainda é preciso demonstrar. Não se pode argumentar com base na ignorância.

O argumento *ad ignorantiam* é um argumento que tem uma das seguintes formas:

▼

9. Ver Woods e Walton (1978).

(I1) Não se sabe se a proposição A é verdadeira. Logo, ela é falsa.
(I2) Não se sabe se a proposição A é falsa. Logo, ela é verdadeira.

Para ilustrar (I2) podemos citar o seguinte exemplo:

Exemplo 2.17

Alguns filósofos tentaram refutar a existência de Deus, mas nunca conseguiram.
Logo, podemos concluir com certeza que Deus existe.

O problema do exemplo 2.17 é semelhante ao dos argumentos da ignorância exemplificados anteriormente. Pode ser que ninguém tenha conseguido refutar a existência de Deus, mas disso não decorre que seja impossível prová-la. Essa é outra questão, a ser ainda demonstrada. Então, é correto dizer que (I1) e (I2) são formas de argumento que nem sempre são válidas. O pressuposto de que sua validade se aplica a qualquer caso poderia ser, portanto, um argumento errôneo, baseado na ignorância.

O próximo ponto a ser entendido é que um argumento com a forma *ad ignorantiam* pode ser razoável. Considere o seguinte caso:

Exemplo 2.18

Nunca se provou que o sr. X fosse culpado de falhas de segurança ou de qualquer ligação com a KGB, embora o Serviço Secreto tenha verificado sua ficha.
Logo, o sr. X não é espião da KGB.

Esse argumento tem a forma de uma inferência *ad ignorantiam*. Mas será que é uma falácia? Se o sr. X foi exaustivamente investigado pelo Serviço Secreto, se não há mais nenhum motivo para duvidar do sr. X e se ele tem uma excelente folha de serviço, o pressuposto plausível de que o sr. X não é espião da KGB tem, ao menos, algum fundamento. É claro que, provavelmente, nunca teremos certeza. Portanto, afirmar conclusivamente que "não há dúvida" de que o sr. X não pode ser um espião da KGB é uma conclusão forte demais que pode caracterizar um argumento injustificado, baseado na ignorância. No entanto, se a investigação foi exaustiva, poderia ser razoável chegar à conclusão plausível de que o sr. X não é um espião, até que surjam provas em contrário. Portanto, o argumento *ad ignorantiam* nem sempre é falacioso, sendo errado tachá-lo de falácia.

O que este caso sugere é que o argumento *ad ignorantiam* é uma forma de raciocínio plausível, embora fraca, que depende do contexto. Aqui, o contexto é até que ponto foi exaustiva a investigação do Serviço Secreto.

Uma conclusão formulada em termos fortes – "definitivamente" ou "conclusivamente", por exemplo – é um sinal de que o argumento pode ser falacioso. Já uma conclusão formulada como um pressuposto plausível e justificada pelo contexto do diálogo indica que o argumento da ignorância pode ser razoável (não-falacioso).

Já vimos, por exemplo, que seria um argumento falacioso *ad ignorantiam* concluir que é impossível provar uma proposição matemática pelo simples fato de ela nunca ter sido provada, já que provar que ela ainda não foi provada e provar que ela não pode ser provada são duas coisas diferentes. No entanto, se matemáticos competentes tentaram provar a proposição por todos os meios possíveis e não conseguiram, isso pode ser uma razão plausível para concluir que o melhor caminho é presumir que tal proposição seja falsa. Neste caso, o curso de ação sugerido seria se concentrar em provar que ela é falsa, em vez de continuar tentando provar que é verdadeira.

Resumindo, então, como forma fraca de argumento (plausível), o argumento *ad ignorantiam* nem sempre é falacioso. Depende do contexto. Mas o argumento da ignorância pode se tornar fraco ou errôneo quando é considerado uma forma mais forte de argumento do que as provas permitem.

Na verdade, isso significa que, no diálogo racional, o argumento da ignorância nem sempre é falacioso. Embora, como vimos, nem sempre (I1) e (I2) sejam formas válidas de argumento, alguns argumentos com essas formas podem ser racionais. Considere (I2) por exemplo. Às vezes, é razoável supor que é verdadeira uma proposição que não seja reconhecidamente falsa.

Exemplo 2.19
    Não sei se este rifle está descarregado. Logo, é razoável supor que esteja carregado.

Neste caso, o argumento da ignorância pode ser racional. Mesmo sem ter provas convincentes de que o rifle está de fato carregado, é razoável concluir que devo me comprometer com a proposição de que ele está carregado, pelo menos até ter certeza de uma coisa ou de outra. Ou seja, às vezes é razoável presumir um comprometimento, ainda que não se saiba a resposta.

A razoabilidade do exemplo 2.19 está associada ao contexto normal do argumento. Em circunstâncias normais, quando se trata de manusear armas perigosas, a segurança é prioritária. Portanto, o ônus da prova consiste sempre em supor que a arma pode estar carregada. Nesse contexto, se você não verificou o tambor, é melhor supor que ele pode conter alguma bala. Fazemos essa suposição porque a possibilidade de um rifle carregado disparar acidentalmente é muito perigosa. Nesse caso, nossos padrões de segurança têm que ser muito altos.

No entanto, em outro contexto pode ser melhor trabalhar com base na suposição de que o rifle não está carregado, caso não se saiba ao certo se está. Para um soldado que está sendo atacado pelo inimigo, o razoável é verificar se está com o rifle carregado. Caso não tenha certeza, é melhor presumir que não está carregado e verificar para ter certeza. Nesse contexto, o exemplo 2.19 não seria um argumento plausível.

O ônus da prova varia de um contexto de diálogo para outro. Assim, é o contexto do diálogo que pode tornar um argumento *ad ignorantiam* plausível ou implausível. Mas é importante saber que, mesmo quando é razoável, o argumento da ignorância é uma forma fraca de argumento que depende do contexto do diálogo. Considerá-lo um argumento forte ou dedutivamente válido, dos que levam a uma conclusão indubitável, é um pressuposto que pode favorecer o erro e a confusão.

Os argumentos da ignorância têm que ser considerados caso a caso, com cuidado, já que às vezes são razoáveis. É certo que os argumentos (I1) e (I2) podem, em muitos casos, ser falaciosos caso sejam considerados argumentos dedutivamente válidos que tenham a seguinte forma, tomando como exemplo (I2): a proposição A não é reconhecidamente falsa. Logo, decorre daí que A é reconhecidamente verdadeira. Mas, quando é considerado uma forma mais fraca de argumento, há casos em que (I2) pode ser razoável: a proposição A não é reconhecidamente falsa. Logo, é razoável aceitar o pressuposto de que ela é verdadeira.

Muitas vezes, a razoabilidade de um argumento *ad ignorantiam* depende do ônus da prova indicado pelo contexto do diálogo. Por exemplo: o Código Penal presume que ninguém é culpado até prova em contrário. Essa é uma forma de argumento *ad ignorantiam*, mas que pode ser razoável no contexto das regras de argumentação do direito penal. Nesse contexto, o ônus da prova cabe à acusação, que deve provar que o réu é culpado *sem deixar nenhuma dúvida razoável*. Esse é um ônus muito pesado, já que é extremamente difícil provar qualquer coisa sem deixar nenhuma dúvida razoável. Esse padrão é assim tão rigoroso para evitar que um inocente seja considerado culpado num julgamento criminal. Essa possibilidade é considerada mais grave do que a possibilidade de alguns culpados serem inocentados. Por isso, o ônus da prova é assimétrico.

Semelhante ao exemplo 2.19, em que é preciso se precaver contra um sério perigo potencial, o ônus da prova pode ser ajustado para minimizar a possibilidade de tal perigo se concretizar. É em tais casos que um argumento *ad ignorantiam* pode ser plausível.

No diálogo racional, muitas vezes é razoável pressupor o ônus da prova. Se estou seriamente comprometido com um dos lados de uma disputa, e minha posição indica que aceito uma determinada proposição, então é justo que a outra parte pressuponha tal proposição em suas perguntas, que me faça perguntas diretas sobre minha aceitação dessa proposição e espere uma resposta direta. Minha posição me obriga a admitir e a defender proposições que aceitei ou que devo razoavelmente aceitar como parte dessa posição.

Isso significa que, num diálogo racional, caso me perguntem "Por que A?", sendo A uma tese que defendi, pode não me ser permitido devolver o ônus da prova com a réplica *ad ignorantiam*: "Por que não-A?" Em outras palavras, caso você me pergunte "Por que você aceita A?", nem sempre me é permitido devolver-lhe a bola e replicar: "Por que você não aceita A?" Antes de fazer essa réplica, é razoável que eu tenha, primeiro, que apresentar um argumento ou uma razão para aceitar positivamente A. Caso contrário, o argumento ficaria indo e voltando para sempre, sem que ocorresse nenhuma interação construtiva ou diálogo de verdade. Por exemplo, o crente e o ateu poderiam ficar perguntando para sempre: "Por que você não acredita na existência de Deus?" *versus* "Por que você acredita na existência de Deus?" Essa atitude não faria o argumento avançar nem um pouco. Para chegar em algum lugar, cada um dos lados tem que assumir um razoável ônus da prova. Num diálogo, isso significa que cada lado tem que tentar justificar com sinceridade a posição que adotou e tem que se comprometer caso sua posição exija tal comprometimento. Assim como as perguntas podem ser capciosas, os argumentos *ad ignorantiam* também podem ser "armados" contra o oponente:

Exemplo 2.20
  Ninguém razoavelmente inteligente e bem informado duvida de que nunca houve provas sérias e bem fundamentadas acerca da percepção extra-sensorial. Logo, a percepção extra-sensorial não existe.

A premissa do exemplo 2.20 é capciosa porque pressupõe que aceitar as provas da PES* é coisa de pessoas não inteligentes e não informadas, já que qualquer um que não se compro-

▼
----
* PES = Percepção Extra-sensorial. (N. da R.)

meta com a premissa se encaixa, segundo ela, nessas categorias. Isso pressiona qualquer um que conteste a premissa, porque, ao admitir que se encaixa numa dessas categorias, a pessoa pode enfraquecer a própria credibilidade para continuar argumentando.

A melhor maneira de responder ao argumento 2.20 é perguntar quais são as provas a favor da PES e por que foram consideradas tão dúbias. E é claro que também se deve observar que concluir apressadamente pela rejeição da PES, com base na ignorância, pode ser uma negação dogmática e prematura do argumento.

Em suma, é preciso evitar o erro de defender com firmeza conclusões apressadas e baseadas na ignorância. Isso se chama raciocínio dogmático e é o pior dos erros num diálogo racional. É preciso saber que, no outro lado da questão, pode haver argumentos tão razoáveis quanto os que você defende. Por outro lado, em controvérsias políticas e morais, por exemplo, muitas vezes é preciso assumir comprometimentos sem saber ao certo se é totalmente justificado aceitar uma determinada proposição. Por isso, muitas vezes é razoável assumir comprometimentos com base no que parece plausível de acordo com os melhores argumentos que temos, do modo como vemos a questão. Sem essa disposição de assumir comprometimentos, mesmo que com muita cautela, nenhuma argumentação sobre questões controversas chegaria a lugar algum. Às vezes, mesmo que você não saiba a resposta, é preciso fazer o possível para abordar a questão de maneira honesta e sincera, desde que a pergunta seja razoável e pertinente a uma questão a respeito da qual você assumiu uma posição no diálogo.

2.6 RESPONDER A UMA PERGUNTA COM OUTRA

O ônus da prova cabe sempre a quem faz uma pergunta capciosa, já que o autor de tal pergunta tem que provar seus pressupostos. No entanto, freqüentemente a argumentação é como um jogo de tênis, em que devolver a bola sem força suficiente faz com que o jogador perca pontos e até mesmo o jogo. Ou seja, quando uma pergunta é feita com agressividade, ela transfere o ônus da prova ao oponente, que deve então justificar sua posição. Se ele não o fizer com energia suficiente, pode parecer que admite e confirma as acusações contidas na pergunta.

Nesse caso, deve pedir ao autor da pergunta que apresente provas dos seus pressupostos, ou, caso isso não seja possível, que os retire. Essa abordagem deixa claro que o ônus da prova cabe agora ao autor da pergunta, que tem que justificar suas alegações.

Richard Whately (1846, p. 114) adverte que a vítima de uma acusação injustificada que assume o ônus de provar sua inocência em vez de desafiar o perguntador a provar sua acusação pode dar a impressão de que admite a própria culpa: é um caso de "*Qui s'excuse, s'accuse*". Whately (1846, p. 113) o compara ao caso de uma tropa, suficientemente forte para defender um forte, que sai em campo aberto e é derrotada. Em outras palavras, se você tem o pressuposto do seu lado, concentrar-se em defender seus argumentos pode ser um grande erro, pois você pode estar negligenciando um de seus argumentos mais fortes – o ônus da prova. Em suma, questionar a pergunta é um recurso ao mesmo tempo racional e estrategicamente correto.

De modo geral, a estratégia das perguntas agressivas consiste em juntar um volume tão grande de informações ao pressuposto de uma pergunta capciosa que o oponente acabe ficando gravemente implicado e condenado caso tente dar uma resposta direta. Mas, caso ele não seja capaz de dar uma resposta direta, "sim" ou "não", o autor da pergunta pode acusá-lo de ser evasivo e de se furtar à pergunta. Seja qual for o caminho escolhido, o participante a quem essa pergunta é dirigida pode ter problemas. Se responder diretamente, vai se comprometer com alguma proposição que pode ser usada contra ele. Caso tente dividir a pergunta e abordar separadamente cada um de seus pressupostos, pode parecer que não está sendo honesto na resposta. Uma pergunta capciosa desse tipo é ardilosamente agressiva – seu objetivo é transferir o ônus da prova para o oponente e, se possível, atacar agressivamente sua posição através de uma mera pergunta "inofensiva".

Em geral, a melhor estratégia para quem tem que responder a tal pergunta é devolver o ônus da argumentação a quem a fez, sem dar a impressão de estar recorrendo a evasivas. Mas, então, é claro que a melhor estratégia para o autor da pergunta é acusar o oponente de não ser pertinente, de não responder à pergunta. Em ambos os casos, para saber se a pergunta ou a réplica são ou não racionais, é preciso antes avaliar o ônus da prova.

Embora muitas vezes seja sensato responder a uma pergunta com outra, quando levada longe demais, essa estratégia pode se transformar num mau uso do diálogo racional, já que existe a obrigação de responder às perguntas sempre que possível. No entanto, pode haver boas razões para não responder a uma pergunta, entre as quais as seguintes: a pergunta pode ser indevidamente agressiva; por falta de clareza, a pergunta pode ser enganosa e ambígua; a pergunta pode repetir uma pergunta anterior; aquele a quem a pergunta é dirigida pode não saber a resposta ou pode saber a resposta e ter razões legítimas para não apresentá-la; uma pergunta dirigida a um especialista pode estar fora da área de sua especialidade. Assim, quem apresenta uma dessas razões, ou qualquer outra boa razão, para não responder a uma pergunta, pode ter a obrigação de respondê-la relevada por aquele que perguntou.

Portanto, todo participante tem a obrigação de responder às perguntas ou de dar uma justificativa para não respondê-las. Ou seja, nem sempre é racional e incontestável responder a uma pergunta com outra.

Em certos casos, usar uma pergunta como resposta pode ser uma tentativa de devolver o ônus da prova ao autor da pergunta original. O diálogo a seguir tem como contexto o uso de hospitais particulares para tratar adolescentes dependentes de álcool ou drogas. Alegou-se que alguns desses adolescentes não estavam tendo uma boa supervisão, surgindo, com isso, uma controvérsia sobre a qualidade do tratamento nessas instituições:

Exemplo 2.21

    Pai: Por que vocês não estavam tomando conta do meu filho?
    Diretor do hospital: Como podemos tomar conta de trinta e seis se você não consegue tomar conta de um?

Neste caso, o diretor do hospital se esquiva da resposta e tenta devolver o ônus da prova ao pai através de outra pergunta. Sua estratégia é se furtar à resposta dando a impressão de ter apresentado uma réplica razoável. Mas essa réplica é razoável?

A pergunta parece ser razoável no contexto desse diálogo. No entanto, como tática para que a atenção do perguntador e do público se desvie da verdadeira questão, a réplica é eficaz por seu impacto emocional sobre o pai, que deve estar profundamente perturbado com os problemas que teve com o filho, sentindo-se parcialmente responsável ou culpado. Assim, é difícil para o pai não se deixar levar por essa réplica astuta. Mas, neste caso, usar uma pergunta como réplica é uma tática contestável, que tem como objetivo desviar o ônus da prova e fugir à obrigação de responder à pergunta.

No próximo capítulo, abordaremos o tópico da pertinência das respostas às perguntas. Dada a obrigação de responder às perguntas, uma réplica não-pertinente ou evasiva pode ser considerada um movimento contestável no diálogo racional. Portanto, esquivar-se a responder a uma pergunta nem sempre é um tipo aceitável de resposta.

Quando é que a tática de responder a uma pergunta com outra é permissível num diálogo racional? A resposta mais geral depende de onde recai o ônus da prova. Se o contexto do diálogo e as afirmações e comprometimentos do participante a quem cabe responder deixam clara sua obrigação de justificar ou explicar uma determinada proposição, então cabe a ele o ônus da prova, tendo que responder à pergunta que pede tal justificativa ou explicação. Caso ele não responda à pergunta e não dê uma boa razão para essa omissão, sua resposta pode ser considerada não-pertinente ou indevidamente evasiva. Por outro lado, ele tem todo o direito de questionar uma pergunta que seja injustificadamente agressiva ou cheia de pressupostos que ele não aceita.

Para decidir questões relativas ao ônus da prova, é preciso examinar o contexto do diálogo e determinar, de acordo com as noções de diálogo apresentadas no Capítulo 1, qual é realmente a questão e o que cada participante está supostamente tentando provar.

2.7 PETIÇÃO DE PRINCÍPIO

Num diálogo persuasivo, o objetivo de cada participante é provar sua conclusão a partir de premissas aceitas pelo outro participante. Contudo, uma premissa que não tenha sido explicitamente aceita pelo oponente tem que ser ao menos uma proposição que ele possa aceitar, que seja coerente com a obrigação que ele tem de provar sua conclusão. Caso contrário, o argumento baseado nessa premissa não serve ao propósito de persuadir o oponente a aceitar a conclusão. Esse tipo de tentativa de prova, inadequado e fútil, é uma transgressão, um erro ou uma falha do diálogo persuasivo porque não contribui em nada para que seu proponente cumpra a obrigação de provar sua conclusão.

O exemplo a seguir ilustra este caso. Bob e Leo estão envolvidos numa discussão crítica, e Bob é um cético que duvida da existência de Deus. Leo é um crente religioso que assumiu o encargo de provar a Bob que Deus existe. Em certo ponto do diálogo, Bob pede a Leo para provar que Deus é benevolente. Como resposta, Leo apresenta o seguinte argumento:

Exemplo 2.22

    Deus tem todas as virtudes.
    A benevolência é uma virtude.
    Logo, Deus é benevolente.

Qual seria a resposta provável de Bob? Como cético assumido, ele tem todo o direito de contestar que o argumento de Leo é um círculo vicioso, ou peca por petição de princípio.

Ele poderia responder: "Bem, é claro que, se você aceita as duas premissas do seu argumento, então tem que aceitar a conclusão, já que o raciocínio é válido. Mas, uma vez que não aceito a conclusão, como você pode esperar que eu aceite a primeira premissa? Coerente com meu ponto de vista, cético que sou a respeito de tudo o que diz respeito à religião, não duvido apenas que seja correto atribuir a Deus qualquer virtude, mas duvido também que Deus exista como entidade que possa ter virtudes." Como Bob tem a obrigação de questionar a existência de Deus, ele dificilmente pode aceitar afirmações como "Deus tem todas as virtudes" sem desistir virtualmente de toda a questão ao tornar sua própria posição incoerente.

Nesse tipo de situação, o argumento de Leo pode ser criticado por petição de princípio, pois se limita a "pedir" que Bob aceite a proposição (princípio) a ser provada, em vez de cumprir a tarefa de prová-la por dedução a partir de premissas que Leo tenha a possibilidade de provar em seu diálogo persuasivo com Bob. Geralmente se diz que o argumento que faz uma petição de princípio comete a falácia de argüir em círculo. Neste caso, parece que não há como Leo provar a premissa "Deus tem todas as virtudes" sem antes pressupor que "Deus é benevolente" (desde que se aceite que benevolência é uma virtude). Podemos dizer que o argumento de Leo "persegue o próprio rabo", ou anda em círculo.

Seqüências circulares de perguntas e respostas nem sempre são casos falaciosos de petição de princípio no contexto do diálogo. Suponha que eu lhe pergunte: "Por que Bruno gosta de Betty?", e você responda: "Porque Betty gosta de Bruno." Essa seqüência é circular, mas não é necessariamente uma explicação falaciosa do comportamento humano. Pode ser que Betty e Bruno sejam pessoas sensíveis à afeição. Eles gostam dos outros porque os outros gostam deles. Assim, no caso deles a admiração mútua é um processo de reação circular. Explicar esse comportamento apontando sua estrutura circular não é um caso falacioso ou errôneo de petição de princípio.

A petição de princípio é uma falha no diálogo persuasivo porque o argumento circular é inútil quando se quer persuadir alguém a aceitar uma conclusão com base em premissas com que ele está, ou pode ficar, comprometido. Como prova persuasiva, a petição de princípio é um argumento condenado desde o início.

A petição de princípio também não é um argumento que se preste a facilitar uma investigação. Nesta, as premissas têm que ser mais firmes ou mais conhecidas do que a conclusão a ser provada. Caso contrário, a investigação não avança. Se eu lhe peço para provar que três é um número primo e você responde "Três é um número primo, logo três é um número primo", sua "prova" é dedutivamente válida, mas nada faz para provar que três é um número primo. Para isso, você tem que partir de premissas mais bem estabelecidas do que a proposição em questão. Caso contrário, seu argumento não chega a lugar nenhum.

2.8 REGRAS DE PERGUNTA E RESPOSTA NO DIÁLOGO

Examinamos vários tipos diferentes de pergunta, sendo que cada um exige um tipo diferente de resposta direta. A resposta direta para uma pergunta *sim ou não* é "sim" ou "não". A resposta direta a uma pergunta *por que* consiste em produzir um conjunto de proposições que implique a proposição desejada. A resposta direta a uma pergunta *ou* é produzir uma proposição que represente uma das alternativas colocadas pela pergunta. Mas, seja qual for o tipo de pergunta com que você depare, o importante é lembrar que toda pergunta contém pressupostos. Na verdade, responder a uma pergunta envolve um comprometimento, já que os pressupostos são proposições. Ao dar uma resposta direta a uma pergunta, você se compromete com essas proposições. Isso quer dizer que, ao responder a uma pergunta, você faz asserções positivas, mesmo que não se dê conta disso.

Apesar de haver diferentes tipos de perguntas, o conceito de *pressuposto da pergunta* pode ser genericamente definido como se segue. O pressuposto da pergunta é uma proposição com que o participante que a responde se compromete automaticamente pelo simples fato de dar qualquer resposta direta. Embora, como vimos, as perguntas contenham muitos pressupostos, existe sempre um que é o mais importante, ou principal. Ou, no caso das perguntas complexas, pode haver dois ou mais pressupostos principais. Por exemplo: a pergunta sobre a surra na mulher pressupõe que qualquer pessoa que a responda tem uma mulher e já bateu nela em algum momento do passado.

Na maioria das perguntas, fica claro qual é o pressuposto mais importante. Numa pergunta *sim ou não*, o pressuposto mais importante é: ou a resposta *sim* é verdadeira ou a resposta *não* é verdadeira. Por exemplo, o pressuposto mais importante da pergunta "A neve é branca?" é a disjunção: ou a neve é branca ou não é. Uma pergunta *por que* pressupõe, basicamente, que a proposição contida na pergunta é verdadeira. Por exemplo, o pressuposto mais importante de "Por que o cloro é mais pesado que o ar?" é a proposição de que o cloro é mais pesado que o ar. Numa pergunta *ou*, o pressuposto mais importante é que pelo menos uma das alternativas é verdadeira.

No entanto, é preciso muito cuidado e discernimento para determinar qual é o pressuposto mais importante de uma pergunta ardilosa ou contestável. Por exemplo, a pergunta sobre a surra na mulher parece ser uma inofensiva pergunta *sim ou não*. Mas não é. Na verdade, seu pressuposto mais importante é que o oponente já se entregou no passado à prática de bater na mulher.

Sabemos agora por que as perguntas não são inofensivas e por que podem, em certos casos, ser argumentos. Normalmente, diríamos que um erro lógico é um argumento errado, definindo-se argumento como a alegação positiva substanciada por um conjunto de proposições apresentadas. Mas perguntas não são proposições. Então, como podem as perguntas apresentar erros de lógica? A resposta é que as perguntas contêm pressupostos e, portanto, podem definir um conjunto de proposições, do seguinte modo: a pergunta pede, ou exige, uma resposta; porém, quando aquele que lhe responde o faz de maneira direta, como foi exigido, ele se compromete automaticamente com certas proposições. E é por isso que a pergunta *por que* pode influenciar o curso de um argumento de maneira extremamente decisiva.

Mas exatamente quando uma pergunta se torna contestável? Vimos que o questionamento se torna perigoso e contestável quando fica muito agressivo. O exemplo 2.9 mostrou que, no debate político, uma pergunta altamente agressiva pode ser uma forma de ataque. O problema de dar uma resposta direta a uma pergunta altamente agressiva como essa é que tal resposta desmonta e desacredita seu autor. Obviamente, ele seria ingênuo e imprudente se respondesse que pretende condenar sua empresa ao insucesso contínuo durante os próximos dez dias porque se recusa teimosamente a mudar suas políticas desastrosas. Mesmo assim, essa seria uma resposta direta do tipo que a pergunta pede. Portanto, esse tipo de pergunta contraria a ordem racional de perguntas e respostas no diálogo porque não dá a quem responde uma oportunidade justa de expressar uma réplica direta.

Observe que, por outro lado, uma pergunta agressiva exige uma resposta direta. Se isso não for feito, o autor da pergunta pode acusar o oponente de ser evasivo (de cometer o erro da não-pertinência). No exemplo 2.9, vimos que o autor da pergunta tem a possibilidade de acusar o oponente de não ter respondido à pergunta, quando este apenas tentou refutar um pressuposto indesejável que ela contém. Num debate político, uma acusação como essa poderia facilmente passar a impressão de culpa e uso de subterfúgios. O problema, então, é que se é obrigado a responder. Mas que regras de diálogo justas e razoáveis deveriam determinar quando e como uma resposta deve ser dada?

Quando uma pessoa não sabe a resposta a uma pergunta e é forçada a responder "sim" ou "não", a regra de diálogo que exige essa resposta direta implica, na verdade, uma espécie de falácia *ad ignorantiam*. Ou seja, o participante que responde à pergunta é insensatamente forçado a argumentar com base na própria ignorância. Portanto, num diálogo racional, de nada servem convenções e regras de pergunta e resposta tão rígidas a ponto de trazer em seu interior o erro *ad ignorantiam*. Tal concepção de diálogo não representa o diálogo racional, a menos que os participantes sejam oniscientes.

Uma pergunta muito agressiva é especialmente contestável. Mas quando acontece isso? Uma pergunta é agressiva quando pretende forçar o outro, através de uma seqüência não-razoável de perguntas, a aceitar, contra a sua vontade, proposições que estão pressupostas na pergunta e são indesejáveis para ele. Aqui, *indesejáveis* se refere a proposições com as quais o oponente não está comprometido e com as quais não deve se comprometer porque são prejudiciais ao seu lado do argumento. Assim, uma pergunta é contestável quando tenta fazer com que o outro aceite a proposição indesejável pressupondo que ele já a aceita.

Esse é o problema da petição de princípio. É uma tentativa de forçar o outro a aceitar um argumento cuja premissa (ou premissas) ele só pode aceitar ao preço de prejudicar e destruir seu próprio ponto de vista a respeito da questão.

Mas surge um dilema quando se tenta lidar corretamente com tais táticas agressivas: se todos tiverem a opção de responder "Nada a declarar" a qualquer pergunta, sempre haverá alguns irresponsáveis que se fingirão de céticos, dizendo "Nada a declarar" em resposta a todas as perguntas. Nesse caso, o diálogo não sairia do lugar e um participante mais truculento poderia impedir seu companheiro de diálogo de provar qualquer coisa ou de chegar a qualquer lugar com suas perguntas. As respostas, por outro lado, poderiam ser evasivas à vontade, sem que houvesse nenhuma punição. E isso também não levaria a um diálogo racional.

A solução para esse dilema é exigir que, no diálogo racional, cada resposta reflita o que o seu autor realmente pensa se tiver uma opinião definida ou se estiver comprometido com a questão. Caso não tenha um forte comprometimento com a questão, ele deve responder: "Nada a declarar." Mas quem está realmente comprometido com uma proposição tem que dar uma resposta que reflita tal comprometimento. Essa é a melhor maneira de regular os procedimentos de pergunta e resposta, pois garante que o diálogo racional sobre um determinado assunto avance. Tais regras são uma questão de cortesia e colaboração, essenciais ao progresso e ao sucesso de uma discussão crítica.

Por exemplo, se eu lhe fizesse a pergunta "Por que três é um número par?", você diria que a pergunta é contestável. Por quê? Ora, para um argumentador inteligente, a proposição de que três é um número par não é aceitável. Então, você não se comprometeria, ou não deveria se comprometer, com tal proposição. Mas, se desse uma resposta direta à pergunta, você seria automaticamente forçado a aceitar esse comprometimento, querendo ou não, porque a pergunta é agressiva demais. A melhor maneira de replicar seria rejeitar o pressuposto em vez de dar uma resposta direta. Sua réplica deveria ser: "Três não é um número par."

Se a pergunta fosse "Por que três é um número ímpar?", você não teria, ou não deveria ter, objeções a ela. Se você aceita que três é um número ímpar, então a pergunta não é um problema. Ela deixa de ser muito agressiva ou contestável.

Em suma, quem responde a uma pergunta muito agressiva tem que questionar seus pressupostos. Às vezes, a pessoa tem que rejeitar com firmeza um pressuposto importante de uma pergunta que seja prejudicial ao seu lado do argumento. Quando a pergunta é muito agressiva, a resposta também tem que conter certa agressividade, embora em níveis razoáveis. A resposta tem que devolver a bola para o autor da pergunta e transferir-lhe o ônus da prova, fazendo com que justifique os pressupostos de sua pergunta.

Dizer que uma pergunta é falaciosa é dizer que ela é passível de contestação por parte do oponente porque é feita para forçá-lo a aceitar uma proposição que ele não deve aceitar[9]. O problema é maior quando a pergunta também é semanticamente complexa. Pergunta semanticamente complexa é aquela que contém um conectivo "e", "ou" ou "se... então" em seu pressuposto. Mais uma vez, quem tem que responder a uma pergunta dessas deve questioná-la, pedindo que as proposições contidas nos pressupostos sejam separadas em unidades com que possa lidar de maneira razoável.

Dizer que uma pergunta é contestável é dizer que está sujeita a críticas ou objeções razoáveis por parte do oponente. O diálogo racional exige que todos possam questionar ou criticar determinadas perguntas, como as que são muito agressivas.

Os problemas e erros que as perguntas envolvem, apresentados neste capítulo, revelam que, no diálogo racional, nem sempre a resposta direta pode ser obrigatória. O argumento da ignorância traz a mesma lição. Às vezes, a melhor resposta a uma pergunta é "Nada a declarar" ou "Não sei". Por outro lado, ninguém deve ter a permissão de se esquivar de todas as perguntas porque, se assim fosse, ninguém teria que assumir comprometimentos, e o diálogo razoável seria prejudicado.

A solução para esse problema é pedir que cada parte assuma o ônus de provar a própria tese e defender a própria posição a respeito da questão. Se lhe pedirem que prove, esclare-

---

9. Ruth Manor conclui que a pergunta que pressupõe uma proposição que não foi previamente aceita pelo oponente pode ser um erro no diálogo quando nega a ele a oportunidade de reagir à pressuposição, questionando-a. Ver Manor (1981, p. 13).

ça ou defenda uma proposição com que está claramente comprometido, o participante tem que responder diretamente. Se a pergunta pressupõe proposições com as quais ele não está comprometido, deve ter o direito de questioná-la.

Em geral, a regra básica do ônus da prova num diálogo razoável é: quem afirma tem que provar[10]. Quem coloca uma proposição como parte de sua posição é considerado responsável por ela, a menos que a retire ou elimine seu comprometimento com ela. Se estou comprometido com a proposição A, não devo ter a liberdade de dizer "Nada a declarar" se for questionado sobre ela. Posso não saber, de fato, se A é verdadeira, mas, se estou comprometido com A, devo ser guiado por esse comprometimento ao longo do diálogo.

Quando uma pergunta é capciosa, ela faz uma asserção, pelo menos para quem tem que respondê-la. Portanto, a obrigação de justificar o pressuposto de tal pergunta pode muito bem caber a quem a fez. E, portanto, o outro lado tem o direito de contestá-la, pedindo que o autor da pergunta assuma o ônus da prova inerente a ela.

▼
10. Ver Walton (1987).

3. CRÍTICAS POR NÃO-PERTINÊNCIA

Numa argumentação, um dos tipos mais comuns de crítica é a réplica "Isso não vem ao caso!" ou "Isso não é pertinente". No entanto, "pertinência" é um termo tão amplo que essa crítica pode se referir a muitos tipos de falhas e erros de argumentação. O estudo da pertinência dos argumentos começa pela explicação e classificação das falhas que justificam uma crítica por falta de pertinência.

As alegações de não-pertinência derivam em geral de uma característica básica de qualquer diálogo racional. Todo argumento pressupõe um contexto de diálogo em que há uma questão, ou talvez várias questões, em discussão. Isso significa que está em discussão uma proposição ou questão controversa. Tipicamente, a presença de uma *questão* no diálogo sugere que há dois lados nessa discussão. Em outras palavras, uma determinada proposição está sendo discutida e um dos participantes está comprometido com o fato de essa proposição ser verdadeira, enquanto o outro está comprometido com o fato de ela ser falsa. É claro que nem sempre os diálogos são assim tão claros e simples, mas os que têm essa forma podem ser chamados de *disputas*. Uma disputa é um diálogo em que um dos lados afirma certa proposição e o outro lado afirma o oposto (a negação) dessa proposição.

Isso significa que uma das características do diálogo racional é que cada participante tem uma proposição expecífica designada para ele ou por ele, que representa sua *tese* ou conclusão a ser provada. As duas teses, uma de cada participante, definem a questão da argumentação. E a questão é o fator primeiro que nos permite avaliar com justiça – em relação a um argumento específico – as alegações a respeito daquilo que é, ou não, pertinente a ela.

Na prática, um dos principais problemas na avaliação de uma argumentação realista é que os argumentadores podem nem mesmo ter clareza acerca do que estão discutindo. As alegações de não-pertinência não podem ser resolvidas de maneira justa se a questão a ser discutida nem chega a ser enunciada ou entendida.

Às vezes, o tema de uma discussão parece ser um, mas, na realidade, é outro. Marido e mulher podem estar discutindo, de manhã, a respeito de quem vai levar o lixo para fora. Mas a verdadeira questão pode ser a falta de explicações de um deles por ter chegado tarde na noite anterior.

Portanto, os argumentadores devem saber com clareza sobre o que estão discutindo, ou ao menos ter condições de esclarecer esse ponto. Só então as alegações de não-pertinência podem ser julgadas e resolvidas com racionalidade.

3.1 ALEGAÇÕES DE NÃO-PERTINÊNCIA

A tradicional falácia de *ignoratio elenchi* (ignorar a questão, às vezes também chamada de conclusão não-pertinente) acontece quando um argumento não prova a conclusão (tese) que deveria provar e, em vez disso, é conduzido no sentido de provar alguma conclusão não-pertinente. Este é um exemplo tradicional:

Exemplo 3.0
    Um determinado projeto de lei, relacionado às leis de habitação, está sendo considerado.
    Um senador se levanta para defendê-lo. No entanto, toda a sua argumentação é dirigida à conclusão de que todo o mundo deve ter moradias decentes.

Este caso é considerado uma falácia *ignoratio elenchi* porque o senador deveria provar que esse determinado projeto de lei merece ser votado porque vai melhorar as condições de habitação. No entanto, ele argumenta em favor da idéia de que todo o mundo deve ter moradias decentes, uma proposição que não é a verdadeira questão da disputa e com que todos os participantes concordam. Assim, esse argumento se desvia do assunto e pode ser criticado por não ser pertinente.

Nesse caso, de certo ponto de vista, a crítica por não-pertinência equivale à alegação de que o argumento do senador não é válido. Em outras palavras, este foi, na verdade, o argumento do senador:

[Premissa] Todo o mundo deve ter moradias decentes.

[Conclusão] Esta proposta específica vai melhorar a situação habitacional.

A proposição denominada "conclusão" é a que o senador deveria provar, conforme os procedimentos de diálogo dessa assembléia legislativa. Mas a informação que o senador apresenta, denominada "premissa", não é suficiente para estabelecer a conclusão através de uma argumentação válida. Desse ponto de vista, a acusação de não-pertinência equivale a dizer que o argumento do senador simplesmente não é válido, quando conduzido à conclusão correta. De outro ponto de vista, pode-se dizer que o senador entendeu mal o próprio argumento, que ele errou ao identificar a própria conclusão. Ou, ainda melhor, que tentou enganar o público, fazendo-o tomar uma proposição pela conclusão, que na verdade não é a conclusão correta a ser defendida.

Outra observação interessante sobre o exemplo 3.0 é que o senador está sendo criticado não tanto pelo que fez, mas pelo que não fez. Provavelmente, todos nós aceitamos a premissa "Todo o mundo deve ter moradias decentes". No entanto, o que falta demonstrar é como a proposta em questão vai fornecer moradia decente nas atuais circunstâncias. Como o argumento do senador não conseguiu estabelecer essa premissa que falta, é, de fato, um argumento muito fraco.

Observe, no entanto, que o argumento do senador poderia ser melhorado se ele fosse capaz de demonstrar, na seqüência, por que a proposta em questão pode fornecer moradias decentes nas atuais circunstâncias. Nesse caso, a premissa "Todo o mundo deve ter moradias decentes" não seria não-pertinente, mas uma parte essencial de um argumento válido a favor da conclusão correta. Em outras palavras, embora o argumento do senador (exemplo 3.0) esteja sujeito a críticas ou ao questionamento pelo que lhe falta, ele não é necessariamente um argumento falacioso, se entendemos "falacioso" como algo ilógico ou tão irremediavelmente ruim que não pode ser corrigido na seqüência. Por exemplo, o argumento do senador poderia ser ainda pior, ou menos pertinente, se sua única premissa fosse algo como "Todo o mundo merece dignidade e liberdade". Essa premissa não parece ter relação alguma com a conclusão correta que ele deve supostamente provar. A primeira premissa, ao menos, estava mais estreitamente relacionada com a conclusão, mesmo que não lhe servisse de prova. Portanto, embora a não-pertinência esteja sujeita a críticas no diálogo racional, chamá-la sempre de falácia é um exagero.

Tachar o argumento do senador de *ignoratio elenchi* é uma crítica que pressupõe que ele terminou seu argumento e que isso é tudo o que tem a dizer sobre o assunto. Mas, se continuasse falando, ele talvez pudesse demonstrar por que sua premissa está ligada à conclusão e, portanto, por que seu argumento é pertinente. A questão de quanto é definitiva uma crítica por não-pertinência depende, portanto, da possibilidade de continuação do diálogo. No caso presente, talvez não fosse possível, mas, em outros, poderia ser. Por isso, é mais sensato tratar a alegação de *ignoratio elenchi* como uma crítica que pode ser contestada, mais que uma falácia ou refutação conclusiva que destrói totalmente o valor do argumento contra o qual é dirigida.

A questão é que, em meio ao diálogo, pode ser difícil perceber para onde se direciona o argumento do outro participante. Nesse caso, sempre se pode perguntar: "Essa proposição é pertinente?" Em alguns casos, o argumentador pode responder: "Sim, ela se mostrará pertinente quando eu chegar a esse ponto do argumento. Espere um pouco e lhe mostrarei por quê." Essa resposta às vezes é razoável, especialmente quando a argumentação necessária é longa e complexa. Daí o cuidado que se deve ter para que uma crítica por não-pertinência não seja prematura. Às vezes, é melhor tratar essa crítica como um pedido por mais informação.

O termo *ignoratio elenchi* era usado por Aristóteles com o sentido de "ignorância da refutação". A origem desse termo deriva da tradição grega segundo a qual a argumentação polêmica é como um jogo dialógico em que cada participante tem uma tese ou conclusão para provar. Mas a argumentação é polêmica, ou seja, uma disputa, quando a tese de um participante é oposta à tese do outro. Portanto, nesse jogo, o objetivo de cada participante é refutar a tese do outro. Qualquer argumento que pareça refutar a tese do outro, mas na verdade não o faz, pode ser visto como um caso de ignorância de refutação. Em outras palavras, o argumentador pensa que seu argumento refutou a tese do oponente, mas, na verdade, ignora o fato de que isso não ocorreu.

Voltando ao exemplo 3.0, a proposição a seguir é a questão a ser contestada:

(S1) Este projeto de lei vai melhorar o quadro habitacional.
(S2) Este projeto de lei não vai melhorar o quadro habitacional.

O argumento do senador deveria refutar (S2) estabelecendo sua própria conclusão a ser provada (S1). No entanto, o problema é que sua premissa não conseguiu provar (S1). Aristóteles diria, portanto, que seu argumento é um *ignoratio elenchi* porque não consegue refutar (S2). Ele refuta, no máximo, a proposição "Nem todo o mundo deve ter moradia decente". E essa não é a proposição a ser refutada nesse jogo dialógico específico. Em outras palavras, há apenas ignorância de refutação, e não uma refutação genuína da tese em questão.

A concepção de Aristóteles de *ignoratio elenchi* representa a idéia básica da crítica por não-pertinência no diálogo racional. No entanto, essa concepção é muito ampla. No diálogo racional, o propósito básico de qualquer argumento é provar a conclusão ou tese que é colocada como a proposição a ser estabelecida pela argumentação. É razoável, portanto, que qualquer argumento que não atinja esse objetivo esteja sujeito a críticas ou possa ser melhorado. Assim, praticamente qualquer uma das falácias tradicionais, ou falhas de argumentação, poderia se encaixar potencialmente na classificação de *ignoratio elenchi*. Na verdade, veremos que muitos apelos à emoção são considerados falácias por serem argumentos fracos do tipo *ignoratio elenchi*. Por exemplo, a maioria das falácias *ad hominem* abusivas e circunstanciais poderiam ser classificadas como argumentos sujeitos a críticas, porque não conseguem provar ou refutar com sucesso as conclusões que deveriam provar ou refutar num diálogo racional.

Em suma, a crítica por não-pertinência é uma ampla categoria da avaliação de argumentos, e diversas críticas mais específicas de tipos particulares de não-pertinência podem ser proveitosamente identificadas. Vamos passar agora a essas categorias. Mas a falácia básica de não-pertinência é apenas a identificação equivocada da conclusão correta a ser provada num diálogo racional.

3.2 NÃO-PERTINÊNCIA GLOBAL

Um diálogo racional é uma seqüência de perguntas e respostas em que cada participante tem uma tese ou conclusão a ser provada. Considerando a seqüência inteira do diálogo, uma proposição pode ser tachada de *globalmente não-pertinente* quando ocorre em algum estágio do diálogo mas não consegue ser pertinente para a conclusão final a ser provada pela parte que apresentou tal proposição. Como vimos, um dos principais problemas das alegações de não-pertinência global é que, em certos casos, os participantes não deixam claro qual deve ser exatamente a conclusão final de cada um.

Em alguns contextos, contudo, o objetivo do diálogo deixa claro qual deve ser a tese de cada argumentador. Por exemplo, num julgamento, a acusação tem que provar que o réu é culpado de um suposto delito. O advogado de defesa tem que refutar o argumento da acusação mostrando que ele não prova que o réu é culpado. Em outras palavras, cabe à acusação o ônus de provar a culpa para além de qualquer dúvida razoável. À defesa cabe apenas mostrar que pode haver uma dúvida razoável. Ou seja, à defesa basta demonstrar que o argumento da outra parte é fraco ou que não é forte o suficiente para condenar o réu.

Esse tipo de argumentação não é exatamente uma disputa clássica, em que um argumentador tem que provar uma proposição e o outro tem que provar a proposição oposta. Mas parece uma disputa porque as conclusões das duas partes opõem-se uma à outra. Mesmo assim, o advogado de defesa não precisa provar de maneira definitiva que seu cliente não cometeu o crime. Ele só tem que provar a conclusão mais fraca, ou seja, que os argumentos da acusação não demonstram que o réu cometeu o suposto crime. Neste caso, as conclusões a serem provadas são assimétricas. O advogado de defesa não precisa *refutar vigorosamente* a tese da acusação, ou seja, demonstrar que ela é falsa. Ele só tem que refutar a tese do promotor *até certo ponto*, ou seja, precisa demonstrar que ela dá margem a uma dúvida razoável[1].

Em suma, o julgamento criminal não é uma *disputa simétrica*, em que um argumentador tem que provar a proposição A e o outro tem que provar sua negação, não-A. É um tipo de disputa assimétrica, em que o ônus da prova incide com mais força sobre um dos lados. Na verdade, o ônus da prova incide (positivamente) apenas sobre um dos lados. Ao outro lado, basta se defender refutando o argumento do primeiro de maneira fraca. Vamos chamar esse tipo de diálogo de *disputa fracamente contestatória* ou *disputa assimétrica*. Nesse tipo de disputa, uma das partes tem que provar positivamente sua tese e a outra precisa apenas mostrar que a prova da primeira parte não é eficaz. Não é preciso que a segunda parte demonstre que a tese da primeira parte é falsa, mas apenas que dá margem a dúvida ou contestação razoável. O julgamento criminal é uma disputa assimétrica, mas muitas causas civis são disputas simétricas em que o ônus da prova se distribui por igual.

Num julgamento, seja ele uma disputa simétrica ou assimétrica, as teses a serem provadas pelos dois lados são claramente definidas no início por regras de procedimento de diá-

---

1. É muito importante não confundir refutação fraca e refutação forte. Na verdade, a falácia *ad ignorantiam* é uma forma dessa confusão: um argumentador acha que refutou fortemente uma proposição quando, na verdade, apresentou provas que sustentam, no máximo, uma refutação fraca. Em outras palavras, uma proposição sujeita à dúvida racional não é necessariamente falsa. Tal argumento é a falácia *ad ignorantiam*.

logo aplicáveis àquele tipo de caso. Quando a argumentação de um advogado parece estar fugindo ao tema, o outro lado ou o juiz podem questionar a pertinência dessa linha de argumentação à tese a ser provada. Tal questionamento é uma crítica por não-pertinência global. O juiz poderia perguntar: "O advogado pode demonstrar para o tribunal por que essa linha de argumentação é pertinente à sua defesa?"

Exemplo 3.1
   Num julgamento criminal, a acusação precisa provar que o réu é culpado de assassinato. No entanto, o promotor argumenta que o assassinato é um crime horrível. Mostrando a camisa ensangüentada da vítima para o júri, ele se estende longamente sobre o horror desse crime e de todos os assassinatos.

Se a argumentação da acusação continuar nessa mesma linha, pode ser que o tribunal ponha em dúvida sua intenção de argumentar que aquele réu é culpado do crime, sabidamente horrível, de assassinato. À medida que se torna razoável perguntar se tal argumento vai ser apresentado, é apropriado questionar a pertinência da linha de argumentação do promotor até o momento. Caso ele termine sua argumentação sem mencionar a questão da culpa do réu, poderá ser justificadamente acusado de cometer um caso clássico de *ignoratio elenchi*, pois deixou de provar o que sua argumentação deveria provar. Em suma, é razoável supor que ele tentou convencer o júri de que a questão em julgamento é se o assassinato é ou não um crime horrível. Mas é evidente que essa conclusão não é base para uma condenação. Portanto, a crítica por *ignoratio elenchi* tem limites muito claros no direito porque as teses a serem provadas pelos participantes do diálogo são definidas pelas regras de direito processual.

No entanto, cabe observar que, antes que o caso chegue ao fim, a alegação de não-pertinência global não é uma refutação conclusiva de um argumento. Suponhamos que o promotor argumente que o assassinato é um crime horrível. Mas suponhamos que depois ele apresente provas de que o réu mostrou-se psicologicamente abalado logo depois do momento em que o crime supostamente ocorreu. Ele pode argumentar então que esse comportamento incomum é compatível com alguém que cometeu um crime horrível. Neste caso, a premissa "O assassinato é um crime horrível" pode desempenhar um papel legítimo no conjunto global de sua argumentação, construída para levar à conclusão de que o réu é culpado de assassinato.

É preciso, portanto, ter cuidado. Não dá para saber com certeza se uma alegação de não-pertinência global é ou não justificável até que o diálogo termine. Caso contrário, é melhor tratá-la como um desafio ou na melhor das hipóteses como refutação fraca, e não como uma falácia claramente estabelecida.

Num diálogo racional, a crítica por não-pertinência deve ser considerada fundamentalmente global por natureza, mas, muitas vezes, quem a faz tem a intenção de fazer uma crítica local. Já vimos, por exemplo, que deixar de dar uma resposta direta a uma pergunta é uma falha geralmente tachada como um tipo de não-pertinência. Contudo, neste caso, a não-pertinência é basicamente localizada, pois a resposta pode ser criticada por não ser uma resposta direta a uma determinada pergunta em algum ponto do diálogo. Portanto, um tipo importante de crítica que envolve a questão da pertinência é o que questiona a pertinência da resposta à pergunta.

3.3 PERTINÊNCIA DA RESPOSTA À PERGUNTA

Em alguns casos, uma crítica por não-pertinência diz respeito a um par específico de pergunta e resposta durante uma seqüência de diálogo. Neste caso, a crítica "Isso não é pertinente" significa que a resposta dada não se aplica àquela pergunta específica. Esse tipo de crítica não é de pertinência global. Trata-se, antes, de uma não-pertinência local concernente à relação entre uma réplica e uma pergunta feita em algum ponto da seqüência de diálogo. Além disso, esse tipo de crítica não diz respeito estritamente à relação entre asserções e proposições[2]. Em vez disso, a relação é entre uma pergunta e a resposta a essa pergunta. Podemos chamar essa relação de pertinência da *resposta à pergunta*, porque a falha ocorre quando a réplica não responde à pergunta; ou, de qualquer modo, quando não é uma resposta suficientemente direta que satisfaça o crítico que a acusa de não-pertinência.

No exemplo a seguir, uma repórter faz uma pergunta específica ao diretor de uma universidade, que dá uma resposta que parece pertinente.

Exemplo 3.2

Repórter: Preocupam-me os programas de ação afirmativa, e gostaria de perguntar quantos cargos ocupados por mulheres deixarão de existir em razão dos cortes propostos no corpo docente da universidade.

Diretor: Só um cargo no departamento de estudos da mulher será cortado. Mas isso é equilibrado pela nova proposta de criação da cadeira da mulher, que acrescenta um novo cargo aos estudos da mulher.

▼

2. Epstein (1979, p. 156). Sobre outros tipos de pertinência, ver Sperber e Wilson (1986).

Repórter: Minha pergunta não era sobre estudos da mulher. Muitas faculdades estão cortando cargos nas áreas de artes, ciência e engenharia. Quero saber quantas mulheres que fazem parte do corpo docente perderão o emprego.

Observe que, nesse caso, a pergunta problemática e a resposta problemática estão relacionadas quanto ao tema – ambas são sobre mulheres do corpo docente cujos cargos estão sendo cortados. E são globalmente relacionadas quanto à questão geral. Mesmo assim, a crítica da repórter de que o diretor não respondeu à sua pergunta poderia ser, e seria, considerada uma alegação de que a resposta não é pertinente à pergunta. Como ela diz, sua pergunta não é *sobre* estudos da mulher. Sendo assim, a réplica sobre estudos da mulher não é estritamente pertinente, ou seja, não responde à pergunta específica que foi feita.

Em conversas comuns e até mesmo em textos de lógica, há uma tendência infeliz de usar "não-pertinência" como uma espécie de crítica em que tudo cabe para qualquer tipo de falha na argumentação ou para qualquer argumento fraco. A seguir, um exemplo desse tipo em um texto de lógica.

L. Susan Stebbing (1939, p. 196) citou este diálogo como exemplo de argumento que se afasta do ponto em questão, reproduzindo-o do *Press Reports* inglês. Sir Charles Craven era o diretor da Vickers-Armstrong Ltd., uma empresa de armamentos:

Exemplo 3.3

Ontem, em conversa com Sir Philip Gibbs, Sir Charles Craven disse que o ramo de negócios da Vickers não é particularmente perigoso.

Sir Philip: Você não acha que seus produtos são muito mais perigosos e detestáveis do que caixas de doces ou chocolates?

Sir Charles: Não, nem que os romances.

Sir Philip: Você não acha que é mais perigoso exportar esses produtos extravagantes do que, digamos, fogos de artifício para crianças?

Sir Charles: Bom, eu quase perdi um olho por causa de um fogo de artifício, mas nunca por causa de uma arma.

Segundo a avaliação de Stebbing, a réplica de Sir Charles à segunda pergunta de Sir Philip não é pertinente porque o diálogo discute os armamentos:

> É difícil acreditar que essas réplicas foram feitas a sério. Elas se afastam claramente do ponto em questão com o disfarce de uma piada desdenhosa. Acho, pelo menos, que a intenção foi fazer uma piada, embora certamente muito sem graça (1939, p. 196).

Stebbing continua sua objeção, dizendo que os armamentos, ao contrário dos fogos de artifício, são fabricados "com o único propósito de matar e ferir pessoas e destruir prédios". Sua objeção é que são os armamentos que estão sendo discutidos, não as bombinhas.

Stebbing certamente tem razão ao criticar o argumento de Sir Charles como fraco, não-convincente e até mesmo moralmente repreensível. Mas será que tem razão de considerá-lo *não-pertinente*? Para responder a esta pergunta, observe que foi Sir Philip, em sua pergunta, e não Sir Charles, em sua resposta, que introduziu a questão dos fogos de artifício no diálogo. Portanto, se essa questão não é pertinente, é a pergunta de Sir Philip que não é pertinente, não a réplica de Sir Charles. A referência de Sir Charles aos fogos de artifício, em sua réplica, é localmente pertinente ao tema da pergunta de Sir Philip que a precedeu.

Esse exemplo revela duas características específicas da pertinência no diálogo. Primeiro, indica que também uma pergunta pode ser pertinente ou não-pertinente. Isso é interessante porque, em geral, as críticas de não-pertinência, especialmente no nível local, se referem às respostas tidas como evasivas ou não-pertinentes. Mas será que as próprias perguntas podem ser não-pertinentes? Parece que sim. Por exemplo, se eu e você estamos discutindo a venda de um prédio perto da universidade e eu, inesperadamente, introduzo no diálogo a pergunta "Quando Albert Einstein nasceu?", você pode muito bem me perguntar qual é a pertinência da minha pergunta. Ou, conforme o caso, você pode até criticar minha pergunta, considerando-a não-pertinente à discussão. Portanto, parece que as perguntas, assim como as respostas, podem ser consideradas não-pertinentes a uma discussão.

Em segundo lugar, o exemplo 3.3 ilustra que pode haver um conflito, em certos casos, entre pertinência no nível local e pertinência no nível global. Stebbing criticou a réplica de Sir Charles alegando que o tópico da discussão eram os armamentos e não os fogos de artifício. No entanto, mesmo admitindo que essa alegação é verdadeira no nível global, a réplica de Sir Charles sobre o assunto dos fogos de artifício e dos armamentos continua sendo pertinente, no nível local, à pergunta de Sir Philip.

Parece haver, então, um conflito na avaliação deste caso. O que é mais importante – a pertinência no nível global ou a pertinência no nível local? Stebbing parece pensar que a primeira é mais importante, mas, segundo um princípio que parece ser razoável, esse ponto de vista não é muito plausível: se uma pergunta introduz um novo tema na discussão, deve-se permitir a quem a responde incorporar esse tema à sua réplica, sem receber necessariamente uma crítica por não-pertinência.

Outro caso ilustra um tipo de réplica em que a pergunta é criticada por não-pertinência. Curiosamente, neste caso, quem responde tenta se esquivar da pergunta. Sua réplica evasiva, no entanto, adota uma tática agressiva, alegando que a pergunta não é pertinente.

A discussão a seguir é uma entrevista feita por Barbara Frum no programa de televisão *The Journal*, da CBC, em 26 de setembro de 1986. O assunto da entrevista era a criação do Dia Sem Crime na cidade de Detroit, assolada por um alto índice de criminalidade e, em particular, por um alto índice de homicídios. Os entrevistados são o prefeito de Detroit e um atleta que tinha proposto a idéia do Dia Sem Crime, um apelo público para manter a cidade livre de crimes por um dia. O exemplo 3.4 apresenta a reconstrução da entrevista:

Exemplo 3.4

Barbara Frum: Só neste ano, trezentas pessoas foram assassinadas em Detroit. Só no mês passado, foram assassinadas mais pessoas em Detroit do que durante o ano inteiro, até agora, em Toronto. Do seu ponto de vista como prefeito, o senhor acha que isso representa um fracasso ou um problema?

Prefeito: Você está me fazendo perguntas sobre o alto índice de homicídios em Detroit. Essa não é a questão. Outras cidades, como Nova York, também têm índices altos. O tópico é o Dia Sem Crime. Essa questão do índice de homicídios não é pertinente.

Barbara Frum: É pertinente, sim. [Ela então continua e faz uma pergunta à outra pessoa.]

A primeira coisa a ser observada neste caso é que a resposta do prefeito é simplesmente falsa. Barbara Frum tem todo o direito de replicar que a questão do índice de homicídios em Detroit é pertinente ao tópico do Dia Sem Crime, já que o assassinato é um tipo de crime e, diga-se de passagem, um tipo de crime muito importante.

O prefeito pode considerar "não-pertinente" a questão do índice de homicídios porque isso implica uma responsabilidade política à sua posição como prefeito. Mas Barbara Frum certamente a vê como parte do tópico. É claro que não sabemos se ela e o prefeito puseram-se de acordo acerca de um tópico ou pauta antes da entrevista. Mas, mesmo que tivessem combinado que o Dia Sem Crime seria o assunto da entrevista, o tópico dos homicídios está claramente relacionado ao crime e ao Dia Sem Crime.

De uma forma interessante, esse caso é o oposto do problema apresentado no exemplo 3.5, o caso da discussão sobre o horário de fechamento da biblioteca. Neste caso, Harry sustenta que as mensalidades escolares são pertinentes ao tópico, embora sua pertinência seja marginal demais à discussão para sustentar sua tese. No caso acima, ao contrário, o prefeito alega que o índice de homicídios não é pertinente, quando, na verdade, a relação entre os dois tópicos é tão forte que sua negação não pode ser sustentada.

3.4 A CRIAÇÃO DE UMA PAUTA DE DISCUSSÃO

Uma forma de manter as questões de uma controvérsia dentro de limites razoáveis é restringir a série de tópicos admissíveis ao que é diretamente pertinente a uma questão específica. No exemplo a seguir, marcou-se uma reunião da comissão da biblioteca cuja pauta contém um único item: aumentar ou não o horário de funcionamento da biblioteca aos domingos. A biblioteca fica aberta durante oito horas aos domingos, e a Associação de Alunos propôs aumentar o período para dez horas. Durante a reunião, ocorre o seguinte diálogo:

Exemplo 3.5

    Harry: A biblioteca deve ficar aberta mais tempo para que os alunos tenham um lugar para estudar, mas, além disso, as mensalidades também devem ser reduzidas.

    Pam: Espere aí, Harry. O tópico desta reunião é a proposta para aumentar o horário de funcionamento da biblioteca. O que o tópico das mensalidades tem a ver com isso? Não vejo a pertinência dessa questão.

    Harry: Se os alunos não pagassem mensalidades tão altas, teriam dinheiro para morar melhor e, assim, teriam mais facilidade para estudar em casa. Está tudo ligado, porque existem muitos fatores que contribuem para privar os alunos de facilidades para estudar. Logo, meu argumento é pertinente.

Mas será que o argumento de Harry é pertinente? Sem dúvida, ele pode estar relacionado à questão do horário da biblioteca, que foi especificada como tópico a ser discutido nessa reunião. Mas a questão do valor das mensalidades não estava na pauta, embora pudesse muito bem ser o tema de outras reuniões feitas na universidade ao longo do ano. Portanto, embora Harry tenha respondido à crítica de Pam estabelecendo uma ligação entre as questões, temos que perguntar se a ligação é legítima a ponto de exigir que a reunião inclua a discussão sobre as mensalidades.

Se um grupo de alunos e professores estivesse discutindo informalmente, seria razoável juntar argumentos sobre as mensalidades a argumentos sobre o horário da biblioteca. Sob certos aspectos, pode haver uma ligação entre as duas questões. Mas, se é convocada uma reunião para discutir a proposta específica de modificação do horário de funcionamento da biblioteca, uma questão deliberadamente restrita, é apropriado limitar a discussão a questões diretamente pertinentes à proposta em discussão. Assim, embora Harry tenha feito uma ligação entre os dois tópicos, ela não é suficientemente forte para refutar a objeção de Pam de que o tópico da diminuição das mensalidades não é pertinente.

Nem todas as discussões têm uma pauta específica, planejada para estabelecer seus limites. Mas, quando a não-pertinência pode ser um problema sério, a pauta é de grande utilidade. A *pauta* pode ser definida como um conjunto de questões (proposições) a serem discutidas, geralmente numa ordem específica.

Mas, em alguns casos, pode haver grande controvérsia sobre o que é ou não razoavelmente pertinente a uma discussão. Para avaliar com justiça uma crítica por não-pertinência, temos que examinar com cuidado a pauta de discussão, caso exista, e descobrir até que ponto é específica a questão que está sendo discutida. Quando o assunto é uma proposta específica, outras questões controversas podem ser excluídas da discussão caso sejam apenas tangencialmente pertinentes, sendo assim impossível tratá-las de maneira adequada no contexto da questão a ser resolvida.

Portanto, num diálogo regulamentado, uma crítica por não-pertinência é uma questão de ordem que contesta a pertinência de um argumento em relação ao tema em discussão. Quando o tema é claramente delimitado no início pelos participantes, tal questão de ordem pode e deve ser razoavelmente restritiva.

No entanto, o grau de rigor com que a pertinência dos argumentos deve ser controlada pelo presidente ou moderador de uma discussão varia conforme o contexto do diálogo e conforme os acordos específicos feitos ou aceitos pelos participantes. Numa reunião de acionistas feita para decidir sobre pagamento de dividendos, por exemplo, qualquer discussão que não seja diretamente relacionada à pauta pode ser categoricamente eliminada. A urgência da decisão requer padrões rigorosos de pertinência e, para os acionistas, é bom que esses padrões sejam seguidos. Assim, o grau de tolerância à não-pertinência numa discussão é uma questão de bom senso, que depende dos objetivos da discussão e da amplitude da pauta.

Há um problema prático inerente à determinação de questões de pertinência num contexto de diálogo, basicamente porque pode ser impossível para o moderador ou para os outros participantes perceber onde um determinado argumentador está querendo chegar. Isso acontece porque um argumento é composto por uma série de elos em níveis locais, que são incompletos como cadeia até que o argumento esteja concluído. Na hora, pode ser difícil perceber para onde um argumento está nos levando. Uma vez terminado o argumento, é muito mais fácil julgar sua pertinência. Mas é possível que o moderador ou árbitro de uma discussão tenha que tentar decidir acerca da pertinência durante o debate. Portanto, durante a discussão, a avaliação da pertinência pode ter que se basear na confiança, na disposição em cooperar ou na garantia do argumentador de que sua linha de argumentação vai se mostrar pertinente.

No entanto, mesmo em meio à discussão, uma mudança no diálogo pode ser considerada não-pertinente se não for uma resposta apropriada à mudança anteriormente feita pelo outro participante. Portanto, se você me faz uma pergunta e eu respondo com outra pergunta que não responde à primeira ou nem se refere a ela, é correto considerar minha resposta não-pertinente.

Muitos dos problemas de não-pertinência estudados até agora pertencem ao estágio de argumentação de um diálogo, mas a não-pertinência também pode ser um problema até mesmo no estágio de confronto da discussão.

Na prática, um dos problemas é que os participantes de uma discussão podem ter idéias diferentes sobre qual é a questão a ser discutida. Num caso descrito por Moore (1986, p. 173), uma organização de assistência social planejou construir uma clínica de saúde para pacientes de baixa renda num bairro residencial. Os vizinhos se opuseram à localização do projeto em seu bairro. Segundo eles, o que estava em discussão era se a clínica devia ou não se localizar naquela região. Mas, segundo Moore (1986, p. 173), para a organização de assistência social, a questão era como levar adiante o projeto da clínica: "Eles querem discutir *como* alugar um edifício e que resistência vão encontrar para implementar o projeto naquele local." Nesse caso, se cada um dos grupos fosse definir a questão da disputa, as respostas seriam muito diferentes.

Aqui, a discussão parece ser uma disputa, mas, na verdade, cada uma das partes pretende discutir uma questão diferente. Então, se começassem o processo de argumentação, estariam argumentando sem se entender.

Nesse caso, a tese de uma parte opõe-se parcialmente à tese da outra: pois, se a construção não pode se localizar naquela área, então o projeto de construir a clínica ali não pode ser levado adiante. Certamente existe aí alguma oposição e espaço para disputa.

Contudo, ainda assim pode haver um problema sério: quando cada uma das partes define a questão de maneira diferente, é difícil, ou impossível, que o diálogo leve a uma solução da controvérsia. Os argumentos a favor de um dos lados da suposta questão podem ser considerados não-pertinentes à questão como o outro lado a define. Sem uma concordância básica a respeito da pertinência global, as duas partes podem ser conduzidas a uma seqüência de perguntas e respostas que apenas leva a objeções e críticas de não-pertinência que não podem ser resolvidas a contento para nenhuma das duas. Portanto, esse tipo de mal-entendido sobre a questão em disputa pode, de fato, solapar o diálogo racional e inviabilizar a solução da controvérsia.

Existem, então, dificuldades práticas muito reais quando se trata de julgar a pertinência numa disputa. Pode-se ter a impressão de que a pauta está definida, mas, na verdade, os participantes podem ter entendido mal a definição da questão, ou podem mesmo discordar vigorosamente a respeito dessa definição. Nas disputas entre sindicatos e patrões, por exemplo, as negociações podem chegar a impasses porque as partes não conseguem entrar num acordo sobre a pauta. Nesse caso, pode haver uma extrema dificuldade de estabelecer critérios para definir pertinência, mesmo antes das principais etapas da argumentação.

Mas, mesmo que a questão esteja claramente definida e todos os participantes concordem com a pauta, pode haver necessidade de um moderador habilidoso, com discernimento e sensibilidade, para impedir que argumentadores agressivos se percam em apelos emocionais, ataques pessoais e outras digressões. Definir pertinência é uma coisa, interpretá-la com justiça numa discussão é outra.

3.5 DIFERENTES CRÍTICAS POR NÃO-PERTINÊNCIA

Uma acusação em que a conclusão do oponente é distorcida ou exagerada para que pareça injustificada é um tipo de argumento questionável por falta de pertinência:

Exemplo 3.6
Os ambientalistas insistem em dizer que o problema da chuva ácida é sério e ameaçador. Eles acham que, resolvido esse problema, nosso país será o paraíso na Terra.

Aqui, uma crítica razoável é indagar se os ambientalistas citados realmente defendem a tese de que a solução do problema da chuva ácida criaria um paraíso na Terra. É bem possível que não, e, se questionados, contestariam veementemente ao ver tal conclusão atribuída a eles. Uma estratégia comum para desacreditar um argumento é exagerar sua conclusão para que ela pareça implausível e impossível de provar.

O exemplo 3.6 representa um caso clássico de *ignoratio elenchi*. O erro básico é identificar, como conclusão do argumentador, uma proposição diferente de sua verdadeira conclusão ou tese a ser provada. Mas este caso é um tipo especial de *ignoratio elenchi*, que funciona porque a proposição escolhida é uma forma semelhante mas exagerada da proposição correta. Portanto, a falácia *ignoratio elenchi* pode, na prática, assumir diferentes formas.

Às vezes, a conclusão de um argumento é mal interpretada porque tem sua complexidade ignorada e é substituída por uma proposição mais simples:

Exemplo 3.7
   Alfred e Boris estão discutindo sobre controle de armas num painel de discussão. Alfred é um especialista em controle de armas do Alabama. Como participante do painel, ele se dispôs a apresentar provas para apoiar sua alegação de que, se o controle de armas não for introduzido no Alabama, haverá uma incidência muito maior de crimes violentos. No entanto, no decorrer de sua argumentação Alfred ressalta que a maioria da população do Alabama tem se oposto fortemente a uma legislação mais rigorosa para coibir a posse legal de armas de fogo. Com isso, ele conclui que o controle de armas não será introduzido no Alabama.

Se essa descrição da argumentação de Alfred está correta, ela pode ser criticada por *ignoratio elenchi*, já que Alfred deveria provar uma proposição condicional: se o controle de armas não for introduzido no Alabama, haverá uma incidência muito maior de crimes violentos. No entanto, Alfred conduziu sua argumentação no sentido de provar o antecedente dessa condicional como conclusão. Mas provar que o antecedente é verdadeiro não prova que toda a condicional é verdadeira. Em suma, seu argumento não é válido no que diz respeito à conclusão correta. É um caso clássico de *ignoratio elenchi*. Esse tipo de argumento, que confunde proposições simples e complexas, é uma forma comum de falácia de conclusão não-pertinente.

Às vezes, as premissas de um argumento, mais do que sua conclusão, podem ser consideradas não-pertinentes. Nesse caso, a conclusão pode até ser clara e algumas das premissas pertinentes, mas então o argumentador "se perde" e introduz premissas não-pertinentes. Numa ocasião, o senador Paul Martin ergueu-se em defesa de sua cidade natal, Windsor, em Ontário, contra uma passagem do romance *Wheels*, de Arthur Hailey, sobre a indústria automobilística norte-americana. Hailey fizera referência à "encardida Windsor", separada de Detroit pela fronteira, "igualando-se em feiúra ao que há de pior em sua parceria sênior do lado americano". A reação de Martin foi a seguinte:

Exemplo 3.8
   Quando li essa passagem fiquei enfurecido... Nós que vivemos lá sabemos que Windsor não é uma cidade encardida. É uma cidade que tem um dos melhores parques floridos do Canadá. É uma cidade de boas escolas, e de pessoas trabalhadoras e tolerantes.

No começo, o senador Martin apresenta argumentos razoáveis. O fato de Windsor ter um parque florido serve como prova racional para refutar a tese de que é uma cidade feia. Mas, nesse ponto, como observam Johnson e Blair (1983, p. 87), Martin muda de assunto: "Boas escolas, pessoas trabalhadoras e tolerantes são sem dúvida uma vantagem, mas que nada tem a ver com o fato de a cidade ser feia ou bonita." Por isso, Johnson e Blair criticam o senador Martin por ter mudado para um argumento não-pertinente, ou uma *pista falsa*.

A novidade, neste caso, é que são algumas premissas do argumento, mais que a conclusão, que são percebidas como não-pertinentes. A primeira premissa, sobre o parque florido, é pertinente à conclusão de que Windsor não é uma cidade feia. Mas as outras premissas, que mencionam as boas escolas e os cidadãos trabalhadores, não são pertinentes. Então, não é que o senador Martin tenha escolhido a conclusão errada. O problema é que ele "se perdeu" e começou a introduzir premissas não-pertinentes.

No entanto, se levarmos em conta que as premissas e a conclusão de um argumento racional têm que estar relacionadas, esse exemplo acompanha o padrão de falta de pertinência do tipo *ignoratio elenchi*. Poder-se-ia dizer, portanto, que, introduzindo premissas não-pertinentes à conclusão correta, o argumentador está, com efeito, passando a outra conclusão. O senador Martin ateve-se à conclusão correta quando falou dos parques floridos. Mas, quando introduziu as premissas relacionadas aos cidadãos trabalhadores e tolerantes, estava apresentando um argumento que, se razoável, provaria outra conclusão, ou seja, que Windsor é uma cidade que tem uma população honrada e afável. Portanto, esteja o foco na premissa ou na conclusão, o problema é o mesmo, ou seja, falta o tipo certo de relação entre as premissas dadas e a conclusão correta.

Enquanto a falácia *ignoratio elenchi* consiste em chegar à conclusão ou à tese errada num diálogo racional, às vezes o problema pode vir das premissas específicas usadas ou necessárias para chegar àquela conclusão. O problema básico da *ignoratio elenchi* é a falta da relação entre premissas e conclusão que se exige num diálogo racional. Dizemos então que o argumentador perdeu o fio da meada e se desviou do assunto, o que deixa seu argumento sujeito à crítica por não-pertinência.

3.6 SUMÁRIO

Teoricamente, cada participante de um diálogo racional deve ter uma tese ou conclusão claramente definida que está obrigado a provar na argumentação. Isso significa que cabe a cada um o ônus da prova que estabeleça tal conclusão. Por isso, quando há um motivo justificável para pensar que alguém está se desviando e deixando de assumir o ônus da prova, o argumento de tal pessoa fica sujeito à acusação de *ignoratio elenchi* (não-pertinência).

Essa não-pertinência pode ser global ou local. A pertinência global diz respeito à tendência e direção geral da argumentação de um participante, à medida que avança no sentido de estabelecer sua tese numa longa e possivelmente complexa rede ou cadeia de argumentos ligados. Uma vez concluído o diálogo, fica muito mais fácil avaliar a pertinência global. A pertinência local diz respeito às relações entre proposições específicas que ocorrem em estágios isolados de um argumento. Ela pode se referir à relação entre uma pergunta e uma resposta num diálogo, ou pode se referir à relação entre um par de proposições num argumento.

Tanto no interior da pertinência global quanto da local, existem duas maneiras básicas pelas quais uma premissa pode ser considerada pertinente a uma conclusão. Primeiro, há a relação com o assunto. Aqui, é preciso perguntar se a premissa está relacionada à conclusão por ter com ela alguns assuntos em comum. Segundo, há a *pertinência probatória*, que contribui em parte para provar ou refutar a tese em questão. Aqui, a questão é saber se a premissa contribui efetivamente para a conclusão, seja a favor, seja contra[3].

▼
3. Segundo Govier (1985, p. 101), um enunciado A é pertinente a um enunciado B quando "A contribui para estabelecer a verdade de B ou contribui para que essa verdade não seja estabelecida". Segundo Wright e Tohinaka (1984, p. 197), é preciso perguntar primeiro se a premissa "tem relação com o tópico por tratar de um assunto relacionado" e, em segundo lugar, "se a premissa ajuda a sustentar a conclusão".

Há dois tipos distintos de pertinência para se levar em conta. Uma premissa pode estar relacionada à conclusão no que diz respeito ao assunto mas não contribuir em nada para prová-la nem refutá-la. Por exemplo, a premissa "Bob tem cabelo vermelho" e a alegação "Bob é culpado de ajudar um criminoso" estão relacionadas quanto ao assunto porque ambas compartilham o tópico "Bob". Mas pode ser que a premissa "Bob tem cabelo vermelho" não contribua em nada para provar ou refutar a alegação de que Bob é culpado de ajudar um criminoso no argumento em discussão. Por outro lado, a proposição "Bob estava vendendo armas para Harry, um conhecido criminoso" pode ser pertinente à proposição "Bob é culpado de ajudar um criminoso" nos dois tipos de pertinência.

Para resumir, podemos dizer que há quatro tipos de pertinência a serem considerados:

Pertinência global	Pertinência local
Pertinência quanto ao assunto	Pertinência probatória

A pertinência probatória, que contribui para provar ou refutar uma tese, também era chamada de *pertinentia* na Idade Média. Segundo o lógico medieval William de Sherwood (ver Walton, 1982, p. 63), uma afirmação *pertinente* é aquela que resulta daquilo que a precede ou que é logicamente repugnante ao que a precede. O que supostamente William quis dizer com isso é que a pertinência deve ser julgada com relação a afirmações anteriores com as quais o argumentador já se comprometeu no curso do diálogo. Essa seria uma concepção parcialmente global de pertinência[4]. E o que torna uma proposição probatoriamente pertinente é sua relação com esse conjunto anterior de comprometimentos, ou por resultar logicamente dele ou por ser incoerente com ele. Seja como for, a noção de pertinência, associada à prova ou refutação de uma tese, era conhecida nas tradições mais antigas da lógica.

Além das categorias gerais de pertinência e não-pertinência, os exemplos que estudamos sugerem várias maneiras específicas de a falácia *ignoratio elenchi* ocorrer na prática. Distinguimos vários tipos de críticas de não-pertinência que podem se aplicar a um argumento:

1. Tirar a conclusão errada do próprio argumento é o tipo básico de falácia *ignoratio elenchi*.
2. Às vezes, *ignoratio elenchi* se refere à incapacidade de refutar a tese do oponente numa disputa. Numa disputa há dois argumentadores e a tese de um é contrária à do outro. Uma variante de *ignoratio elenchi* (que Aristóteles chama de refutação mal concebida) ocorre quando a argumentação de um participante não consegue refutar a tese do outro participante nem apresentar provas razoáveis contra ela.
3. Há um tipo de *ignoratio elenchi* que não mencionamos e que ocorre quando a questão inteira se modifica pela introdução de um paralelo diversionista que pode não ser pertinente. Suponha que, num julgamento criminal, o advogado de defesa afirme que a verdadeira questão é a discriminação, porque o réu pertence a uma minoria étnica. Se isso não for verdade, é preciso cuidado para que o júri não se empolgue com o tema da discriminação, geralmente interessante, e perca de vista a verdadeira questão.

▼

4. A concepção é parcialmente global porque uma proposição tem que ser localmente relacionada apenas às proposições que a precedem no argumento, não às proposições que possam ocorrer mais adiante no diálogo.

4. Uma forma extrema de não-pertinência é a não-coincidência de assuntos. Se algumas das proposições introduzidas num argumento não são pertinentes à proposição a ser estabelecida a ponto de não ter com ela um assunto em comum, sua pertinência pode ser racionalmente contestada.
5. Há um tipo de *ignoratio elenchi* que ocorre quando um argumentador exagera a conclusão que o oponente deve supostamente provar.
6. Às vezes, a conclusão de um argumento é mal compreendida porque não se leva em conta o fato de ela ser uma proposição complexa. Por exemplo, uma proposição condicional pode ser tratada, incorretamente, como proposição simples.
7. Às vezes, o foco de uma acusação de não-pertinência incide mais sobre a premissa do que sobre a conclusão. É quando o participante começa a construir uma argumentação que até pode ser boa, mas, a certa altura, introduz premissas adicionais que se desviam do curso dessa argumentação.

Esses sete tipos de crítica por não-pertinência têm em comum a idéia básica de que todo diálogo racional deve versar sobre uma questão ou controvérsia. Ou seja, cada argumentador tem que ter um lado, uma tese ou uma conclusão a ser provada na argumentação. Quando ele começa a se desviar dessa tarefa, seus argumentos ficam sujeitos à acusação de não-pertinência.

No entanto, o mais importante é lembrar que as acusações de não-pertinência podem, às vezes, ser contestadas com sucesso na defesa de um argumento. Antes que o diálogo seja concluído, mas depois de avançar alguns estágios, o argumentador pode conseguir provar que seu argumento é pertinente. Na maioria dos casos, portanto, é melhor encarar a não-pertinência como uma crítica que pode, em algumas situações, ser contestada, mais do que uma falácia ou uma refutação categórica de um argumento. Desse modo, uma crítica por não-pertinência que ocorra no decorrer de uma argumentação pode ser encarada como uma questão de ordem que requer que o argumentador demonstre a pertinência de sua alegação à questão em disputa. Tal pedido, se razoável, deve ser atendido porque, assim, o argumentador evita o malogro do seu argumento por falta de pertinência.

A pertinência na argumentação pressupõe que foi fixada uma pauta antes de se iniciar a disputa propriamente dita. Na prática, no entanto, essa precondição pode não ser satisfeita ou pode não ser interpretada corretamente ou unanimemente por todos os participantes no estágio de confrontação. Outro problema prático é que, mesmo quando a pauta é estabelecida e a pertinência é teoricamente bem definida, resta avaliar se um determinado ponto é ou não pertinente o bastante para que sua discussão mereça ser estendida. A avaliação de cada caso pode exigir do mediador discernimento e sensibilidade para interpretar os objetivos do diálogo, a urgência do debate, a importância relativa dos principais assuntos que possam vir à tona e os padrões de rigor que sejam mais apropriados ao contexto do diálogo.

Muitas das falácias estudadas nos capítulos posteriores são falhas específicas de pertinência na argumentação que funcionam como truques poderosos para desviar a atenção do oponente.

4. APELOS À EMOÇÃO

A argumentação que ocorre no ambiente coloquial dos apelos persuasivos do dia-a-dia está fortemente entrelaçada com sugestões e nuanças emocionais. Como exemplo, a propaganda de sucesso parece consistir, em grande parte, em bem-orquestrados apelos às emoções. E é bastante plausível afirmar que muitas controvérsias e debates políticos são decididos com base nos apelos e lealdades emocionais, tanto quanto no raciocínio desapaixonado.

O ataque pessoal é tão eficaz como tática de argumentação por causa de seu forte apelo às emoções, como será mostrado no Capítulo 6. Este capítulo, entretanto, trata de diversos outros tipos de argumentos, tradicionalmente considerados problemáticos ou falaciosos porque usam o poder de certas emoções básicas. Vamos nos concentrar, especialmente, na piedade, no medo e na solidariedade de grupo.

A retórica popular é uma argumentação destinada a persuadir um público-alvo ou leitorado. O objetivo é criar uma ligação pessoal com esse público, estabelecer um vínculo pessoal entre o argumentador e os que recebem sua mensagem. Quando essa relação emocional é bem construída, a pessoa a quem o argumento é dirigido é levada a confiar na pessoa que se dirige a ela, a lhe dar sua lealdade e a suspender as críticas e questões características da argumentação e do diálogo racional. A retórica pessoal é, portanto, dirigida mais aos instintos que à razão. O apelo emocional procura atingir as reações irrefletidas da pessoa na tentativa de driblar o questionamento crítico e a avaliação lógica que normalmente caracterizam o diálogo racional. Muitas vezes, tais apelos são táticas que transgridem a primeira das regras negativas do diálogo persuasivo, apresentadas no Capítulo 1. Ou seja, são tentativas de se furtar à obrigação de arcar com o ônus da prova numa argumentação.

Tradicionalmente, numa argumentação, os apelos à emoção são vistos com desconfiança e até mesmo rotulados categoricamente de falácias lógicas. Na argumentação racional, há uma tendência a comparar a "razão imparcial" com "as paixões" e a desconfiar destas últimas. Em geral, essa tendência aparece também em textos lógicos, em que os apelos às emoções são tratados como inerentemente ilógicos e sujeitos a forte censura[1].

Mas, às vezes, a decisão de se deixar levar por uma reação emocional, como o medo, pode ser uma conclusão justificada e acertada, favorável à sobrevivência. Além disso, muitas argumentações em temas polêmicos, como política ou religião, podem se basear justificadamente em convicções apaixonadas. Quando há costumes e valores em jogo, ignorar nossos "instintos decentes" pode nos fazer negligenciar algumas das

▼

1. Ver Hamblin (1970) e Walton (1987).

melhores razões para adotar uma posição. A política democrática de países livres nos mostra que a lealdade política baseada em instintos ou no apelo a fontes profundas de convicção emocional pode ser uma parte legítima e importante dos discursos eleitorais e do diálogo político. Os discursos de Lincoln eram profundamente emocionais, o que não deve nos levar a concluir que eram intrinsecamente falaciosos ou ilógicos. Longe disso. Justamente por apelar aos nossos instintos profundos a respeito do que é certo, seus argumentos são considerados mais fortes e decisivos.

Assim, nem sempre é fácil discernir quando os apelos emocionais numa argumentação podem ser justificadamente criticados por motivos lógicos. As decisões práticas para agir são muitas vezes tomadas, acertadamente, com base na experiência pessoal, que pode se manifestar em forma de emoção ou de um "sentimento visceral" a respeito da melhor maneira de proceder. Não há nada errado nisso, e, muitas vezes, a prática e a experiência podem ser nossos melhores guias. Um especialista técnico que o aconselha sobre a solução de um problema baseado em seu instinto a respeito do melhor a ser feito pode estar lhe dando o melhor dos conselhos (prova externa).

Mas o entrave apresentado pelos apelos emocionais é que eles tendem a ser argumentos intrinsecamente fracos (plausíveis). O problema, assim, é ignorar argumentos mais fortes e mais objetivos, quando existem, deixando-se seduzir pela força de atração dos interesses e emoções pessoais. Os apelos emocionais podem nos induzir a deixar de lado as perguntas corretas ou mascarar uma falha na sustentação de um argumento (regras negativas 6 e 4 da Seção 1.4). Os apelos às emoções são diversionismos eficazes que podem ser usados para encobrir qualquer uma das falhas definidas pelas regras negativas do diálogo persuasivo, apresentadas no Capítulo 1.

4.1 ARGUMENTUM AD POPULUM

A falácia *ad populum* (ao povo) é tradicionalmente definida como o apelo ao entusiasmo coletivo ou a sentimentos populares com o intuito de ganhar aceitação para uma conclusão que não se sustenta em boas provas. É fácil ver a eficácia desse tipo de estratégia numa argumentação. A maioria prefere pensar que suas opiniões estão de acordo com as tendências em voga e não gosta de sentir que não está acompanhando os estilos aceitos ou as principais opiniões do momento. Um argumentador que usa a persuasão em sua área de atividade não iria muito longe se desconhecesse as opiniões mais em voga e as visões aceitas por seu público-alvo.

O comercial descrito a seguir é citado muitas vezes como um exemplo de apelo *ad populum* em argumentação persuasiva:

Exemplo 4.0

Um comercial de televisão de um seguro de vida mostra uma cena de uma família feliz fazendo um piquenique nas margens de um rio. Estão pescando e se divertindo. O texto do comercial é uma série de *slogans* sobre como é feliz a vida em família, incluindo expressões como "paz de espírito hoje" e "segurança para o futuro". A companhia de seguros é definida como um lugar onde a família e o agente de seguros podem "resolver as coisas juntos". Nenhuma menção é feita aos planos oferecidos, aos preços ou a qualquer outro dado de interesse para quem queira pesquisar qual é a melhor cobertura e quais os melhores preços.

Não é difícil perceber por que mensagens comerciais desse tipo são tantas vezes citadas como casos de falácia *ad populum*. A cena mostrada no comercial é cuidadosamente produzida para apelar com sucesso ao sentimento popular. O agente de seguros é retratado como um homem paternal em quem se poderia confiar, e assim por diante. Mas, concentrando-se exclusivamente nesse apelo, a mensagem do comercial não nos passa nenhuma informação útil sobre os benefícios relativos dos planos de seguro daquela companhia. O apelo agradável do comercial toca o coração do público-alvo mas não oferece informações sobre os aspectos pertinentes do produto, que deveriam ser importantes na decisão racional de adquirir algum tipo de cobertura dessa companhia.

Numa mensagem como a desse comercial, o que parece mais falacioso e passível de crítica é o que ela omite. O apelo ao sentimento não é, em si mesmo, uma coisa ruim. O que é passível de crítica é o uso do apelo à emoção como substituto para informações genuinamente úteis. Nossa crítica poderia ser, então, que o apelo ao sentimento nas cenas da família feliz não é pertinente, ou tem uma pertinência apenas marginal, à verdadeira questão que deveria ser abordada pela mensagem do comercial. Será que a cobertura oferecida por essa empresa é um bom negócio, que oferece vantagens sobre a concorrência? O comercial inteiro parece evitar de maneira sistemática a questão. Em outras palavras, neste caso a falácia *ad populum* parece ser falta de pertinência (regra de argumentação negativa 5 da Seção 1.4).

Se a companhia de seguros recebesse essa crítica, como você acha que ela poderia responder? Poderia responder que seu negócio é vender seguros, e para isso é preciso ser competitivo. É preciso chamar a atenção para o produto. É evidente que a empresa chegou à conclusão de que a melhor maneira de atingir esse objetivo é apresentar um comercial com apelo popular. Talvez pudesse dizer que, se o comercial se limitasse a apresentar fatos e números sobre custos e benefícios da cobertura, o público ficaria entediado e a concorrência faria melhor negócio apresentando comerciais mais atraentes. Afinal, o momento para discutir fatos e números, e taxas, poderia dizer a companhia, é quando se fala pessoalmente com o agente de seguros. Portanto, ela poderia argumentar que, num comercial de televisão, o tipo de abordagem baseado no apelo popular é pertinente e não é falacioso.

O que dizer diante desse tipo de réplica? Em primeiro lugar, é preciso reconhecer que a réplica se baseia em dois argumentos sólidos sobre as alegações de falácia emocional.

O primeiro é que não há nada de errado *per se* em apelar ao sentimento popular[2]. Às vezes decidimos confiar nas pessoas com base em nossos instintos, o que nem sempre é ruim, embora seja sensato tomar cuidado. Num mercado de massa, uma empresa só terá sucesso se seus produtos ou serviços forem bem aceitos. Não é errado apelar ao público ou ao eleitorado, e, na verdade, isso é algo que às vezes pode ser racional e louvável. Temos que admitir, portanto, que a companhia de seguros não comete necessariamente uma falácia ao chamar a atenção do público para o seu produto de maneira competitiva.

O segundo argumento é que, se o objetivo da companhia de seguros é chamar a atenção para o seu produto e para si mesma, ela pode nem ter a pretensão de apresentar um argu-

▼
2. Ver a discussão deste argumento em Walton (1987).

mento racional – premissas e conclusão contendo informações sobre as apólices e assim por diante – em sua mensagem comercial. Em vez de aceitar o ônus da prova, pode ser que o comercial esteja apenas dizendo: "Confie em nós. Somos uma grande e confiável companhia com valores iguais aos seus. Da próxima vez que for fazer um seguro, pense em nós como uma possibilidade." Observe que, se essa é a mensagem, nem ao menos está claro se o objetivo do argumento é persuadir o telespectador dos benefícios das apólices de seguro da companhia. Trata-se antes de um apelo subjetivo para que o telespectador veja na companhia uma opção confiável. Se é assim, não é tão evidente que o apelo às emoções que a companhia de seguros faz não é pertinente. Isso depende de qual é, ou deveria ser, o propósito do comercial como tipo de argumentação.

O problema, neste caso, é que a mensagem da companhia de seguros parecia ser falaciosa porque o apelo aos sentimentos do público caracteriza um argumento não-pertinente. Mas, se as réplicas da companhia a essa objeção forem aceitáveis, pode ser que ela nem esteja tentando argumentar a favor das vantagens de suas apólices. Em suma, se não há um ônus de prova objetiva, talvez não haja falácia nem não-pertinência. Ou, em todo caso, pode não ser tão fácil nem evidente determinar em que consiste exatamente a alegada falácia, e as réplicas disponíveis para o defensor de um apelo ao público como o do exemplo 4.0 podem conter alguns pontos razoáveis.

No entanto, o que interessa é que muitos sentem, com razão, que houve uma evasão nesse tipo de apelo ao público. Pode ser que a mensagem da companhia de seguros tenha que incluir apelos emocionais e populares para ser competitiva, mas certamente deveria incluir também alguns fatos pertinentes para o consumidor inteligente. Em vez de apelar ao mínimo denominador comum, a mensagem deveria conter informações úteis. Quem acha que a verdadeira questão é o valor do seguro dessa companhia para o consumidor tem base para uma crítica por não-pertinência. Mesmo que o simples uso do apelo emocional não seja em si mesmo uma falácia, poder-se-ia replicar que, ainda assim, pode ser uma falácia furtar-se ao ônus da prova, já que faltam argumentos objetivos sobre o valor do produto dessa companhia.

Em suma, portanto, a questão é saber se é razoável recair sobre a companhia de seguros o ônus da prova, tendo ela que fornecer informações em seus comerciais, além do apelo emocional. Se assim for, a crítica *ad populum* é justificada. Se não, haveria certa justificativa para a crítica ser contestada.

Até agora, o que é passível de crítica num argumento *ad populum* é o uso do apelo emocional para disfarçar o fato de a verdadeira questão não ser abordada. Mas tais críticas têm que ser cuidadosamente avaliadas porque, no estágio de confrontação, ainda há lugar para determinar qual é a verdadeira questão. Qual é o verdadeiro propósito de um comercial de televisão? Convencer o espectador a comprar um produto em razão de suas qualidades ou chamar a atenção para o produto com o objetivo de aumentar o "reconhecimento da marca"? O espectador que aceita sem críticas uma mensagem comercial por aquilo que ela não é pode estar deixando de fazer as perguntas certas e ignorando melhores fontes, que lhe permitiriam chegar a uma decisão informada. Essa falha pode não ser tanto uma falácia, mas simplesmente uma bobagem.

4.2 O ARGUMENTO DA POPULARIDADE

Um dos tipos de argumento mais citado como exemplo de falácia *ad populum* é o discurso político do tipo "linguajar simples do interior". Por exemplo, suponha que um candidato que seja doutor em economia esteja se dirigindo a um grupo de agricultores num ambiente rural. O político tem uma "fazenda de lazer" para complementar o salário de consultor e professor universitário. Parte do seu discurso transcorre da seguinte maneira:

Exemplo 4.1
Outro dia, quando eu estava trabalhando no campo, vendo o sol brilhando sobre o trigo, comecei a refletir como tinha ficado difícil para o homem do campo ganhar a vida. Somos nós, agricultores, que alimentamos a nação, e temos que tomar uma posição firme do lado da liberdade contra os coletivistas e outros parasitas que estão nos depenando com impostos cada vez mais altos e regras restritivas de mercado. Nós, os bons cidadãos, os produtores que trabalham a terra para alimentar a nação, temos que nos juntar para lutar por nossos direitos e pelos interesses da maioria dos que contribuem produtivamente para nosso padrão de vida neste grande país.

É fácil detectar o aspecto artificial dessa argumentação, e, sem dúvida, o público a quem ela se destinava também o perceberia. O orador não é, na verdade, um agricultor em tempo integral, mas tenta se passar por um para apelar aos sentimentos de solidariedade de grupo desse público. Qual é, então, a falácia?

Naturalmente, uma das críticas é que o orador não é um agricultor de verdade, e, portanto, seu apelo é baseado numa postura falsa, uma espécie de hipocrisia ou mentira. Por causa da postura fraudulenta e das tentativas desajeitadas de ganhar simpatia, sentimos que talvez pretenda fazer o público de bobo. No entanto, essas falhas não são necessariamente falácias e nem mesmo argumentos incorretos. Pode ser apenas que sua tentativa de persuadir seja desastrada e pouco convincente. O problema não é que qualquer apelo à solidariedade de grupo seja intrinsecamente errado ou falacioso, mas que a tentativa desse homem é ruim. O erro pode não estar num argumento falacioso, mas apenas num discurso malfeito, o que não é necessariamente um erro de lógica, mas uma falha de comunicação com o público.

É claro que esse argumento poderia ser criticado por falta de pertinência. Mas, como o discurso talvez não tenha uma tese ou conclusão estabelecida, esse não é o problema.

Pode ser também que o orador tenha se esforçado demais para atingir o público apelando ao seu orgulho e interesses de maneira exclusiva e transparente, a ponto de tentar se passar, sem muito sucesso, por um deles. Assim como o argumento *ad hominem* apela à posição pessoal do oponente, o argumento *ad populum* visa a posição do grupo a quem se dirige no diálogo de persuasão. Em vez de apresentar premissas objetivas que qualquer pessoa razoável aceitaria, o argumento *ad populum* usa premissas que podem ser fracas mas têm um forte apelo retórico aos sentimentos de solidariedade de grupo do público. Tal apelo, seletivamente subjetivo, está sujeito a ser chamado de falacioso.

Mas será que é? Veremos, no Capítulo 6, que o argumento *ad hominem*, apesar de se dirigir à posição de um argumentador em particular, nem sempre é falacioso. Poder-se-ia dizer o mesmo aqui.

Num país democrático, qualquer ponto de vista ou argumento político só é eficaz no fórum de debates se apelar positivamente à grande maioria do eleitorado. Então, não há nada de errado na argumentação de um político cujo objetivo seja fazer um apelo a uma maioria ou a um público determinado de eleitores. Vimos que, no diálogo persuasivo (discussão crítica), os argumentos são dirigidos à posição do oponente, o que é correto. No debate político, se o político quer convencer o público do seu ponto de vista a respeito de uma questão, ele tem que usar, como premissas, proposições com as quais esse público está comprometido, ou que pode ser convencido a aceitar. Nos países democráticos, o debate político é essencialmente uma arena de combate, e, para ser bem sucedido, o político tem que dirigir seu argumento, com muito cuidado, ao público que ele quer convencer a apoiar sua posição. Esse elemento combativo da argumentação política democrática não tem, em si, nada de errado. Ele só se torna falacioso, ou pelo menos passível de crítica, quando está sujeito a excessos ou abusos específicos. Quais são, portanto, os erros associados ao apelo *ad populum*?

Um argumento implícito no próprio apelo *ad populum* é que, em geral, a opinião popular não determina a veracidade de uma questão. Em outras palavras, as duas formas de inferência a seguir não são, em geral, dedutivamente válidas:

(P1) Todo o mundo aceita que A seja verdadeiro.
   Logo, A é verdadeiro.
(P2) Ninguém aceita que A seja verdadeiro.
   Logo, A é falso.

Chamaríamos (P1) e (P2) de formas básicas do *argumento de popularidade*. Nesse caso, um argumento de popularidade pode ser considerado fraco quando trata (P1) ou (P2) como um argumento dedutivamente válido ou mais forte do que permitem as provas. Em outras palavras, se tudo o que o argumentador tem a oferecer como premissa para a conclusão de que A é verdadeiro (ou falso) é o fato de que muita gente aceita que A seja verdadeiro (ou de que ninguém aceita que A seja verdadeiro), então seu argumento provavelmente é fraco. E decerto não é dedutivamente válido. Então, ao tratá-lo como um argumento forte, ou mesmo válido, seu proponente comete um erro de avaliação e seu argumento fica sujeito à crítica racional.

No entanto, é preciso tomar cuidado. Mesmo não sendo formas dedutivamente válidas de argumento, (P1) e (P2) podem representar formas mais fracas de argumento que, no entanto, podem, no diálogo, transferir racionalmente o ônus da prova. Se eu me proponho a defender uma proposição que todos consideram falsa ou extremamente implausível, o ônus da prova que me é imposto será muito mais pesado do que se eu defender uma conclusão que todos consideram plausível ou até verdadeira.

Da mesma forma, há casos em que (P1) e (P2) são argumentos fracos que têm algum valor de plausibilidade, podendo induzir alguém a assumir uma determinada linha de ação em situações em que falta o conhecimento objetivo dos fatos mas há necessidade de uma decisão prática. Por exemplo, estou atrasado para tomar o trem e não sei onde fica a plataforma, mas vejo um monte de gente indo numa determinada direção. Então, pergunto a alguém onde fica a plataforma e a pessoa me responde: "Aquelas pessoas estão indo para a plataforma. É por ali." É possível que essa pessoa esteja enganada ou me dando uma informação errada. Mas, a menos que eu tenha motivos para acreditar nisso, é razoável agir com base no pressuposto de que a pessoa está provavelmente (ou plausivelmente) certa e me dando uma boa informação. Logo, (P1) e (P2) são formas fracas de argumentação mas que às vezes são razoáveis. Ou seja, os argumentos *ad populum* não são intrinsecamente errados, mas, por serem fracos, podem facilmente resultar em erros.

Desse modo, a falácia *ad populum* tradicional costuma ser uma combinação de dois tipos principais de erro de argumentação. Um é a falta de pertinência. O outro é o mau uso do argumento de popularidade, um argumento fraco que pode ser superestimado ou considerado mais decisivo do que realmente é. Muitas vezes, os dois erros se combinam, porque um argumento fraco pode desviar nossa atenção de considerações mais pertinentes ou mascarar o fato de que esses outros argumentos estão ausentes e não foram considerados.

4.3 PROBLEMAS DOS APELOS À POPULARIDADE

Operar com base no consenso do que a maioria quer, ou do que a maioria faz, é uma forma comum de decidir como agir. Esse tipo de argumento para decidir como agir no nível pessoal não tem nada de intrinsecamente errado. No entanto, os problemas surgem com freqüência quando o argumento de popularidade é usado para tentar persuadir alguém a agir da mesma maneira.

Em geral, os políticos procuram convencer o povo a seguir suas orientações porque, alegam eles, é isso que a maioria dos cidadãos quer. Mas será mesmo? Pode-se recorrer a pesquisas, mas a opinião pública é volúvel e muda depressa. Politicamente, pode ser mais inteligente ir mais fundo e verificar os motivos de uma determinada orientação ou até mesmo se ater a uma conclusão impopular, pois o que é popular num momento tende a se tornar impopular quando as circunstâncias mudam.

É comum os argumentos de popularidade conterem um apelo ao que é correntemente aceito como costume ou padrão de comportamento no grupo com o qual o argumentador quer se identificar ou citar como fonte autorizada de normas. Mas existe, muitas vezes, um elemento de "pressão do grupo" implícito nesses argumentos. Considere o exemplo 4.2:

Exemplo 4.2

Mãe: Achei que você ia dizer "Muito obrigada" por todo o trabalho que eu tive para preparar sua festa de aniversário.

Filha: Mãe, hoje em dia as pessoas não dizem mais essas coisas.

Não há dúvida de que a filha sente que teve a última palavra nessa questão. Mas, se sua alegação é verdadeira e as pessoas com quem ela convive não têm sensibilidade ou boas maneiras para agradecer quando é o caso, talvez isso reflita simplesmente a falta de bons valores ou a imaturidade. Portanto, a identificação com o grupo não deve ter a palavra final. Resta saber se os valores ou padrões desse grupo são justificáveis.

Quando uma prática é aceita como costume ou padrão por um grupo dominante ou popular, é preciso um argumento forte para ir contra os precedentes estabelecidos. Mas sempre existem exceções aos costumes, e pode haver grupos de oposição com costumes diferentes. A questão, muitas vezes, é saber que grupo é mais "avançado" ou moderno, ou seja, mais de acordo com a visão correntemente aceita. Mas pode ser difícil sustentar com provas verdadeiras a alegação de que este ou aquele grupo é o dominante num determinado momento. Mesmo que haja provas, é preciso saber se a prática em questão pode ser justificada como padrão de comportamento bom ou razoável.

Em alguns casos, o argumento de popularidade vem misturado com uma espécie de apelo fraco à autoridade. O argumento é que todo o mundo que é informado, civilizado, esclarecido etc. está fazendo uma determinada coisa. Logo, você também precisa fazer isso:

Exemplo 4.3
Se votarmos a favor da restauração da pena de morte no Canadá, nós, juntamente com alguns poucos Estados, seremos a única jurisdição do mundo ocidental com pena de morte. Nenhum país da Europa tem pena de morte. A Nova Zelândia não tem. A Austrália não tem. Ela existe por escrito na Bélgica, mas desde 1945 não houve nenhuma execução naquele país. Foi abolida em todos os outros países ocidentais. Estaremos nos juntando a regiões como a África e a Turquia, que não são modelos de civilização democrática ou de direitos humanos.[3]

Alegando que todos os países civilizados baniram a pena de morte e dando a entender que os países que adotam a pena capital são menos civilizados, esta argumentação usa uma tendência em voga para criar um pressuposto contra a pena capital. Contudo, mesmo que as estatísticas do argumentador

---

3. Este exemplo é baseado num argumento que o autor ouviu numa entrevista com um político no programa da CBC *This Week in Parliament* de 28 de fevereiro de 1987.

estejam corretas e mesmo que a maioria dos países ocidentais tenha banido a pena de morte, pode-se perguntar se esses países são os únicos modelos de civilização democrática e de direitos humanos. Mesmo que se aceite esse argumento, no entanto, existe a possibilidade de que eles mudem de política caso os principais defensores da pena de morte apresentem, no atual contexto penal, argumentos mais fortes. Se esses países não têm a pena de morte, devem ter razões para tal, já que existem argumentos contrários ou favoráveis a essa política. O importante, então, é examinar tais argumentos em vez de pressupor que esses países devem estar certos porque são "modelos de civilização democrática". Esse apelo à popularidade é, na melhor das hipóteses, um argumento fraco.

O apelo popular traz ainda outro tipo de problema, que ocorre quando o argumentador tenta subverter ou encerrar o diálogo racional fechando a possibilidade de que o público seja receptivo a qualquer ponto de vista contrário. É o caso, por exemplo, do argumentador que recorre a certos vínculos para se unir ao público numa causa comum, excluindo quem é estranho ao grupo de interesses comuns. Os estranhos são definidos como inimigos em potencial, a quem não se deve dar ouvidos nem levar em consideração. É como se o argumento passasse a mensagem de que o importante é a solidariedade de grupo, de forma que é preciso excluir logo de início qualquer ponto de vista contrário ou não lhe dar atenção alguma.

Um exemplo desse tipo de retórica com base no apelo popular é dado por Bailey (1983, p. 134), que cita um discurso de Walter Reuther, de 1957, sobre a corrupção nos sindicatos:

Exemplo 4.4
Acho que estamos todos de acordo em que a maioria absoluta dos líderes trabalhistas americanos é composta por pessoas decentes, honestas e dedicadas, que deram uma grande contribuição à custa de muito sacrifício pessoal, ajudando a construir um movimento trabalhista decente neste país... Acreditamos que a liderança do movimento trabalhista americano é uma função sagrada. Acreditamos que este não é o lugar para as pessoas que querem usar o movimento trabalhista para ganhar dinheiro fácil.

Uma análise racional desse discurso revela que ele tenta situar sua conclusão além de qualquer objeção, apresentando-a como um fato com o qual todos têm que concordar. E, de fato, ao ouvinte não sobra espaço para nenhuma argumentação. A mensagem *ad populum* exclui o diálogo racional. "Nós", que aceitamos o movimento, estamos incluídos. As "pessoas que querem... ganhar dinheiro fácil" estão excluídas. Em outras palavras, ou você adere à posição do movimento trabalhista ou é um estranho sem moral e contra o movimento. Essas são as opções. Como comenta Bailey (1983, p. 135), esse tipo de tática *ad populum* é a "retórica da pertença". Se você não pertence, então sua palavra não vale nada e seu ponto de vista não importa.

O que é contestável nesse tipo de apelo *ad populum* não é apenas o fato de o argumento ser fraco, como os outros tipos de argumento *ad populum* aqui mencionados, mas também a tentativa de frustrar a argumentação e o diálogo racional impondo dogmaticamente a própria posição. Neste caso, a tática sujeita a crítica é a exclusão irracional de qualquer argumentação futura. É o problema do fim prematuro do diálogo, que contraria a regra do estágio final, a última das regras negativas do diálogo persuasivo apresentadas na Seção 1.4.

4.4 APELOS AMEAÇADORES À FORÇA

A falácia *ad baculum* é definida, tradicionalmente, como um apelo à força ou uma ameaça para que alguém aceite a conclusão de um argumento. *Ad baculum* significa, literalmente, "com o báculo ou porrete". Em geral, os exemplos desse tipo de falácia mencionam o uso de "métodos truculentos" e "bandos de intimidadores":

Exemplo 4.5

Segundo R. Grunberger, autor de *A Social History of the Third Reich*, publicado na Inglaterra, os nazistas costumavam enviar o seguinte aviso aos leitores alemães que deixavam sua assinatura vencer: "Nosso jornal certamente merece o apoio de todos os alemães. Continuaremos a lhe enviar seus exemplares e esperamos que você não queira se expor a conseqüências desagradáveis em caso de cancelamento." (*Parade*, 9 de maio de 1971)[4]

É fácil ver por que esse tipo de ameaça ou apelo à força é contrário aos objetivos e aos métodos do diálogo racional. No diálogo racional, o argumentador deve ter liberdade para decidir por ele mesmo se aceita ou não uma conclusão, com base nos argumentos favoráveis e contrários a ela. A ameaça da força não deixa essas opções em aberto e tenta bloquear as possibilidades de diálogo livre.

Por outro lado, um apelo à força pode, em alguns casos, não ser totalmente irracional. Por exemplo, alguns países contam com uma legislação que impõe penalidades severas a quem dirige alcoolizado. Embora tais leis pareçam constituir

---

4. O exemplo 4.5 chamou pela primeira vez a atenção do autor em *Introduction to Logic*, de Irving M. Copi, em que é citado como um caso de falácia *ad baculum*.

um recurso à força ou à ameaça de intervenção enérgica, pode-se argumentar que elas não são irracionais. É possível argumentar que tais leis são justas e necessárias e que não é falacioso usá-las em mensagens de utilidade pública como argumento contra dirigir embriagado. Certamente, não fica claro por que chamar a atenção do público para a existência dessas leis, com o objetivo de desestimular tal prática, deva ser considerado um argumento falacioso.

Retomemos o exemplo 4.5. Por que esse argumento é falacioso e o caso do motorista alcoolizado não é? Pode-se afirmar que o argumento do exemplo 4.5 representa uma ameaça capaz de aterrorizar quem a recebe, ao contrário do outro caso, que transmite uma advertência e não uma ameaça. Mas qual é a diferença entre uma ameaça e uma advertência? Se, por dirigir bêbado, a pena é dois anos na cadeia ou num campo de trabalhos forçados, muita gente vai se sentir ameaçada por ela. Em geral, o que diferencia a ameaça da advertência é a forma de entendê-las, o que em muitos casos é difícil de prever. É certo que advertir alguém de um perigo ou de conseqüências perigosas pode não ser falacioso de modo algum, mas os dois casos acima parecem constituir uma ameaça ou uso de força, assim como uma advertência.

Talvez tenhamos a tendência de ver uma diferença significativa entre os dois casos porque achamos que uma penalidade é razoável, enquanto a outra não é. Provavelmente pensamos que é possível montar uma argumentação sólida a favor de penas severas para quem dirige alcoolizado. Mas sentimos que todo o mundo deve ter liberdade para decidir que jornal vai ler. Recorrer a ameaças para obrigar alguém a ler um determinado jornal não é justo nem racional.

Essa distinção, no entanto, é uma questão de opinião. Em alguns países, como a URSS, por exemplo, os leitores não têm escolha. O *Pravda* é a fonte oficial de notícias e os jornais estrangeiros são proibidos por lei. Será que isso quer dizer que um argumento *ad baculum* pode ser falacioso nos Estados Unidos mas não na Rússia? Uma conclusão como essa é inaceitável. Para fazer uma distinção entre o que é falacioso e o que não é, não podemos nos basear apenas em opiniões sobre o que é racional ou quais leis são justas. Não é fácil dizer, portanto, qual é a diferença significativa entre esses dois casos de recurso à força. O que torna um deles possivelmente legítimo e o outro não?

A principal diferença talvez seja que a pena por dirigir embriagado parece se basear em argumentos racionais que podem ser contestados ou sustentados pelo diálogo racional, pelo menos em parte. O contexto do exemplo 4.5 sugere, no entanto, que se alguém tentasse discutir com os representantes do jornal nazista seria espancado ou talvez mandado para um campo de concentração. Já no outro caso, mesmo que vigorasse uma lei proibindo de dirigir alcoolizado, se alguém questionasse sua eqüidade, esperaria ouvir, como resposta, argumentos razoáveis a favor da lei. Em suma, o aviso nazista é um tipo essencialmente irracional de intimidação porque não apresenta nenhum argumento racional que prove a necessidade de assinar esse jornal, não se tolerando nenhuma contestação ou questionamento a tal argumento – pelo menos, é o que se deduz do contexto do exemplo 4.5. Assim, o problema neste caso é semelhante ao do argumento *ad populum* que examinamos (exemplo 4.4), em que a tática ilícita era a tentativa de encerrar prematuramente o diálogo racional. No caso de quem dirige embriagado, a lei também é enérgica, mas permite a consideração racional das razões que a justificam. Você tem que seguir a lei, mas pode questionar ou discutir sua razoabilidade sem medo de coação.

Esses dois exemplos indicam que os apelos à força têm que ser examinados com cuidado, pois nem todos são falaciosos. E é preciso estar preparado para explicar claramente por que um determinado apelo à força pode ser considerado um caso de erro ou falha *ad baculum* na argumentação.

Vimos que a falácia *ad baculum* é definida como a ameaça da força. Só que em alguns casos é preciso ter cuidado para distinguir entre ameaça e advertência. Suponha que Lois seja uma repórter de jornal que está investigando um possível caso de conspiração criminosa. Seu entrevistado faz as seguintes observações:

Exemplo 4.6
    Se eu fosse você, teria muito cuidado. Pode ser muito perigoso continuar com essa reportagem. Não faz muito tempo, ameaçaram a família da pessoa que estava investigando essa gente e depois passaram por cima dela com uma escavadeira.

Entendidas como ameaças, essas observações podem ser consideradas um exemplo de argumento errôneo *ad baculum*. Mas muito depende de quem as fez, do que a repórter sabe sobre essa pessoa e do tom de voz usado por ela ao fazer as observações. Pode ser que a pessoa esteja sinceramente preocupada com a segurança da repórter e esteja até se expondo ao adverti-la do perigo que está correndo. Nesse caso, suas observações podem ser interpretadas como uma advertência e de modo algum como uma ameaça. Talvez não tenham sido feitas como ameaças e não devam ser entendidas como tal. Se é essa a interpretação correta, acusar essa pessoa de ter cometido uma falácia *ad baculum* seria uma crítica injustificada e incorreta. Nesse caso, é o tipo de ocorrência de discurso envolvida no diálogo que determina se o ato discursivo é uma ameaça ou uma advertência.

Muitas vezes, embora seja racional supor que um argumento contém uma ameaça, são poucas as provas inequívocas que podem ser claramente documentadas. As ameaças costumam ser veladas porque uma ameaça clara pode acarretar sanções legais e de outros tipos. Assim, mesmo quando fica razoavelmente claro que foi feita uma ameaça, pode ser problemático ou até mesmo impossível citar provas irrefutáveis:

Exemplo 4.7

Oral Roberts, pregador fundamentalista, anunciou um ultimato vindo de Deus: ele tinha que levantar oito milhões de dólares em um ano, até 31 de março. Caso contrário, morreria. O reverendo Roberts se retirou à sua Torre da Oração para jejuar e rezar pelo dinheiro. O pregador disse no seu programa de televisão, em rede nacional, que sua vida terminaria no final de março se o dinheiro não tivesse sido levantado até então: "Vou ficar na Torre da Oração até a vitória ou até que Deus me chame de volta para casa."[5]

Será que esse pedido contém uma ameaça? Muitos tenderiam a interpretar as declarações do reverendo Roberts como um tipo de ameaça. Mas sem dúvida ele o negaria, alegando que o resultado estava nas mãos de Deus.

▼

5. Notícia da Associated Press, "Roberts Ransom Assured", *Winnipeg Free Press*, 22 de março de 1987, p. 1.

Por outro lado, o discurso do reverendo Roberts tem a forma clássica de uma ameaça: "Faça isso ou uma coisa ruim vai acontecer." Mas será esse o seu argumento? A questão de ele ter cometido ou não uma falácia *ad baculum* depende da interpretação do seu ato discursivo.

4.5 OUTROS PROBLEMAS *AD BACULUM*

Um problema que o apelo *ad baculum* tem em comum com outros apelos emocionais é o fato de nem sempre ficar claro se uma decisão tomada com base em emoções ou instintos é realmente um argumento. A suspeita existe porque a decisão foi tomada com base no medo, no interesse, na autopreservação ou no instinto, e não com base em provas.

Em geral, o comportamento animal é definido pelo instinto. Mas há casos em que tal comportamento parece ser uma espécie de processo racional em que uma emoção domina a outra:

Exemplo 4.8
   Um pássaro que está sendo fotografado por um naturalista pousa na abertura da toca, junto a um riacho, com um peixinho no bico para alimentar os filhotes. Com medo do *flash* da câmera, a mãe pássaro recua e vai embora, voando. Mas volta alguns minutos depois para alimentar os filhotes. O comentarista descreve a situação dizendo que o instinto maternal da mãe pássaro dominou o medo do *flash* da câmera.

Será que o pássaro fez uma espécie de raciocínio prático (voltado a objetivos) com base em seus instintos e sua percepção da situação? Se fez, pode ser que muitos apelos emocionais não substituam a razão por emoções, mas se baseiem numa espécie de argumento ou raciocínio. Muito depende do que chamamos de "raciocínio" nesse tipo de situação.

Da mesma forma, o prisioneiro que "confessa" sob ameaça pode não estar se comportando de maneira ilógica nem abrindo mão da razão para se entregar às emoções. Ele pode estar apenas respondendo a um tipo diferente de argumento ou baseando sua decisão num tipo de raciocínio prático que põe a sobrevivência acima da verdade, pelo menos naquele momento. Portanto, existem aqui algumas questões relativas ao apelo *ad baculum* como tipo de argumento[6]. Talvez ele envolva um tipo de argumentação ou raciocínio a que não estamos acostumados na lógica tradicional e que é difícil de interpretar por causa de sua natureza emocional e instintiva. Mas, seja ou não um raciocínio, ele é uma tática eficaz usada na argumentação e uma forma de chegar a uma linha de ação.

A lição é que o apelo *ad baculum* é usado na argumentação como tática para influenciar indevidamente um oponente. Quando isso ocorre, nem sempre é necessário determinar se esse tipo de tática é ou não um tipo especial de raciocínio. O importante é avaliar seu uso como estratégia de argumentação que pode infringir uma ou mais regras negativas do diálogo persuasivo.

Geralmente, os problemas que os apelos *ad baculum* apresentam são semelhantes aos problemas dos argumentos *ad populum*. Às vezes, a ameaça de força é usada como diversionismo emocional não-pertinente à verdadeira questão. Por isso, para abordar um discurso que contém um apelo *ad baculum*,

▼

6. Ver também Walton (1987).

é importante identificar qual é a conclusão a ser provada. Assim, identificar o argumento que contém o apelo *ad baculum* pode ser importante.

Pode haver casos em que a ameaça não seja usada como argumento, ou parte de um argumento, para persuadir alguém a fazer alguma coisa ou a aceitar uma conclusão. Quem fez abertamente a ameaça pode argumentar – em alguns casos com razão – que não havia ligação entre a ameaça e a conclusão em questão:

Exemplo 4.9
> Ed Brutus, figura do submundo do crime, é acusado de usar de ameaças para forçar Shakey Trembler, dono de uma cadeia de pizzarias, a torná-lo sócio do negócio. Ed Brutus admite que ameaçou usar de violência física contra Shakey Trembler. No entanto, ele argumenta que sua ameaça foi uma reação ao fato de Trembler se recusar a quitar um empréstimo.

Será que Brutus tem um argumento razoável para se defender da acusação de que está recorrendo a ameaças para forçar ilegalmente Trembler a se associar a ele? Cada caso é um caso, mas, aqui, temos que admitir a possibilidade de a ameaça de Brutus não ter a intenção de forçar Trembler a se associar a ele.

Isso mostra que o simples fato de uma ameaça ter sido feita não justifica a alegação de que uma falácia *ad baculum* foi cometida com relação a um argumento ou caso específico. Ou seja, a ameaça pode não estar relacionada à conclusão apresentada pelo argumentador de modo que justifique a alegação de que foi cometida uma falácia *ad baculum*. Se foi feita tal alegação mas a ameaça feita pelo argumentador não é pertinente à conclusão do seu argumento, a alegação de falácia *ad baculum* infringe a regra 5 das regras negativas do diálogo persuasivo, apresentadas na Seção 1.4. Outras transgressões dessas regras podem estar associadas a diferentes casos de falácia *ad baculum*.

A intimidação tem sido usada como tática não apenas para desviar um argumento, mas até mesmo para tentar impedir que ele seja colocado ou para impedir que o diálogo prossiga[7]:

Exemplo 4.10

O julgamento do grupo terrorista Ação Direta foi adiado nos tribunais franceses por causa de uma ameaça sofrida pelo júri. O réu ameaçou o júri com os "rigores da justiça proletária" no primeiro dia do julgamento, perguntando: "Gostaria de saber: por quanto tempo os jurados poderão contar com medidas de segurança?" O grupo Ação Direta assumiu a responsabilidade por muitos ataques terroristas cometidos na França, e a polícia suspeitou que o recente assassinato de um executivo francês teve como objetivo assustar o júri. Evidentemente, as táticas de intimidação foram bem sucedidas, pois o julgamento teve que ser adiado indefinidamente porque vários jurados deixaram de comparecer.

Nesse caso, a pergunta feita pelo réu não diz explicitamente que os jurados sofrerão algum mal. Do ponto de vista semântico, a pergunta se refere a medidas de segurança. No entanto, como era de esperar, os membros do júri entenderam essa pergunta como uma ameaça. Na verdade, não deixavam de ter razão, diante do que se sabia ou se suspeitava sobre as atividades do grupo Ação Direta.

▼

7. Fred Coleman, "A Threat of Proletarian Justice", *Newsweek*, 22 de dezembro de 1986, p. 38.

No caso, a pergunta pode ser considerada uma quebra nos procedimentos do diálogo racional, já que o réu a usou como tática para transmitir uma mensagem emocional com o objetivo de subverter ou impedir o processo de diálogo a ser iniciado. Ao fazer essa pergunta ameaçadora, o réu não deixa claro qual é o seu argumento nem o que está querendo dizer com tal pergunta, já que a ameaça é implícita e não explicitamente expressada. Mesmo assim, fica claro que ele está impedindo o diálogo com esse gesto contrário ao diálogo racional. Assim, do ponto de vista do diálogo como processo legítimo do sistema legal, a ameaça contida na pergunta deve ser considerada contestável e sujeita a críticas, na medida em que se relaciona à argumentação a ser iniciada no julgamento.

A conclusão da disputa deveria vir do diálogo, que deveria conduzir o júri a chegar a um veredicto com base nas provas apresentadas no julgamento. No entanto, a manobra *ad baculum* provocou um curto-circuito no processo de diálogo, impedindo que se chegasse a uma conclusão com base nas provas disponíveis. Em vez disso, para garantir a segurança do júri, a questão ficou sem solução.

Quando é difícil ou impossível detectar um conjunto preciso de premissas num apelo *ad baculum*, pode ser que a petição emocional não seja formada por proposições, mas por outras unidades de discurso. Uma advertência, por exemplo, pode ser uma proposição, ou seja, uma unidade de discurso que pode ser verdadeira ou falsa. Mas uma ameaça pode não ser verdadeira nem falsa, nem ter pretensões a tal. Uma advertência é uma previsão de que algo vai ou pode acontecer, podendo ser verdadeira ou não. Mas uma ameaça não é verdadeira nem falsa. As ameaças são avaliadas de outra maneira, como convincentes ou vazias, efetivas ou fracas. Mas, a rigor, elas não são verdadeiras ou falsas como o são as proposições. Portanto, as observações que transmitem ameaças podem nem ser proposições. Logo, podem nem ser um argumento, mas apenas parte de um argumento adjunto.

Ao avaliar uma crítica *ad baculum*, é preciso examinar com cuidado quais são as justificativas existentes para interpretar um apelo à força como uma ameaça. Mesmo que haja provas de uma ameaça, o segundo passo da análise é descobrir se o argumento contém algum erro específico que o transforme em falácia. Uma ameaça de força pode ser rude, cruel, ilegal ou imoral, mas isso não significa necessariamente que seja uma falácia ou um argumento falho.

A crítica *ad baculum* é apropriada quando há um erro de argumentação, uma transgressão de algum procedimento de diálogo racional ou, ao menos, alguma coisa que impeça o diálogo racional. Assim, nem sempre uma ameaça é uma falácia. Um discurso ou uma ação podem ser condenáveis sem ser necessariamente ilógicos, falaciosos ou destituídos de argumentos racionais.

4.6 APELOS À PIEDADE

Outro tipo de apelo à emoção é o *ad misericordiam*, ou apelo à piedade. Ele é falacioso quando envolve o mesmo erro encontrado nos dois tipos anteriores de apelo emocional – ou seja, quando é usado para desviar a atenção da ausência de provas pertinentes que deveriam ter sido apresentadas para justificar a conclusão. Sob esse aspecto, a falácia *ad misericordiam* é apenas outra variante da falácia *ignoratio elenchi*, exceto pelo fato de o elemento diversionista usado como *modus operandi* neste caso ser o sentimento de piedade.

Os exemplos a seguir são típicos da falácia *ad misericordiam*. No primeiro, o exemplo 4.11, o advogado de defesa argumenta a favor de seu cliente, acusado de assassinato. No exemplo 4.12, um aluno pede ao professor que aceite seu trabalho fora do prazo, sem nenhuma penalidade:

Exemplo 4.11

Meu cliente vem de uma família pobre e trabalhadora, da parte mais pobre da cidade. Como vocês podem ver, ele é apenas um jovem, cuja inaptidão física e traumáticas cicatrizes emocionais fizeram de sua vida uma luta cruel na selva das ruas assoladas pelo crime. Ele mesmo é uma vítima, uma pessoa que foi esmagada por forças fora de seu controle.

Exemplo 4.12

Sei que este trabalho está seis semanas atrasado e que o exame final acabou, mas tenho muitos problemas pessoais. Tenho que trabalhar meio período para pagar a escola e tenho enfrentado problemas emocionais. A pessoa com quem eu morava me deixou e meu cachorro morreu. Além disso, minha avó está muito doente. Mesmo assim, eu já teria entregue o trabalho, mas minha máquina de escrever quebrou e eu não tinha dinheiro para pagar o conserto. Só falta este curso para eu me formar, mas, se repetir, não vou poder continuar no país para terminar a faculdade porque minha viagem de volta para casa já está marcada.

No exemplo 4.11, é preciso indagar se o advogado pretende que o júri esqueça a questão da culpa ou inocência do seu cliente, acusado de roubar e depois assassinar um idoso, suscitando piedade por suas condições especiais. Neste caso, a falácia é um exemplo clássico de *ignoratio elenchi* e também uma falácia *ad misericordiam*, já que apela ao sentimento de piedade.

Outro ponto a respeito de 4.11 é que, como se trata de um crime cruel, o apelo à piedade não parece apropriado. Mas, fosse o crime menos sério, o mesmo apelo talvez não parecesse tão descabido. Como observou Hamblin (1970, p. 43), a mera aceitação de uma proposição pode não ser a única coisa em jogo quando o diálogo é uma ação judicial ou um discurso político: "Uma proposição é apresentada basicamente como uma orientação para a ação, e, no que diz respeito à ação, não é tão claro que a piedade e outros sentimentos não sejam pertinentes." No exemplo 4.11, temos motivo para ficar em guarda e não permitir que o eficaz apelo à piedade nos desvie da verdadeira questão, que é a culpa ou inocência do réu pelo crime de que é acusado. Mas, decidida essa questão, pode ser que a condição do réu seja pertinente à decisão de ele merecer ou não um abrandamento da sentença. Com respeito a isso, o apelo à piedade pode ser pertinente.

No exemplo 4.12, o professor tem que decidir se aceita ou não o trabalho atrasado. É uma decisão ética, que deve ser tomada com base no seguinte: se o aluno tem um atestado médico ou se há provas documentadas de alguma outra razão legítima para o atraso, como por exemplo a morte de um parente ou um acidente de trânsito, então o professor deve tomar ou permitir medidas especiais. No entanto, a menos que ele tenha certeza de que há um bom motivo para considerar o caso uma exceção, aceitar o trabalho significa discriminar os outros alunos da classe que o entregaram no prazo, mesmo que alguns deles também tenham tido dificuldades especiais. Se o professor aceitar o trabalho pelo motivo muito fraco de sentir pena desse aluno, vão dizer que qualquer um que tenha uma história triste para contar pode entregar o trabalho com atraso: "Afinal, fulano entregou o trabalho com atraso, e minha história é parecida com a dele." Essa exigência de coerência no tratamento de casos semelhantes é um tipo comum de argumento que examinaremos mais profundamente no Capítulo 9.

Sob certos aspectos, o exemplo 4.12 é semelhante ao exemplo 4.11. Para tomar uma decisão, o professor tem que levar em conta circunstâncias especiais, mas o apelo à piedade não deve desviá-lo da questão básica: foi fixada uma data para a entrega do trabalho e cabe ao aluno o ônus da prova, tendo que mostrar por que seu caso deve ser tratado como exceção. No entanto, é tarefa do professor avaliar o aluno, que não deve ficar isento de uma punição razoável pelo atraso nem ganhar uma nota que não mereceu só para concluir o curso e não perder a passagem de volta para casa. O suposto problema pode ser averiguado, e, se for o caso, talvez possa ser feita alguma recomendação no sentido de solucioná-lo. O que esse exemplo mostra é que é preciso discernimento para determinar a pertinência do apelo à piedade em cada caso. Embora a piedade possa ser pertinente para a tomada de decisões, é preciso averiguar com cuidado se o apelo à piedade é ou não um bom motivo para aceitar a conclusão do argumento do apelante.

4.7 APELOS EXPLÍCITOS E EVOCATIVOS À PIEDADE

Muitos pedidos de ajuda ou assistência usam apelos explícitos à piedade. O exemplo 4.13 é um anúncio[8] de página in-

---

8. *Newsweek*, 4 de março de 1985, p. 75.

teira, pedindo aos leitores que enviem dinheiro para auxiliar as vítimas da fome na Etiópia. Boa parte da página é tomada pela fotografia de uma criança chorando, pateticamente faminta, sentada num cobertor sujo e rasgado. O apelo à piedade praticamente salta aos olhos de quem contempla a foto da criança miserável. O texto começa com um título em letras grandes, que diz: ETIÓPIA: A MAIS DEVASTADORA CRISE HUMANITÁRIA DA NOSSA ÉPOCA, e continua assim:

Exemplo 4.13

HÁ ALGUMA COISA
QUE **VOCÊ** PODE FAZER A RESPEITO
DESTA TRAGÉDIA...
Você viu as reportagens...
- Milhares de pessoas morrem de fome todos os dias!
- Mais de 6 milhões de pessoas estão ameaçadas de morrer de fome.
- Nos próximos 60 dias, mais de 100.000 podem vir a morrer por causa da fome e das doenças a ela relacionadas.

A HORA DE AGIR É AGORA!
EIS O QUE VOCÊ PODE FAZER PARA AJUDAR!
Sua doação de $15 é suficiente para alimentar uma criança faminta durante um mês! Apenas $30 podem alimentar duas crianças durante um mês. E $75 são suficientes para suprir as carências alimentares emergenciais de uma família de cinco pessoas durante um mês!

No final da página há um cupom para ser enviado com a doação.

O exemplo 4.13 é um apelo direto à piedade que, mesmo assim, parece apropriado e justificado nesse caso. Há muitas provas de que existe fome na Etiópia e de que muitos milhares de inocentes morrem por causa disso. Devemos, de fato, reagir com simpatia a essa terrível situação e tal reação inclui a piedade. Além disso, essa reação emocional, humanitária, serve de base para a ação. É difícil que alguém negue tudo isso. Em outras palavras, nesse caso o apelo à piedade não é falacioso.

Isso nos ensina que é preciso tomar muito cuidado para não cair na armadilha de concluir apressadamente que qualquer apelo à piedade é uma falácia *ad misericordiam*. Conforme o caso, a piedade é uma reação humana legítima e racional, podendo até ser uma base sólida e inteligente para a ação.

No entanto, mesmo no caso do exemplo 4.13 ou em outros casos semelhantes, temos que ter cuidado para determinar exatamente qual é a conclusão do argumento. Podemos concordar que a situação da Etiópia é lastimável e exige que se faça alguma coisa. Mas o que fazer exatamente é outra questão. O auxílio às pessoas em dificuldades pode ser muito difícil por causa da burocracia internacional envolvida e dos problemas de transporte em países com poucas estradas e veículos. Desse modo, quem se propõe a ajudar as vítimas da fome tem que averiguar se a agência responsável pelo anúncio tem condições de fazer com que a ajuda chegue a essas vítimas. No caso desse anúncio, várias celebridades da televisão são citadas como "amigas" da agência em questão e pedem que você venha "participar desse esforço humanitário". Se você, como potencial doador, acha que o apoio dessas celebridades é um argumento relativamente fraco, que não o leva a concluir que a agência vai ou pode distribuir a ajuda que você está disposto a dar, então tem algumas perguntas a fazer. Mas, se você acha que a questão não recebeu a devida atenção ou que não é suficientemente respaldado pelos argumentos apresentados no anúncio, então tem uma base razoável para considerar o anúncio um caso de apelo *ad misericordiam*.

4.8 SUMÁRIO

Embora se desconfie da emoção – algo muitas vezes observado por filósofos e que continua a acontecer –, deve ficar claro que não há nada de falacioso *per se* num apelo à emoção. O medo é uma emoção valiosa para a sobrevivência. A piedade pode motivar uma ajuda humanitária a alguém que está sofrendo. No entanto, como somos tão fortemente levados pelos sentimentos, pode lhes ser atribuído um peso indevido na argumentação, o que tende a levar a certos erros.

O filósofo romano Sêneca achava que a razão é digna de confiança porque considera apenas o que está em questão, enquanto as emoções são movidas por "coisas supérfluas alheias ao caso"[9]. O erro básico que se deve procurar num apelo à emoção é o de não-pertinência. É preciso determinar qual é ou deveria ser a questão de um determinado argumento e depois avaliar se o apelo emocional é pertinente a ela.

Há dois tipos questionáveis de argumento *ad populum* que ocorrem: (1) quando, em vez de uma premissa pertinente, é apresentado um ato de discurso que expressa um apelo não-pertinente ao sentimento popular; ou (2) quando o apelo ao sentimento popular é pertinente, embora fraco, e se faz passar por um esforço sério de cumprir a obrigação de apresentar uma prova. Outro tipo de argumento *ad populum*, muitas

▼

9. Sêneca, *De ira* I, XVII.5-VIII.2.

vezes contestável, é a falácia da popularidade, que usa estas duas formas de argumento como argumentos válidos e mais fortes do que realmente são:

(P1) Todo o mundo aceita que A seja verdadeira.
Logo, A é verdadeira.
(P2) Ninguém aceita que A seja verdadeira.
Logo, A é falsa.

Tanto (P1) quanto (P2) são formas fracas de argumento, mas que às vezes são racionais. Por exemplo, ao avaliar uma proposição que é amplamente aceita e não tem provas em contrário, é mais racional supor que ela seja verdadeira do que supor que ela seja falsa. Mas tal pressuposto é uma questão de plausibilidade, não de prova objetiva. Se os argumentos (P1) e (P2) forem superestimados, um apelo *ad populum* pode se apresentar como tática para encobrir a ausência de provas referentes ao que está em pauta.

Outro aspecto falho do argumento *ad populum* se revela quando o argumentador se concentra exclusivamente nos comprometimentos do público a que se dirige. É típico do argumento *ad populum* procurar forjar um vínculo entre o argumentador e seu público. É como se o argumentador dissesse: "Eu sou um de vocês. Todos nós pertencemos ao mesmo grupo." O problema desse tipo de argumento é que pode não haver uma tentativa séria de fornecer provas suficientes. O argumentador, ao reafirmar o comprometimento do público, pode estar criando um clima acolhedor de solidariedade emocional. Mas, nesse caso, temos que perguntar se o orador está realmente argumentando a favor da conclusão que deveria provar. Se não, será que sua afirmação do comprometimento do público é ao menos pertinente a essa conclusão? Pode ser que ele esteja apenas pedindo que o público aceite essa conclusão por razões puramente emocionais.

Outro tipo de falácia *ad populum* ocorre quando o orador tenta pôr fim ao diálogo racional dividindo o mundo em "nós" e "eles". A falácia, neste caso, é a tentativa de excluir ou de encerrar prematuramente a argumentação racional. A falácia *ad baculum* também pode assumir essa forma. A ameaça do uso da força pode ser empregada para dar a entender que qualquer argumento racional será inútil, ou até mesmo perigoso. No entanto, é preciso lembrar que nem todos os apelos à força são argumentos falaciosos e que pode ser difícil distinguir claramente entre uma ameaça e uma advertência enquanto atos de discurso.

O apelo à piedade pode ser a base de uma explicação legítima ou de um pedido de indulgência. Portanto, ao avaliar tais apelos, é preciso ter cuidado para determinar qual é a verdadeira questão. O apelo à piedade não deve desviar a atenção da questão principal, mas pode ser legítimo levá-lo em conta ao decidir por um curso de ação. Como no caso do apelo emocional, é preciso determinar aqui qual é a verdadeira questão da argumentação e avaliar a pertinência do apelo a essa questão.

Esse mesmo tipo de abordagem deve ser usado para argumentos que contêm uma ameaça de força ou um apelo ao medo. Nesse caso, temos que resistir à tendência de tachar automaticamente tais argumentos de falácia *ad baculum*. É verdade que condenamos o uso da força em geral e que a ameaça de força é condenável, mas isso não quer dizer que o recurso a uma ameaça de força seja sempre uma falácia lógica. O orador pode falar de modo rude, imoral, ilegal ou até mesmo cruel sem usar argumentos falaciosos nem transgredir as regras de argumentação aplicáveis ao caso. No entanto, o uso de apelos emocionais ao uso da força pode ser um sério sinal de argumento fraco ou não-pertinente e até mesmo uma tentativa de subverter o diálogo racional. Desse modo, apelos como esse têm que ser examinados com cuidado através dos passos habituais da análise. Qual a conclusão que o orador deveria provar? O apelo ao uso da força se limita a um conjunto específico de proposições que podem ser premissas? Se forem, as premissas são pertinentes à conclusão? Se não, será que o argumento é fraco e até mesmo destituído de premissas? Será que o apelo à força está sendo usado para convencer ou persuadir a pessoa a quem o argumento é dirigido a aceitar a conclusão? São essas as perguntas a serem feitas ao se abordar cada caso.

Muitos dos tipos de apelo emocional que examinamos são basicamente falhas de pertinência, como estudamos no Capítulo 3. Mas cada um desses tipos de apelo emocional tem determinadas características que merecem uma análise individual, já que são lances de argumentação com os quais é preciso ter cuidado. Geralmente é um mau sinal quando o diálogo se torna muito emotivo e se aproxima demais do nível pessoal. Os objetivos da argumentação podem estar mais próximos da querela pessoal do que do diálogo racional. O problema pode estar em fazer uma mudança dialética de um contexto para o outro.

5. ARGUMENTOS VÁLIDOS

Os pilares básicos de uma argumentação são as proposições. As proposições, ao contrário das perguntas, comandos, desafios e outros movimentos da argumentação, são unidades de linguagem verdadeiras ou falsas. Localizar as proposições de um argumento pode ser o primeiro passo positivo para sua identificação e avaliação. Na prática, os argumentos costumam ser macroestruturas formadas por argumentos menores, ou subargumentos. Muitas vezes, a melhor forma de começar a deslindar uma rede complexa de argumentação é identificar e formular com clareza um ou mais desses subargumentos.

Para isso, é necessário compreender o conceito de argumento válido. Com esse ideal em mente, pode ser muito mais fácil organizar um argumento e interpretá-lo corretamente antes de começar a avaliação. Além disso, saber identificar os argumentos válidos é um recurso útil quando se trata de determinar se um argumento é racional ou não.

Neste capítulo, vamos ver, uma vez identificado o argumento, como sua forma pode ser revelada. Certas formas de argumento são válidas, enquanto outras não são. Algumas formas características são muito comuns nas argumentações. Aprender a identificá-las é uma ferramenta de muita utilidade na avaliação racional de um argumento.

Outro conceito importante relacionado à validade é o da incoerência. Alegar que alguém adotou um argumento logicamente incoerente pode ser uma crítica séria e prejudicial. Por isso, compreender a base lógica da incoerência é outra ferramenta de muita utilidade.

5.1 VALIDADE DEDUTIVA

Muitos dos argumentos com que nos defrontamos no contexto de discussões realistas são longos, confusos e incompletos e parecem errar sem uma direção clara. Muitas vezes, antes de começar a avaliar um argumento para determinar se ele é bom ou ruim, temos a formidável tarefa de tentar descobrir o que exatamente ele é.

Mesmo que o argumento como um todo seja muito confuso, pode haver conjunturas-chave em que uma conclusão definitiva parece ter sido alcançada. Tal conjuntura pode estar sinalizada por um indicador de conclusão como "portanto", "logo", "como", "conseqüentemente" ou "porque". Essa indicação nos permite isolar, entre as proposições, a *conclusão*, uma proposição mantida ou defendida pelo proponente. A conclusão é defendida com base em outras proposições, também mantidas pelo argumentador, chamadas *premissas*. Numa argumentação, o fato de existir um conjunto de premissas e uma conclusão indica que o argumentador adotou uma determinada posição naquele ponto, ficando sujeito a críticas.

Antes de fazer uma crítica, no entanto, a primeira exigência é identificar, entre as proposições, as premissas e a conclusão.

Suponha que, no meio de uma argumentação sobre política, seja apresentada a seguinte seqüência de enunciados:

Exemplo 5.0
    Se a inflação está recuando, a política econômica do governo é sólida.
    A inflação está recuando.
    Logo, a política econômica do governo é sólida.

Esta parte da argumentação é formada por três proposições. As duas primeiras são premissas e a terceira é a conclusão. Uma vez localizada essa conjuntura, podemos ao menos definir algumas coisas com clareza. Essas duas premissas sustentam a conclusão. Elas dão motivo para que qualquer um a quem o argumento seja dirigido aceite a conclusão se aceitar as premissas. É claro que nem todo o mundo aceita essas premissas. E pode haver outras proposições em outros pontos da argumentação que forneçam razões para apoiá-las. Seja como for, ao identificar as duas premissas e a conclusão, identificamos um argumento que pode fazer parte de uma argumentação maior.

Outra coisa a observar é que o exemplo 5.0 tem uma forma ou estrutura geral que é muito comum na argumentação. Suponha que A represente a proposição "A inflação está recuando" e B a proposição "A política econômica do governo é sólida". A estrutura do exemplo 5.0 revela-se, então, como uma forma específica de argumento:

    (MP) Se A, então B.
         A.
         Logo, B.

Essa forma de argumento é tão comum que tem um nome tradicional, *modus ponens*, ou MP. É uma forma válida de argumento? A resposta depende da interpretação dada ao condicional (se... então) da primeira premissa. Pode ser que o argumento indique não ser verdade que A seja verdadeira e que B seja falsa. Segundo esta interpretação, o MP é uma forma válida de argumento, pois, se não é verdade que A seja verdadeira e que B não seja verdadeira, e se, como diz a segunda premissa, A é de fato verdadeira, então não é verdade que B não seja verdadeira. Segue-se, quando se apaga a dupla negação, que B tem que ser verdadeira.

Percebemos, então, que o MP é uma forma válida de argumento e, portanto, o exemplo 5.0 é um argumento dedutivamente válido. O que queremos dizer com *argumento dedutivamente válido*? Num argumento dedutivamente válido, é logicamente impossível que todas as premissas sejam verdadeiras e a conclusão seja falsa. Em outras palavras, se as premissas são verdadeiras, então a conclusão *tem* que ser verdadeira, o que significa que a conclusão se segue à premissa pela validade dedutiva do argumento.

Saber que certas formas de argumento são dedutivamente válidas é uma ferramenta de extrema utilidade na análise da argumentação. Podemos usar esse conhecimento para construir seqüências de argumentos válidos: se cada passo da seqüência, ou seja, cada argumento individual, é dedutivamente válido, então a seqüência nunca vai nos levar de premissas verdadeiras para uma conclusão falsa. Mas, antes de aprender a avaliar argumentos, é útil saber como o conhecimento da forma dos argumentos pode ser usado para identificar o argumento que está sendo apresentado.

5.2 IDENTIFICAÇÃO DE ARGUMENTOS

No exemplo 5.0, a conclusão chama a atenção para o fato de que o argumentador atingiu um estágio definitivo em seu raciocínio. A conclusão "A política econômica do governo é sólida" é uma proposição que o argumentador considera suficientemente importante para destacar e sustentar com premissas. Descobrir um momento assim numa argumentação é uma forma de identificar e localizar uma parte-chave da argumentação que pode, então, ser usada para nos ajudar a reconstruir suas outras partes.

No argumento 5.0, a palavra indicativa "então" nos permitiu determinar qual proposição o argumentador designou como conclusão. E se não houvesse nenhuma palavra indicativa? Considere o seguinte conjunto de proposições, que pode ocorrer como parte de uma argumentação:

Exemplo 5.1
A segurança aérea deve ser uma alta prioridade.
Se é preciso tentar evitar os desastres, então a segurança aérea deve ser uma alta prioridade.
É preciso tentar evitar os desastres.

Diante dessas proposições, como interpretá-las enquanto argumento? Qual delas é a conclusão? E quais devem ser as premissas?

Para começar, é provável que o argumentador tenha associado a proposição do meio (condicional) a uma das outras para deduzir a conclusão. Caso contrário, considere como ficaria o argumento:

Exemplo 5.2
   É preciso tentar evitar os desastres.
   A segurança aérea deve ser uma alta prioridade.
   Logo, se é preciso tentar evitar os desastres, então a segurança aérea deve ser uma alta prioridade.

Você acha que este exemplo é um plausível candidato a argumento? Parece que não, pois mesmo que as duas premissas sejam verdadeiras parece que não há como ligá-las para justificar a conclusão[1]. Será que, mesmo que as premissas sejam verdadeiras, não há outras formas de impedir os desastres além de dar prioridade à segurança aérea? Se houver, pode ser que as premissas do exemplo 5.2 ainda deixem em aberto a ligação que permite afirmar que a conclusão tem que ser verdadeira.

Pelo que dá para perceber, o exemplo 5.2 poderia ser como o seguinte argumento: "As rosas são vermelhas; Einstein era um gênio. Logo, se as rosas são vermelhas, Einstein era um gênio." Este argumento não parece válido. Mas, mesmo que seja, dependendo do que queremos dizer por "se... então", ele parece envolver uma falha de pertinência na conclusão condicional. Vamos eliminar, então, o exemplo 5.2 como um possível candidato e considerar as possibilidades restantes.

As duas possibilidades restantes implicam que a proposição condicional seja uma premissa. Mas há dois argumentos possíveis dessa configuração:

▼

1. Pode ser interessante observar que o argumento 5.2 teria uma forma válida segundo algumas teorias formais de inferência lógica. Isso acontece porque, nessas teorias, não se levam em conta as ligações entre as proposições, acima e além de seus valores individuais de verdade. Neste capítulo, a discussão sobre o tema da pertinência inclui uma consideração sobre tais ligações entre pares de proposições.

Exemplo 5.3
   Se é preciso tentar evitar os desastres, então a segurança aérea deve ser uma alta prioridade.
   É preciso tentar evitar os desastres.
   Logo, a segurança aérea deve ser uma alta prioridade.

Exemplo 5.4
   Se é preciso tentar evitar os desastres, então a segurança aérea deve ser uma alta prioridade.
   A segurança aérea deve ser uma alta prioridade.
   Logo, é preciso tentar evitar os desastres.

Qual dessas interpretações possíveis do exemplo 5.1 representaria de maneira mais plausível a melhor conclusão?

É claro que, para determinar qual proposição é destinada a ser a conclusão, a única maneira segura é perguntar ao proponente do argumento o que ele realmente pretendia concluir. Mas suponha que ele não esteja disponível para responder à pergunta. Se, como críticos, temos que fazer uma escolha, é melhor interpretar o argumento construtivamente, da maneira que tenha mais sentido. Imbuídos dessa postura, passemos a um exame comparativo dos exemplos 5.3 e 5.4.

Considere primeiro o exemplo 5.4. Se A representa "É preciso tentar evitar os desastres" e B representa "A segurança aérea deve ser uma alta prioridade", então o exemplo 5.4 tem a seguinte forma:

   Se A, então B.
   B.
   Logo, A.

Essa interpretação certamente não resulta num argumento válido. Se aceitamos as premissas, não temos necessariamente que aceitar a conclusão, como no seguinte argumento paralelo:

Exemplo 5.5
>   Se eu me formar, é porque paguei minhas mensalidades.
>   Paguei minhas mensalidades.
>   Logo, vou me formar.

No exemplo 5.5, as premissas podem ser verdadeiras. Mas disso não decorre que a conclusão seja verdadeira. Pode haver outras exigências, além de pagar as mensalidades, para que a pessoa consiga se formar. Em outras palavras, mesmo que ambas as premissas sejam verdadeiras, disso não decorre necessariamente que a conclusão seja verdadeira. Portanto, o exemplo 5.5 não é um argumento válido. Mesmo que as duas premissas sejam verdadeiras, a conclusão pode ser falsa.

Isso nos deixa com o exemplo 5.3. Podemos ver, de imediato, que ele é um argumento válido porque tem a forma do argumento anteriormente chamado de MP.

No exemplo 5.1, nosso problema era descobrir a conclusão. Não havia uma palavra indicativa, como "portanto" ou "logo", para indicar qual das três proposições tinha a intenção de ser a conclusão. Mas, mesmo sem a palavra indicativa, era possível chegar a uma reconstrução plausível do exemplo 5.1 como argumento. Uma vez eliminado o exemplo 5.2 como reconstrução plausível devido à ausência de uma ligação pertinente, restaram as duas possibilidades representadas pelos exemplos 5.3 e 5.4.

Por que o exemplo 5.3 parece ser a escolha plausível e natural? A melhor explicação é ser essa a única interpretação que resultou num argumento válido. Isso não significa que essa escolha seja a única possível, mas que ela representa a interpretação mais plausível do sentido que o argumentador pretendia dar ao seu argumento.

O problema, neste caso, decorre do fato de as pessoas às vezes não definirem com clareza qual é sua conclusão num argumento. Mas, mesmo que o argumentador não indique explicitamente qual das proposições é destinada a ser a conclusão, pode haver indícios que nos permitam escolher a candidata mais plausível entre as opções disponíveis. Para isso, temos que supor que o argumentador em questão seja um participante construtivo de um diálogo racional e que esteja fazendo o possível para apresentar argumentos fortes a favor do seu lado da questão.

A razão de 5.3 ser a interpretação mais plausível do exemplo 5.1 deve ser procurada no *princípio da caridade*. Quando há alguma dúvida ou pergunta, sem levar em conta outros fatores, a interpretação mais justa e racional é a que implica a escolha de uma conclusão que torne o argumento válido (e plausível) em vez de uma que o torne inválido (ou implausível). É o princípio da caridade que explica e justifica nossa inclinação a escolher como conclusão a primeira proposição do exemplo 5.1, já que 5.3 é a única interpretação claramente válida e plausível como argumento.

Em suma, saber quando um argumento é válido ajuda muito na identificação de argumentos. Elaboramos, na próxima seção, o conceito de argumento válido.

5.3 VALIDADE COMO CONCEITO SEMÂNTICO

Uma *argumentação* é uma interação entre dois ou mais participantes em que cada um deles alega que seus argumentos podem ser justificados. As argumentações podem envolver longas e complexas seqüências de passos, perguntas, respostas e objeções. Mas, em qualquer estágio de uma argumentação, temos que ser capazes de identificar seu *núcleo semântico*. O núcleo semântico é um conjunto de proposições formadas por uma ou mais conclusões e alguns conjuntos de premissas.

Um conceito *semântico* é um conceito relacionado a verdade e falsidade. Uma proposição é considerada um conceito semântico porque pode ser definida como uma unidade de linguagem que é verdadeira ou é falsa. Em certos casos, podemos não saber se uma proposição é verdadeira ou falsa. Mas uma proposição tem, em princípio, a propriedade de ser verdadeira ou falsa. Por exemplo, a proposição "Há vida em outro planeta da nossa galáxia" é, em princípio, verdadeira ou falsa, mesmo que não saibamos, no momento, se ela é verdadeira ou falsa. Basta-nos identificá-la como uma proposição.

O núcleo semântico de uma argumentação é normalmente cercado por estruturas pragmáticas. Na análise prática dos argumentos, descobrimos muitas vezes que faltam premissas, que não foram claramente enunciadas como proposições pelo argumentador. Um dos aspectos pragmáticos da argumentação é ocupar o lugar dessas premissas ausentes ou problemáticas. Um argumento é chamado de *entimema* quando algumas premissas necessárias para torná-lo válido são enunciadas ou apresentadas de maneira tácita e não explícita. Pode ser difícil avaliar de maneira justa e racional se tais premissas entimemáticas foram mesmo enunciadas pelo argumentador. Por exemplo, se alguém argumenta "Todos os homens são mortais. Logo, Sócrates é mortal", é razoável supor que o argumento inclui a premissa "Sócrates é um homem", necessária para torná-lo válido. Mas, se alguém argumenta "Todos os homens são mortais. Logo Elizabeth Anscombe é mortal", será razoável supor que a proposição "Elizabeth Anscombe é um homem" seja uma premissa entimemática? Na maior parte dos contextos não, embora essa proposição torne o argumento válido. É mais plausível, considerando o contexto, que a proposição "E todas as mulheres são mortais" deva ser incluída como premissa, modificando assim (ou estendendo) o argumento.

Localizar premissas entimemáticas é uma tarefa pragmática da análise dos argumentos. Se uma proposição pode ou não ser considerada uma premissa entimemática é algo que depende, em grande parte, da posição do argumentador e do conjunto de comprometimentos que ele adotou previamente no contexto do diálogo ou disputa.

Em suma, geralmente é preciso fazer uma distinção cuidadosa entre os aspectos semânticos e pragmáticos de uma argumentação. O aspecto semântico está relacionado à verdade ou à falsidade das proposições. O aspecto pragmático está relacionado aos prováveis comprometimentos do argumentador no contexto do diálogo. O conceito de argumento válido é uma noção semântica.

O argumento válido tem a propriedade básica de nunca nos levar de premissas verdadeiras para uma conclusão falsa. Em outras palavras, um argumento válido tem que *preservar a verdade*; isso quer dizer que, se as premissas são verdadeiras, a conclusão também tem que ser verdadeira. A validade é um dos conceitos semânticos fundamentais no estudo da argumentação.

A característica que define um argumento válido é o fato de ele ser incontestável – sem pontas soltas. Quando as premissas são verdadeiras, é absolutamente certo que a conclusão seja verdadeira. Considere o seguinte argumento:

Exemplo 5.6
    Se Bob for para o oeste, ele chegará em Steinbach.
    Se Bob for para o leste, ele chegará em Carman.
    Bob vai ou para o leste ou para o oeste.
    Logo, Bob chegará em Steinbach ou em Carman.

Esse argumento é dedutivamente válido, ou seja, se suas premissas forem verdadeiras, sua conclusão também tem que ser verdadeira. Isso não quer dizer, necessariamente, que as premissas sejam verdadeiras ou mesmo que a conclusão seja verdadeira. Quer dizer apenas que, se as premissas forem verdadeiras, a conclusão também será verdadeira. Em outras palavras, a validade é um conceito condicional. Ela é a relação entre a verdade ou falsidade das premissas e a verdade ou falsidade da conclusão.

Pode acontecer, por exemplo, de um argumento válido ter premissas falsas. Considere o seguinte argumento:

Exemplo 5.7
    Se Platão nasceu em Chicago, então Aristóteles nasceu em Toronto.
    Platão nasceu em Chicago.
    Logo, Aristóteles nasceu em Toronto.

Esse argumento é válido, ou seja, se suas premissas forem verdadeiras, sua conclusão também será. Mas as premissas não são, de fato, verdadeiras. Nem a conclusão.

Resumindo, um argumento válido sempre nos leva de premissas verdadeiras a uma conclusão verdadeira. Mas o fato de o argumento ser válido não garante que as premissas sejam verdadeiras. Dizer que um argumento é válido é dizer algo positivo sobre ele. Mas isso não quer dizer que ele seja bom sob todos os aspectos.

Outra coisa a ser lembrada é que nem todos os bons argumentos são válidos. Os argumentos indutivos podem ser bons ou razoáveis, mas não são válidos – eles não garantem a verdade da conclusão, mas apenas indicam probabilidades. Portanto, a validade não é a única coisa a ser levada em conta na análise de um argumento. Mas ela é muito importante como ferramenta de avaliação.

Na tarefa prática de avaliar um argumento real, a primeira pergunta a ser feita é: "Quais proposições formam este argumento?" Assim, a identificação do nível semântico de um argumento é de importância fundamental na lógica prática.

5.4 FORMAS VÁLIDAS DO ARGUMENTO

Se você quer construir alguns argumentos para sustentar uma alegação ou para criticar a alegação de alguém, é útil conhecer alguns elementos básicos. Esses elementos são estruturas ou formas de argumento que sempre são válidas. Isso significa que, se uma parte do seu argumento tem essa estrutura, ele nunca vai levá-lo de premissas verdadeiras para uma conclusão falsa. Um argumento válido é "à prova de erros", o que significa que, se as premissas são verdadeiras, a conclusão também tem que ser verdadeira, simplesmente em virtude da estrutura do argumento. A noção de estrutura vai ser importante para você compreender a natureza dos argumentos válidos. Um exemplo é o seguinte argumento:

Exemplo 5.8

    Se os funcionários de um determinado lugar sentem que seu esforço extra é recompensado, eles tomam a iniciativa de trabalhar direito.
    Na verdade, os funcionários não tomam a iniciativa de trabalhar direito.
    Logo, os funcionários não sentem que seu esforço extra seja recompensado.

Este argumento é válido, o que significa que, sendo as premissas verdadeiras, a conclusão é verdadeira também. Agora, as premissas acima podem ou não ser verdadeiras. Se são ou não, isso deve dizer respeito à sociologia da administração industrial. Mas, se forem verdadeiras, então a lógica diz que a conclusão também tem que ser verdadeira. Por quê?

A resposta é que a forma da estrutura desse argumento garante sua validade. Suponha que A representa a proposição "Os funcionários sentem que seu esforço é recompensado" e que B representa "Os funcionários tomam a iniciativa de trabalhar direito". Então, pode-se considerar que o argumento acima tem a seguinte estrutura:

Exemplo 5.9

    Se A, então B.
    Não B.
    Logo, não A.

Esta estrutura é uma forma válida de argumento, o que significa que, quaisquer que sejam as proposições representadas por A e B, o argumento resultante é sempre válido. Você pode ter certeza disso. Considere o seguinte argumento:

Exemplo 5.10
Se o capitão Kirk é um vulcano, ele tem orelhas pontudas.
O capitão Kirk não tem orelhas pontudas.
Logo, o capitão Kirk não é um vulcano.

Este argumento tem, claramente, a mesma forma do argumento dos funcionários. Mas, neste caso, a letra *A* representa "O capitão Kirk é um vulcano" e a letra *B* representa "O capitão Kirk tem orelhas pontudas". Como os dois argumentos têm a mesma estrutura (válida), os dois são argumentos válidos[2].

Para construir ou avaliar argumentos, é extremamente útil conhecer algumas das principais formas válidas do argumento. Aqui estão algumas delas, juntamente com seus nomes costumeiros:

Modus ponens (MP)
Se *A*, então *B*.
A.
Logo, *B*.

Modus tollens (MT)
Se *A*, então *B*.
Não *B*.
Logo, não *A*.

Silogismo hipotético (SH)
Se *A*, então *B*.
Se *B*, então *C*.
Logo, se *A*, então *C*.

Silogismo disjuntivo (SD)
Ou *A* ou *B*.
Não *A*.
Logo, *B*.

▼

2. O único cuidado a se tomar aqui é usar com uniformidade as letras proposicionais *A, B, C* e assim por diante, para representar as proposições de um argumento. Se usar a letra *A* para representar a proposição "O capitão Kirk é um vulcano" na primeira premissa do exemplo 5.10, você tem que usá-la de novo para representar a mesma proposição, que aparece na conclusão de 5.10. Em outras palavras, a substituição de proposições por letras proposicionais na representação da forma de um argumento tem que ser *uniforme*. Você não deve trocar de cavalo no meio do rio, como se costumava dizer. O princípio de substituição uniforme é mencionado na Seção 5.9.

Como provar que cada uma dessas formas de argumento é válida? Para isso, temos que mostrar que, se em cada caso ambas as premissas forem verdadeiras, a conclusão também tem que ser verdadeira. Consideremos cada uma dessas formas.

Considere primeiro o SD. O que significa a proposição "Ou A ou B"? Sob que condições essa forma de proposição é verdadeira ou falsa? Bem, um fato básico a respeito da proposição disjuntiva – "Ou A ou B" – é que ela é verdadeira se pelo menos uma das partes for verdadeira. Em outras palavras, se você tem uma disjunção como "Bob está ou com sarampo ou com catapora", então você sabe que pelo menos uma das seguintes proposições é verdadeira:

Exemplo 5.11
    Bob está com sarampo.
    Bob está com catapora.

Uma delas pode ser falsa, mas não as duas, se a disjunção "Bob está ou com sarampo ou com catapora" é mesmo verdadeira. Portanto, pelo menos uma tem que ser verdadeira.

Assim, se "Ou A ou B" é verdadeira, então pelo menos uma do par, A ou B, tem que ser verdadeira. Mas suponha que A não seja verdadeira. Então, B tem que ser verdadeira. Por quê? Porque pelo menos uma tem que ser verdadeira, de acordo com a primeira premissa do SD. Mas, se, conforme a segunda premissa, A não for verdadeira, então B tem que ser verdadeira. B não pode ser falsa se ambas as premissas são verdadeiras. Portanto, em geral, qualquer argumento da forma SD tem que ser sempre válido. Se as premissas forem verdadeiras, sua conclusão também tem que ser verdadeira.

Com efeito, o SD é uma forma válida de argumento por causa do significado de "ou... ou". Em qualquer disjunção, pelo menos uma das partes tem que ser verdadeira. Se ambas forem falsas, não se trata de uma verdadeira disjunção.

Essas mesmas provas servem para atestar a validade dos três argumentos restantes. Se uma proposição condicional "Se A então B" for verdadeira, então é falso que A seja verdadeira e B falsa. Por exemplo, suponhamos que a seguinte proposição condicional seja verdadeira: "Se Karl derrubar o ovo que está segurando, ele vai quebrar." Agora, seja o que for que queiramos acrescentar sobre a veracidade ou falsidade dessa condicional, uma coisa ao menos tem que ser dita: se a condicional como um todo é verdadeira, então tem que ser falso que Karl deixa o ovo cair mas ele não quebra. Por quê? Porque é isso que queremos dizer quando dizemos que se Karl deixar cair o ovo ele vai quebrar. Com isso, negamos que seja coerente afirmar ao mesmo tempo que Karl deixa cair o ovo e que o ovo não quebra. Portanto, o *modus ponens* é válido e tem que ser sempre válido como uma forma do argumento, simplesmente em virtude do significado da condicional como ligação lógica entre as proposições.

Por um raciocínio semelhante, pode-se provar também que o MT e o SH são formas válidas do argumento. A prova efetiva da validade dessas formas, segundo nossa definição de "argumento válido", não é tão importante no momento quanto a certeza de que são válidas. Pois, uma vez que esteja convencido de sua validade, você pode usá-las para construir argumentos, sabendo que as partes básicas são válidas. Essas formas de argumento, então, são elementos constitutivos básicos na construção de argumentos mais longos. Em cada caso, se você souber que as premissas são verdadeiras, pode estar certo de que a conclusão decorrerá logicamente através de um argumento válido.

Para provar a validade do SH, basta examinar suas premissas e lembrar que já se provou que o MP é válido. Suponha, agora, que *A* seja verdadeira. Conforme o MP e a primeira premissa, *B* tem que ser verdadeira. Mas, se *B* é verdadeira, então, conforme a segunda premissa e o MP, *C* tem que ser verdadeira. Então, se *A* é verdadeira, *C* também tem que ser verdadeira. Logo, a conclusão do SH decorre validamente de suas premissas.

Ao provar a validade de diversas formas do argumento, fizemos certas suposições sobre a semântica das disjunções e das condicionais. Vamos agora resumir essas suposições. Primeiro, definimos *proposição disjuntiva* como a que apresenta duas ou mais alternativas na forma "Ou *A* ou *B* ou...". No caso mais simples, há apenas duas alternativas, *A* e *B*. A regra da disjunção, presumida anteriormente, pode ser resumida da seguinte maneira:

> *Regra da disjunção*: Se a disjunção "Ou *A* ou *B*" for verdadeira, então pelo menos uma do par, *A* ou *B*, tem que ser verdadeira.

Essa regra implica que, se tanto *A* quanto *B* forem falsas, então a disjunção inteira "Ou *A* ou *B*" tem que ser falsa.

Recorremos também a uma suposição a respeito das condicionais. Vamos definir *proposição condicional* como a que apresenta uma proposição como verdadeira com base na suposição de que outra é verdadeira. Uma condicional tem a forma "Se *A*, então *B*". A parte que faz a suposição é chamada de *antecedente*. A parte que é apresentada como verdadeira com base na suposição feita no antecedente é chamada *conseqüente*. A regra da condicional é formulada da seguinte maneira:

> *Regra da condicional*: Se a condicional "Se *A*, então *B*" for verdadeira, então é falso que o antecedente (*A*) seja verdadeiro enquanto o conseqüente (*B*) é falso.

Essa regra significa que, para que uma condicional seja verdadeira, o antecedente não pode ser verdadeiro e o conseqüente, falso. Sob esse aspecto, há certo paralelo entre uma condicional verdadeira e um argumento válido, já que o argumento válido nunca nos leva de premissas verdadeiras para uma conclusão falsa.

Na verdade, a *regra da condicional* caracteriza um tipo de condicional apropriado apenas para contextos de lógica dedutiva. Uma condicional apropriada para contextos indutivos de raciocínio teria uma regra diferente. Por exemplo, a condicional indutiva "Se Karl deixar cair o ovo, ele provavelmente vai quebrar" seria verdadeira mesmo que houvesse um caso em que Karl deixou cair o ovo e ele não quebrou; pois ela ainda poderia ser verdadeira se, em muitas outras ocasiões, Karl tivesse deixado cair ovos semelhantes e todos eles, ou a maioria, tivessem quebrado.

Mas, no contexto do raciocínio dedutivo, uma condicional é tratada como paralela, pelo menos sob um aspecto, ao conceito de argumento válido. Qualquer exceção à regra enunciada pela condicional a torna falsa.

No entanto, a simples existência desse paralelo não deve nos levar a concluir que uma condicional verdadeira e um argumento válido são a mesma coisa. Verdade e falsidade são propriedades das proposições. Validade e invalidade são propriedades dos argumentos. Portanto, não faz sentido algum falar de "proposição válida" ou de "argumento verdadeiro", assim como não faz sentido falar de um "par de meias válido".

Agora que somos capazes de reconhecer algumas das formas mais comuns de argumento válido, estamos mais bem posicionados para nos orientar no deslindamento de redes complexas e confusas de argumentações reais. Se algumas de suas partes forem argumentos válidos, podemos ao menos identificar essas partes. Se em outras faltam algumas premissas, estamos em uma posição um pouco melhor para indagar o que o argumentador está incluindo ou deixando de fora.

5.5 ARGUMENTOS INVÁLIDOS

Uma forma de argumento é válida quando não é possível que um argumento com essa forma tenha premissas verdadeiras e uma conclusão falsa. O conceito de validade tem, então, certa generalidade – podemos dizer, a respeito de qualquer argumento que tenha uma forma válida, que, se as premissas forem verdadeiras, a conclusão tem que ser verdadeira. A validade de uma forma garante a validade de todos os inúmeros argumentos que tenham essa forma. Por exemplo, qualquer argumento que tenha a forma *modus ponens* é válido, seja qual for o assunto de que trate.

Nos argumentos inválidos, no entanto, a forma não tem a mesma garantia de generalidade. Essa assimetria entre validade e invalidade existe porque é possível que um argumento tenha mais de uma forma. Considere o seguinte argumento:

Exemplo 5.12
    Se os computadores podem raciocinar, eles podem fazer perguntas.
    Os computadores podem raciocinar.
    Logo, os computadores podem fazer perguntas.

Como este argumento tem a forma *modus ponens*, ele tem que ser um argumento válido. Assim construído, o argumento tem a forma "Se *A*, então *B*; *A*; logo, *B*". No entanto, *modus ponens* não é a única forma que esse argumento tem. Ele tem também uma forma menos específica: "*A*; *B*; logo, *C*". Em vez de representar a primeira premissa como condicional, podemos representá-la também como uma proposição simples, *A*. É claro que seria mais específico representá-la como condicional. Mas representá-la nessa forma menos específica não quebra nenhuma regra da lógica que usamos até agora. E essa forma de argumento é inválida. Mesmo que *A* e *B* sejam verdadeiras, é bem possível que *C* seja falsa, segundo o que nos diz a lógica.

    Portanto, temos que tomar cuidado. Mesmo quando sabemos que um argumento tem uma forma inválida, não decorre automaticamente disso que ele tem que ser inválido. Para ter certeza disso, teríamos que saber também se a forma apresentada é a forma mais específica do mencionado argumento. Apesar dessa reserva, tachar um argumento de inválido pode ser uma crítica legítima. No entanto, essa não é uma refutação decisiva de um argumento através da lógica formal, a menos que o crítico demonstre que foi representada sua forma específica.

    Um argumento dedutivamente inválido não é necessariamente ruim ou incorreto. Mesmo que seja dedutivamente inválido na forma em que foi apresentado, ele ainda pode ser correto por critérios indutivos. Ou talvez esteja simplesmente incompleto. Tachar um argumento de dedutivamente inválido nada mais é do que observar que, na forma dada, ele não preenche o critério de validade dedutiva. Se o argumentador quer ou não que ele preencha esse critério, ou se isso foi exigido, é outra coisa.

Apesar dessas limitações, determinar que um argumento é dedutivamente inválido pode ser importante para sua avaliação. A comprovação da invalidade de um argumento na forma em que foi apresentado significa, às vezes, que ele poderia melhorar se lhe fossem acrescentadas premissas ou se sua natureza ou limites fossem modificados.

Vamos agora comparar as quatro formas do argumento com alguns exemplos que não são válidos:

Exemplo 5.13
　Se A, então B.
　B.
　Logo, A.

Exemplo 5.14
　Se A, então B.
　Não A.
　Logo, não B.

Exemplo 5.15
　Se A, então B.
　Se C, então B.
　Se A, então C.

Exemplo 5.16
　Ou A ou B.
　A.
　Logo, B.

Basta examinar alguns exemplos para perceber que essas formas de argumento não são válidas. Em cada um dos casos, é possível que ambas as premissas sejam verdadeiras e a conclusão falsa.

Exemplo 5.17
  Se chover, nesse momento o carro ficará molhado.
  O carro está molhado agora.
  Logo, está chovendo agora.

Exemplo 5.18
  Se eu derrubar o ovo, ele vai se quebrar.
  Eu não derrubo o ovo.
  Logo, ele não vai se quebrar.

Exemplo 5.19
  Se eu mover o cavalo, John vai comer o cavalo.
  Se eu mover a rainha, John vai comer o cavalo.
  Logo, se eu mover o cavalo, movo a rainha.

Exemplo 5.20
  Turku fica na Finlândia ou na Noruega.
  Turku fica na Finlândia.
  Logo, Turku fica na Noruega.

Considere o último argumento. Suponha que as duas premissas sejam verdadeiras. Será que por isso a conclusão tem que ser verdadeira? Não. Na verdade, as premissas implicam que a conclusão é falsa, se a disjunção da primeira premissa for considerada exclusiva. Ou seja, temos que supor que a primeira premissa significa que Turku fica em um desses dois países, Finlândia ou Noruega, mas não nos dois. Então, uma vez que se determine que Turku fica na Finlândia, a decorrência é que ela não pode ficar na Noruega. Assim interpretadas, as premissas não apenas não implicam a conclusão como entram em conflito com ela ao implicar o oposto. Quer interpretemos a primeira premissa como exclusiva, quer não, o argumento não chega a ser válido.

A chave para avaliar se o argumento é válido é determinar sua forma. As formas de argumento que já conhecemos são válidas ou inválidas em virtude dos conectivos proposicionais que ocorrem nelas. Muitas vezes as regras dos conectivos nos permitem determinar se uma forma específica de argumento é válida.

5.6 INCOERÊNCIA

Incoerência é um conceito muito importante em lógica e na análise da argumentação. Tachar um argumentador de incoerente é uma forma muito forte de crítica ou condenação de sua posição. Um *conjunto de proposições é incoerente* quando permite a dedução de uma contradição através de argumentos válidos. Uma *contradição* é uma conjunção de uma proposição e sua negação. Considere, por exemplo, o seguinte conjunto de proposições:

Exemplo 5.21
Se a coragem é uma virtude, então a coragem é uma excelência de conduta.
A coragem é uma virtude.
A coragem não é uma excelência de conduta.

O que diríamos de alguém que mantivesse essas três proposições em sua argumentação? Diríamos que a posição que adotou é incoerente. Por quê? Por *modus ponens*, as primeiras duas proposições implicam "Coragem é uma excelência de conduta". Mas essa proposição é a negação da terceira proposição "Coragem não é uma excelência de conduta". Podemos ver, portanto, que as três proposições implicam uma contradição. Tomadas em conjunto, portanto, elas são incoerentes.

Mas o que há de tão errado nas contradições? – pode-se perguntar. A resposta é que uma contradição nunca é uma proposição verdadeira. Por que não? A resposta está relacionada aos conceitos de negação e conjunção.

A negação de uma proposição é, em geral, indicada pela partícula "não". Por exemplo, "Paris não fica na França" é a negação da proposição "Paris fica na França". Quando uma proposição é verdadeira, sua negação tem que ser falsa. Quando uma proposição é falsa, sua negação tem que ser verdadeira. Podemos resumir esta informação na seguinte regra da negação:

> *Regra da negação*: Se a negação "não-A" é verdadeira, então A tem que ser falsa. Se a negação "não-A" é falsa, então A tem que ser verdadeira.

Em outras palavras, a negação de uma proposição tem sempre o valor de verdade oposto ao dessa proposição.

A conjunção de duas ou mais proposições é muitas vezes indicada pela palavra "e". Por exemplo, se digo "Paris fica na França e Colônia na Alemanha", enuncio uma conjunção de duas proposições. Para uma conjunção ser verdadeira, é preciso que suas duas proposições sejam verdadeiras. Daí a regra da conjunção:

Regra da conjunção: Para que a conjunção "*A* e *B*" seja verdadeira, *A* e *B* têm que ser verdadeiras.

Essa regra da conjunção significa que, se uma das duas proposições da conjunção for falsa, então a proposição conjuntiva inteira terá que ser falsa.

Agora que compreendemos a conjunção e a negação, vemos por que uma contradição tem que ser falsa. Uma contradição é uma proposição da forma "*A* e não-*A*". Se *A* for verdadeira, então não-*A* tem que ser falsa, pela regra da negação. Mas, também pela regra da negação, se não-*A* for verdadeira, então *A* tem que ser falsa. Seja qual for nosso ponto de vista, pelo menos uma proposição do par, *A* ou não-*A*, tem que ser falsa. Então, a conjunção "*A* e não-*A*" não pode ser verdadeira. Resumindo, uma contradição tem que ser sempre falsa.

O fato de uma contradição ser sempre falsa revela o que é criticável num conjunto incoerente de proposições defendido por um argumentador. Se um conjunto incoerente de proposições contém uma contradição, e uma contradição tem que ser sempre falsa, então o conjunto incoerente de proposições não pode ser totalmente verdadeiro. Pelo menos algumas das proposições contidas nele têm que ser falsas. Isso significa que uma posição que seja incoerente deve estar sujeita a críticas ou revisão. Um conjunto incoerente de proposições pode conter algumas proposições verdadeiras, mas pelo menos uma tem que ser falsa, mesmo que não saibamos qual delas.

Pode ser muito difícil lidar com a incoerência. Os psicólogos sabem que animais de laboratório sujeitos a um tratamento incoerente começam a mostrar frustração e perda de interesse na atividade. Crianças que recebem ordens ou mensagens incoerentes dos pais podem vir a ter problemas de comportamento.

Um exemplo interessante, estudado em Jones (1983), é o caso da situação "*double-bind*". Um jovem paciente esquizofrênico recebeu a visita da mãe no hospital. Bateson (1956, p. 188) descreveu a reação do paciente à visita da seguinte maneira:

Exemplo 5.22
   Ele ficou contente ao vê-la e, num impulso, pôs o braço em torno dos seus ombros, o que fez com que ela se retraísse. Ele tirou o braço e ela perguntou: "Você não me ama mais?" Ele ficou vermelho e ela disse: "Querido, você não tem que ficar embaraçado por tão pouco e com medo dos seus sentimentos."

Logo que saiu da sala, o jovem atacou um funcionário. A natureza da mensagem transmitida pela mãe, como exemplo de comunicação incoerente ou "*double-bind*", é estudada detalhadamente por Jones (1983). Mas as ações da mãe também são um bom exemplo de uma confusa mensagem dupla, em que a ação vai em sentido contrário à mensagem verbalizada por ela. Ela diz uma coisa, mas sua ação de se retrair "diz" outra coisa claramente oposta.

Mas será que as ações falam tão alto quanto as palavras? Às vezes sim, e a mensagem transmitida por uma ação tem que ser levada em conta numa análise cuidadosa de uma argumentação. É o caso do pai que fuma e diz ao filho: "Você não deve fumar. É muito ruim para sua saúde." Será que o filho tem razão ao sentir que o argumento do pai é incoerente? Este problema é complexo e será mais bem estudado adiante, no contexto de um argumento *ad hominem*. Basta observar aqui que nem sempre a incoerência é evidente num argumento, mas ela aparece quando se acrescentam outros pressupostos. Se o pai verdadeiramente argumenta como se segue, então ele é incoerente:

Exemplo 5.23

(1) Ninguém deve fumar porque o cigarro é ruim para a saúde. Eu fumo.
(2) Se fumo, meu ato é justificado. Em outras palavras, meu ato de fumar pode ser interpretado como um sinal de que defendo o cigarro.
(3) Logo, devo fumar.
(4) Mas, se ninguém deve fumar, eu não devo fumar.

Se esta é uma representação justa do argumento do pai, então ele é incoerente, já que (1) e (4) implicam "não devo fumar", mas (2) e (3) implicam "devo fumar". Mas será que, neste caso, as ações falam tão alto quanto as palavras? Em outras palavras, a premissa (2) é afirmada pelo pai? Esse é o problema da falácia *ad hominem*.

Por ora, a lição é que alguns argumentos contêm, mesmo, uma contradição, mas só se outros pressupostos forem acrescentados. Nesse caso, é preciso determinar com cuidado se os pressupostos adicionais podem ser racionalmente atribuídos ao argumentador antes de afirmar prematuramente que seu argumento é incoerente. Mas, em certos casos, não há controvérsia na atribuição desses pressupostos. Considere estas duas asserções:

Exemplo 5.24

(5) Kevin sempre diz a verdade.
(6) Kevin mentiu sobre sua idade no sábado.

As proposições adicionais de que necessitamos para demonstrar que (5) e (6) formam um conjunto incoerente são as seguintes:

(7) Se Kevin sempre diz a verdade, Kevin disse a verdade no sábado.
(8) Se Kevin mentiu sobre sua idade no sábado, então Kevin não disse a verdade no sábado.

Como vemos, a partir do conjunto coletivo (5), (6), (7) e (8) é possível deduzir uma contradição através de argumentos válidos. Mas, em muitos contextos, é provável que (7) e (8) sejam pressupostos aceitáveis como explicação da asserção de (5) e (6) por um argumentador. Se, no contexto em questão, elas são aceitáveis, então podemos dizer que (5) e (6) constituem uma incoerência. Mas é preciso ter cuidado. Muitas vezes, alegações de incoerência prematuras e injustas são feitas e aceitas sem critério, como o Capítulo 6 vai nos mostrar.

5.7 COMPOSIÇÃO E DIVISÃO

Outras constantes lógicas que determinam a validade dos argumentos são os termos "todos" e "alguns". Por exemplo, o argumento a seguir é válido por causa da semântica de "todos" e "alguns":

Exemplo 5.25
Todos os roedores são mamíferos.
Alguns roedores vivem nas docas.
Logo, alguns mamíferos vivem nas docas.

O argumento a seguir, ao contrário, tem uma forma que em geral não é válida:

Exemplo 5.26
    Todos os roedores são mamíferos.
    Alguns mamíferos têm chifres.
    Logo, alguns roedores têm chifres.

O exemplo 5.26 não é um argumento válido porque a primeira premissa faz uma afirmação a respeito de todos os roedores, mas não a respeito de todos os mamíferos.

É preciso cuidado, contudo, para distinguir entre o uso coletivo e o uso distributivo dos termos. A frase "Os roedores são mamíferos" é normalmente interpretada como "Todos os roedores são mamíferos". Podemos dizer, neste caso, que o termo "roedores" está sendo usado *distributivamente*, o que significa que uma propriedade está sendo atribuída a cada roedor. No entanto, na frase "Os roedores se distribuem por todo o planeta", o termo "roedores" está sendo usado *coletivamente*, referindo-se a uma propriedade da classe dos roedores como um todo.

A confusão entre o uso coletivo e o uso distributivo dos termos pode resultar numa *falácia de composição*, que argumenta de maneira incorreta que aquilo que pode ser atribuído a um termo distributivamente pode também ser atribuído a ele coletivamente:

Exemplo 5.27
    Um ônibus gasta mais gasolina do que um carro.
    Logo, todos os ônibus gastam mais gasolina do que todos os carros.

Esse argumento contém uma falácia implícita porque interpreta a conclusão coletivamente. Como, no mundo inteiro, os carros são em número muito maior do que os ônibus, é falso afirmar que os ônibus (coletivamente) gastam mais gasolina do que os carros, mesmo que possa ser verdade que os ônibus (distributivamente) gastem mais gasolina do que os carros.

Em outros casos, a falácia de composição está associada à relação entre o todo e as partes:

Exemplo 5.28
    Todas as partes desta máquina são leves.
    Logo, esta máquina é leve.

Ou esta falácia pode estar associada também a relações funcionais:

Exemplo 5.29
    Todos os jogadores deste time são bons.
    Logo, este é um bom time.

Estes dois tipos de argumento não são válidos porque as propriedades das partes não se transferem necessariamente às propriedades do todo formado por elas.

A falácia de divisão é o tipo oposto de argumento e tem variantes similares às da falácia de composição:

Exemplo 5.30
    Esta máquina é pesada.
    Logo, todas as partes desta máquina são pesadas.

Exemplo 5.31
    Os índios americanos têm reservas em todos os Estados.
    Os navajo são índios americanos.
    Logo, os navajo têm reservas em todos os Estados.

Como a primeira premissa é um enunciado coletivo, e não distributivo, o exemplo 5.31 não é um argumento válido.

É preciso cuidado para avaliar uma argumentação que se encaixe nos esquemas de composição e divisão. Nem todos os casos desses esquemas de argumentação são falaciosos:

Exemplo 5.32
Todas as partes desta máquina são de ferro.
Logo, esta máquina é feita de ferro.

Este argumento não é falacioso, embora pareça ter a estrutura do esquema argumentativo de composição.

A chave aqui é questionar criticamente se, no exemplo, a propriedade em questão se transfere para o todo (ou se distribui pelas partes)[3]. No exemplo 5.32, a resposta é afirmativa porque é globalmente verdade que, quando todas as partes de uma entidade como uma máquina são feitas de uma determinada substância, a entidade inteira também é feita da mesma substância. Nesse caso, então, não há falácia de composição.

O esquema de argumentação apropriado para o exemplo 5.32 é o seguinte:

Todas as partes de X têm a propriedade Y.
Logo, X tem a propriedade Y.

Neste esquema de argumentação, o questionamento crítico é: "A propriedade Y se transfere das partes de X para X como um todo?" Em outras palavras, a pergunta é se vale para esse caso a seguinte condicional: se todas as partes de X têm

▼
3. Ver Woods e Walton (1977).

propriedade *Y*, então *X* tem propriedade *Y*. A resposta a esse tipo de questionamento crítico é afirmativa em alguns casos e negativa em outros.

Quando a resposta é afirmativa, o esquema de composição (ou divisão) da argumentação pode justificar um determinado argumento, tornando-o correto ou razoável. No entanto, quando a resposta é negativa, então o argumento é incorreto e pode ser considerado um erro ou falácia de composição ou divisão.

5.8 SUMÁRIO

Um argumento válido é aquele em que as premissas não podem ser verdadeiras quando a conclusão é falsa. As premissas e a conclusão de um argumento são proposições, que são verdadeiras ou falsas. Em geral, a conclusão de um argumento é marcada por uma palavra indicativa como "então" ou "logo". Se não, de acordo com o princípio da caridade, é melhor escolher a proposição que, como conclusão, torna o argumento mais forte. As premissas são as proposições que sustentam a conclusão de um argumento ou apresentam razões para ela.

É útil se familiarizar com as formas de argumento válido estudadas neste capítulo. A validade ou não de um argumento é determinada por alguns termos-chave chamados *constantes lógicas*, o que significa que podem ser claramente definidos de maneira fixa ou constante. Neste capítulo, as constantes foram os conectivos proposicionais "e", "não", "ou" e "se... então". Na Seção 5.7, as constantes "todos" e "alguns" também foram rapidamente discutidas. É por causa das regras que governam o significado dessas constantes que as formas do argumento são consideradas válidas ou inválidas. O argumento que tem uma forma válida é necessariamente um argumento válido. Logo, as formas válidas do argumento são elementos semânticos que ajudam na construção de novos argumentos e na reconstrução de antigos argumentos em seqüências pragmáticas de argumentação.

A lógica dedutiva é um ramo da semântica porque a validade das formas MP, MT, HS e DS é determinada pelo significado das palavras conectivas "não", "ou" e "se... então". A semântica está relacionada à verdade e à falsidade, e o significado dessas palavras conectivas determina quais formas do argumento são válidas pelas regras dos conectivos que estipulam relações de verdade e falsidade. Usando essas regras, podemos provar que uma determinada forma de argumento é válida.

Aprendemos a identificar várias formas bastante comuns e válidas do argumento. A familiaridade com essas formas ajuda muito na construção e avaliação de argumentos. No entanto, das aplicações que estudamos neste capítulo, duas se destacam como mais importantes: provar que um argumento é válido e provar que um conjunto de proposições é incoerente. As duas são recursos valiosos.

Ligar argumentos numa cadeia dedutiva de argumentação é uma forma de tornar as provas absolutamente irrefutáveis. Como cada passo decorre do passo anterior na seqüência de deduções, pode-se dizer que a lógica dedutiva, quando corretamente aplicada aos argumentos, não deixa espaço para disputa nem controvérsia. Uma vez postuladas ou aceitas as premissas, sendo o argumento válido, segue-se a conclusão inexoravelmente. Da mesma forma, se um conjunto de proposições é incoerente, a lógica dedutiva demonstra sem sombra de dúvida que ele é mesmo incoerente, usando uma seqüência de conclusões para deduzir uma contradição.

Argumentos diferentes podem ter a mesma forma. Por outro lado, o mesmo argumento pode ter diferentes formas. Mas, quando qualquer uma das formas de um argumento é válida, então esse argumento é válido.

Vimos que a lógica dedutiva tem uma natureza formal. O estudo da lógica dedutiva vai em direção à generalidade porque, no nível teórico, ela envolve o estudo das formas do argumento. Na lógica prática, muitas vezes chamada de lógica informal, cada argumento tem que ser estudado segundo seus méritos próprios. Cada caso é único. Mas na lógica formal, quando dois casos têm a mesma forma, suas diferenças particulares podem ser ignoradas, pelo menos no nível formal. No entanto, aplicar lógica formal a argumentos específicos é uma tarefa prática ou informal. Assim é porque o princípio de caridade exige que, na avaliação de um argumento, este seja representado por sua forma mais específica, quando há essa opção.

As formas válidas do argumento podem ser usadas também para ajudar a determinar qual das proposições tem mais probabilidade de ser a conclusão do argumento quando não há nenhuma palavra indicadora explícita. Quando, num conjunto de proposições evidentemente destinadas a ser um argumento, nenhuma delas é claramente designada para conclusão, o que devemos fazer? Temos que determinar qual é a conclusão porque, caso contrário, o método de dedução não pode ser efetuado. Esta é outra tarefa da análise da argumentação. Quando todas as conclusões possíveis, exceto uma, tornam o argumento inválido, o princípio de caridade, que nos diz para conceder ao argumentador o benefício da dúvida, sugere que seja escolhida como conclusão a proposição que torna o argumento válido.

Portanto, a lógica dedutiva tem muitos usos no estudo da argumentação racional. Ela é, na verdade, uma ferramenta indispensável. Como prova da validade de um argumento, a dedução não deixa espaço para dúvidas sobre a ligação entre uma conclusão e um conjunto de premissas.

No entanto, não apresentamos ao leitor um método (algoritmo) de dedução para provar a invalidade de argumentos. O método que usamos para demonstrar a invalidade foi contra-exemplos. Um contra-exemplo é um argumento equivalente que tem a mesma forma do argumento em questão, mas com premissas verdadeiras e uma conclusão falsa.

A incoerência não é em si mesma uma falácia. Mas, se o conjunto de comprometimentos de um argumentador parece ser coletivamente incoerente, ele pode (e deve) ser desafiado a defender sua posição removendo ou explicando a aparente incoerência. Em geral, isso se faz retirando um dos comprometimentos. No Capítulo 6 são estudados casos em que o argumentador é desafiado com base na incoerência aparente.

Ao avaliar argumentos com esquemas de composição e divisão, é essencial estar atento à distinção entre o uso coletivo e o uso distributivo dos termos. Os argumentos que têm esses esquemas nem sempre são falaciosos. Mas, para descartar essa possibilidade, é importante questionar criticamente a relação entre o todo e as partes.

6. ATAQUE PESSOAL NA ARGUMENTAÇÃO

O *argumentum ad hominem*, que significa "argumento dirigido ao homem", é aquele que critica o argumentador e não o seu argumento. Ele é, basicamente, um ataque pessoal que traz à baila o caráter, a integridade e as circunstâncias pessoais do argumentador. Nem sempre o *argumentum ad hominem* é falacioso, porque, em alguns casos, questões relativas a caráter, conduta ou motivos pessoais são legítimas e pertinentes à questão. No entanto, o ataque pessoal é inerentemente emocional e perigoso, havendo bons motivos para associá-lo a falácias e táticas enganosas de argumentação. Três categorias básicas de falácia têm sido tradicionalmente associadas a três tipos de *argumentum ad hominem*[1].

O *argumentum ad hominem abusivo* é um ataque direto a uma pessoa, que questiona e difama seu caráter, seus motivos e sua integridade. O ataque pessoal tem como foco característico o caráter moral discutível ou a falta de integridade.

---

1. Para um relato das categorias tradicionais da falácia *ad hominem* reconhecidas em livros de lógica, ver Govier (1983).

O *argumentum ad hominem circunstancial* é o questionamento ou crítica das circunstâncias pessoais do argumentador, que supostamente se revelam em suas ações, afiliações ou comprometimentos anteriores através da alegação de uma suposta incoerência entre seu argumento e tais circunstâncias. A acusação "Você não pratica o que prega!" é um exemplo típico de argumento *ad hominem circunstancial* usado como ataque.

O último tipo de argumento *ad hominem* ocorre quando o crítico questiona a sinceridade ou objetividade do argumentador, insinuando ou afirmando que ele tem alguma coisa a ganhar com a defesa de um determinado argumento. Esse argumento é chamado também de *poço envenenado* porque sugere que o argumentador atacado tem um interesse oculto – que defende o seu ponto de vista por interesse ou por algum outro motivo escuso – e, por isso, não merece confiança como defensor de um argumento a respeito de qualquer questão. Enquanto fonte confiável, esse argumentador se torna um "poço envenenado", por assim dizer, pois qualquer coisa que diga é suspeita, já que reflete sua posição unilateral.

Às vezes, o argumento *ad hominem* é associado à réplica *tu quoque*, ou "Você também!". Quando uma das partes faz um ataque pessoal, muitas vezes a reação é contra-atacar com outro ataque pessoal, replicando, por exemplo: "E você não se enxerga?" O perigo, neste caso, é que o emprego excessivo de ataques pessoais pode resultar numa mudança dialética, baixando o nível da discussão crítica para o da altercação pessoal, com resultados desastrosos para a lógica da argumentação.

Nem sempre o argumento contra a pessoa é logicamente irracional ou falacioso. Mas, quando é injustificado, pode ser um erro perigoso e muito sério. Não é difícil avaliar o quanto um ataque ao caráter ou às circunstâncias pessoais de um argumentador pode ser cruel e injustificado. Tal ataque deve ser severamente criticado, desde que se possa demonstrar que ele é mesmo injustificado. No entanto, esse tipo de argumento pode ser uma forma de ataque convincente e sugestivo, quando apresentado por um argumentador inteligente. O argumento contra a pessoa é, na verdade, uma forma de argumento muito comum, como por exemplo em debates políticos. E é muito importante ficar em guarda e saber lidar racionalmente com ele. O Capítulo 6 inteiro é dedicado ao argumento contra a pessoa.

Neste capítulo, vamos considerar, primeiro, o argumento *ad hominem* abusivo, depois o do tipo circunstancial e, finalmente, a variante "poço envenenado", ou atribuição de parcialidade.

6.1 O ARGUMENTO *AD HOMINEM* ABUSIVO

No tipo abusivo de ataque pessoal, o alvo pode ser qualquer aspecto da pessoa do argumentador. O ataque pode se concentrar no caráter pessoal ou em ações passadas do argumentador em questão, ou em suas afiliações, como alianças políticas, crenças religiosas ou etnia. O ataque pessoal é dirigido com bastante freqüência contra a ética do argumentador, sugerindo que ele é desonesto, não é digno de confiança ou não é uma pessoa íntegra. Em outros casos, o ataque pessoal põe em dúvida a credibilidade do argumentador ou sua capacidade de argumentar racionalmente. Pode-se até mesmo sugerir que o argumentador é louco ou mentalmente desequilibrado e que, portanto, seu argumento não merece atenção.

O caso seguinte é típico de um ataque pessoal abusivo porque sugere falta de integridade pessoal com base em condutas anteriores (supostamente imorais):

Exemplo 6.0
   As declarações de Richard Nixon sobre política externa relacionadas à China não têm credibilidade porque ele foi forçado a renunciar durante o escândalo de Watergate.

Este argumento contra a pessoa é sujeito a crítica porque, seja qual for nossa opinião a respeito da honestidade ou integridade de Richard Nixon com relação ao escândalo de Watergate, não se conclui daí que suas declarações sobre política externa relacionadas à China sejam falsas ou incorretas. A partir de alegações ou suposições a respeito do caráter de alguém, mesmo que sejam justificáveis, não nos é permitido concluir que certas declarações de tal pessoa sejam falsas. Essas declarações podem, em certos casos, se mostrar verdadeiras, baseadas em provas sólidas e argumentos razoáveis, a despeito das falhas de conduta do argumentador.

Neste caso, o problema é que o argumento é fraco. Embora, à luz do escândalo de Watergate, possa haver reservas justificadas a respeito da credibilidade de Nixon como um político ético, essas reservas não são um motivo muito consistente para rejeitar seu conhecimento das questões de política externa relacionadas à China, área em que ele era muito forte e reconhecidamente experiente. Nesse caso, a passagem das premissas para a conclusão é (na melhor das hipóteses) fraca. Mas o perigo é que a referência ao escândalo de Watergate é um ataque pessoal eficaz, que pode levar alguém a quem seja dirigido o exemplo 6.0 a desconsiderar quaisquer declarações de Nixon por parecerem vir de um homem corrupto ou inepto em todas as questões políticas. Essa visão estreita da questão não permitiria a Nixon nem a ninguém defender suas declarações sobre qualquer assunto.

Não que o argumento abusivo contra a pessoa seja sempre sem valor. Mas neste caso ele é fraco, baseado em pressupostos plausíveis que não podem ser transpostos grosseiramente para outra área. Portanto, o perigo é reagir a ele de modo exagerado.

Na arena política, a integridade, as convicções pessoais e a conduta individual do argumentador podem, em muitos casos, ser um tema legítimo de diálogo. Isso se deve ao fato de termos que depositar nossa confiança nos políticos eleitos como nossos representantes e esperarmos, com razão, que sejam honestos e não cedam à corrupção. Em parte por essa razão, o ataque *ad hominem* pode ser considerado a mais comum e mais eficaz forma de crítica ao oponente num argumento político. Mesmo assim, a prevalência das chamadas campanhas negativas em eleições recentes levou os comentaristas a observar que o excesso de ataques pessoais como estilo de argumentação é um sinal de falta de interesse e de avaliação crítica das questões por parte do eleitorado.

Na campanha de 1986 para o Senado norte-americano, destacaram-se os seguintes casos de campanha negativa: um candidato acusou o oponente de ser "mole" com o terrorismo e as drogas e gastou dois milhões de dólares em anúncios de televisão mostrando vítimas ensangüentadas de ataques terroristas sendo transportadas em macas. Seu oponente alegou, em troca, que esse candidato era "confuso" e sem convicção[2].

▼

2. Tom Morganthau e Howard Fineman, "When in Doubt Go Negative", *Newsweek*, 3 de novembro de 1986, pp. 25-6.

Outro candidato acusou o oponente de desviar fundos do sindicato. O oponente replicou acusando-o de beber no exercício de suas funções. Outro acusou a oponente de ser "contra os homens" e a rotulou de "Democrata de San Francisco", além de tentar transformar sua condição de solteira numa questão eleitoral. Comentando essa tendência, a *Newsweek* observou que "pelos padrões históricos... as ofensas mais sujas de hoje parecem positivamente gentis", mas que, infelizmente para o nível do debate político, as "campanhas negativas muitas vezes funcionam"[3]. George F. Will comentou na *Newsweek* que só os candidatos que têm uma grande vantagem sobre os oponentes concluem que, estando tão à frente dos outros, não precisam usar publicidade negativa[4]. A objeção de Will não é a quem "critica a história pública de pessoas públicas", o que ele considera aceitável na argumentação política, mas ao "uso leviano" da atuação legislativa do candidato[5]. Por exemplo, um candidato cujo voto pode ser interpretado como sendo favorável "à destinação de uma verba um pouco menor para um programa para os deficientes" pode levar a um comercial que afirma que ele vota "contra os deficientes". Will constata que, infelizmente, nos últimos anos, esse tipo de propaganda negativa tem funcionado[6].

No entanto, não é só nas táticas de campanha negativa dos comerciais de televisão que o ataque pessoal encontra lugar na argumentação política. É muito comum, em todos os

▼

3. Ibid., p. 25.
4. George F. Will, "So Much Cash, So Few Ideas", *Newsweek*, 10 de novembro de 1986, p. 96.
5. Ibid.
6. Ibid.

níveis do debate, que os políticos, especialmente os da oposição, lutem para encontrar algum motivo para acusar os oponentes de incoerência circunstancial, hipocrisia ou falta de integridade pessoal. Argumentar que talvez o oponente seja culpado de conflito de interesses, de deduções questionáveis no imposto de renda ou que seja vulnerável em alguma questão de conduta pessoal é uma parte importante da retórica política atual e pode ser a principal quando a disputa entre dois partidos está apertada.

As questões de caráter podem ser pertinentes numa argumentação quando o tema do diálogo está relacionado ao caráter do argumentador. Por exemplo, se a questão é a suposta difamação do caráter de um dos argumentadores por parte do outro, então o caráter do argumentador difamado é, de fato, o principal tema do argumento.

Mas quando o caráter é pertinente numa argumentação? Para responder a esta pergunta, o importante é determinar, em cada caso, qual é o tema da discussão e, depois, avaliar se o aspecto do caráter é pertinente ao assunto.

Um argumento transgride as regras negativas do diálogo persuasivo esboçadas na Seção 1.4 quando faz uma pergunta inadequada ou, de algum outro modo, não é pertinente para provar a tese em questão. Infelizmente, o argumento *ad hominem* abusivo transgride muitas vezes essas regras porque, num dado momento, a verdadeira discussão não deveria versar sobre o caráter do argumentador. Essas faltas radicais de pertinência nos argumentos *ad hominem* já foram ilustradas nos exemplos 1.7 e 1.8. Numa discussão científica que versa exclusivamente sobre leis da física e sua verificação, não há lugar para ataques ao caráter ou às convicções pessoais do argumentador. No entanto, num debate político, questões de veracidade e caráter pessoal podem ser altamente pertinentes. Um caso recente trouxe essa questão à linha de frente da controvérsia.

Uma parte dos antecedentes do exemplo a seguir pode ser encontrada num artigo de Jonathan Alter[7]:

Exemplo 6.1

> Repetidas alegações, por parte da imprensa, sobre casos extraconjugais de um candidato à presidência levaram o público a questionar seu caráter. A intensa cobertura de sua vida pessoal gerou mais rumores e suspeitas de infidelidade, forçando o candidato a se retirar da disputa, diante de tanta propaganda negativa.
>
> No passado, outros presidentes norte-americanos sustentavam amantes ou tinham casos extraconjugais, e, no entanto, a mídia se absteve de tornar público esse aspecto de sua vida pessoal.

Este caso levantou a questão dos limites da exposição pela imprensa de questões pessoais de caráter, como ética sexual, numa campanha presidencial. O que se discutia era se questões relativas à ética sexual de um candidato ou a outros aspectos de sua vida pessoal são pertinentes a discussões públicas sobre sua capacidade para ocupar um cargo político.

Neste caso, podemos ver o quanto as questões pessoais podem ser pertinentes. Se o candidato defendia com veemência os valores familiares, por exemplo, seria legítimo perguntar se sua infidelidade no casamento punha em dúvida a sinceridade de suas convicções relativas à instituição familiar. Ou, caso ele ocultasse suas aventuras extraconjugais da mulher, seria razoável questionar a veracidade e a confiabilidade desse

▼

7. Jonathan Alter, "Sex and the Presidency", *Newsweek*, 4 de maio de 1987, p. 26.

candidato. Quando um candidato mostra falta de discernimento e sabedoria na vida pessoal, pode ser legítimo questionar sua capacidade de conduzir o país em situações difíceis e potencialmente perigosas que exijam discernimento e capacidade de agir sob pressão. Tudo isso faz parte do sistema democrático de representação, em que os governantes são eleitos na confiança de que se mostrarão íntegros, atendo-se a seus princípios, e demonstrarão discernimento para administrar questões de Estado.

Os assuntos pessoais podem ou não ser pertinentes, dependendo do tema da discussão crítica ou do objeto da inquirição. A pauta do diálogo é, enfim, o fator-chave para avaliar a racionalidade ou a falaciosidade de um argumento *ad hominem*.

A despeito de todas as reservas em relação aos ataques pessoais que mencionamos acima, às vezes é legítimo e razoável pôr em discussão questões relativas ao caráter de um argumentador. Isso pode acontecer quando suas características pessoais são pertinentes à questão que está sendo discutida:

Exemplo 6.2

Um famoso astro de cinema publica uma elogiosa autobiografia, que escreveu com a ajuda de um escritor profissional. No livro, o ator é retratado como um santo humanitário, íntegro e bondoso, que muitas vezes ajudou os necessitados e patrocinou causas caridosas. Numa resenha literária, um crítico observa que o ator tem ligações bem documentadas com o mundo do crime, que usou algumas vezes seus guarda-costas para bater em homens e mulheres com quem antipatizava e cometeu outros atos cruéis. O crítico conclui que a autobiografia é um retrato unilateral e que sua objetividade e exatidão são passíveis de questionamento.

Neste caso, o crítico pode ter um bom argumento, dependendo da confiabilidade das provas de má conduta pessoal que mencionou e dos argumentos do livro. Embora tenha atacado a argumentação do ator com base em suas características pessoais, ainda assim sua crítica poderia ser razoável e justificada.

Muito embora sejam um ataque pessoal ao ator, os argumentos do crítico no exemplo 6.2 podem ser considerados razoáveis, já que o verdadeiro tema da argumentação é o caráter do ator. O tema de uma autobiografia é o caráter do escritor. Quando as alegações pessoais são pertinentes à questão, o argumento contra a pessoa pode ser razoável. Portanto, é preciso ter cuidado para não condenar todos os ataques pessoais aparentemente abusivos como falácias *ad hominem*.

Deve ficar claro, então, que a expressão argumento *ad hominem abusivo* se refere ao uso falacioso ou ilícito do tipo direto de ataque *ad hominem* que se concentra na veracidade, na confiabilidade e no caráter pessoal, já que, em alguns casos, os argumentos contra a pessoa podem ser racionais.

6.2 O ARGUMENTO *AD HOMINEM* CIRCUNSTANCIAL

Ao contrário dos exemplos de ataque pessoal direto à veracidade, confiabilidade ou caráter do argumentador, os exemplos de argumento *ad hominem circunstancial* contra a pessoa são baseados na alegação de que as circunstâncias da pessoa são incoerentes com a posição que defende na argumentação. Esse tipo de argumento é mais sutil porque usa a alegação de incoerência como prova de que o argumentador criticado pode ser um mentiroso ou um hipócrita, ou até mesmo de uma incompetência lógica que não consegue acompanhar os próprios argumentos. Essa forma de ataque é extremamente eficaz no debate político porque sugere que a pessoa atacada não segue, na própria conduta, os princípios que defende para os outros. Ou seja, quem não pratica o que prega não é uma pessoa digna de atenção e não pode ser levada a sério.

O que caracteriza esse tipo de argumento contra a pessoa é a menção a uma incoerência entre o argumento e as circunstâncias pessoais de quem o defende. Nos exemplos citados na Seção 6.1, os ataques pessoais não envolviam nenhuma alegação de incoerência. Nos exemplos abaixo, ocorre a tentativa de refutar o argumento do oponente através da menção a uma incoerência entre suas proposições e suas circunstâncias pessoais.

O argumento *ad hominem* circunstancial é uma crítica pessoal à relação supostamente incoerente entre o argumento e as práticas pessoais, a posição ou a situação da pessoa que o defende[8]. Em alguns casos, esse tipo de crítica pode ser uma objeção razoável, mas é fácil se confundir a respeito da conclusão correta a ser tirada desse tipo relativo de argumento[9]. Considere o seguinte diálogo:

Exemplo 6.3

Pai: Há fortes indícios de ligação entre cigarro e doenças crônicas dos pulmões. O cigarro também está associado a muitas outras doenças sérias. Fumar não é saudável. Portanto, você não deve fumar.

Filho: Mas você mesmo fuma. Chega de falar contra o cigarro.

▼

8. O conceito de posição do argumentador como rede sistemática de comprometimentos coerentes foi muito bem desenvolvido por Johnstone (1978).
9. A idéia de que a posição de um argumentador pode ser revelada através do diálogo racional é uma parte importante da análise do ataque pessoal na argumentação apresentada em Walton (1985b).

É possível que, neste caso, o pai tenha razão ao argumentar que fumar não é saudável porque provoca doenças no pulmão. Supondo que o filho queira, como deveria querer, ser saudável, a conclusão do pai de que ele não deve fumar é um argumento racional. O filho nem mesmo tentou pôr em dúvida ou refutar o argumento do pai. Por isso, pode ter sido muito apressado em rejeitá-lo.

Por outro lado, o filho parece ter um argumento que vale a pena considerar. O pai fuma e admite o fato. Nesse caso, o fato de defender o contrário para o filho não é incoerente com sua prática? E será que essa incoerência pessoal não é uma base razoável para criticar ou contestar a defesa que o pai faz do seu próprio argumento? É como se o filho estivesse dizendo: "Se o seu argumento tem algum valor, por que você mesmo não o segue?"

Parece, portanto, que tanto o argumento do pai quanto o do filho estão sujeitos a uma crítica razoável. Quem está certo e como resolver essa questão?

O primeiro passo construtivo é apontar certa ambigüidade ou confusão a respeito de qual é a conclusão do argumento. Se a conclusão for entendida de maneira impessoal, como a proposição "Fumar não é saudável" ou "Quem quer ser saudável não deve fumar", o argumento pode ser muito razoável. Pelo menos, o filho não parece estar refutando esse aspecto do argumento. Mas, se a conclusão for tomada de maneira pessoal, como se o pai dissesse "Parar de fumar é uma atitude que defendo como política de boa conduta pessoal", então o argumento ficará sujeito a críticas. Em termos absolutos, o argumento é razoável. Mas, em termos relativos, ele apresenta dificuldades.

O problema aqui é determinar até que ponto a informação contextual deve fazer parte do argumento. Será que o fato de o pai fumar deve ser incluído entre as proposições que compõem o argumento? Se deve, será que suas ações o comprometem pessoalmente com a prática de fumar? Se isso for verdade, há uma incoerência ou pelo menos um pressuposto plausível que leva à incoerência. Vamos supor que o pai queira ser saudável. Se quem pretende ser saudável não deve fumar, segue-se que o pai não deve fumar. Mas ele fuma. Se esse fato indica um comprometimento com a prática de fumar, então para ele é certo fumar. Mas isso não é coerente com a afirmação de que ele não deve fumar.

A questão básica é saber se as ações falam mais alto do que as palavras ou ao menos tão alto quanto elas. Se falam, então o filho tem um bom argumento. As palavras do pai vão na contramão de suas ações. É claro que às vezes tais incoerências podem ser explicadas, defendidas ou desculpadas. Mas, certamente, não deixa de ser racional afirmar que o pai deve ao filho uma defesa ou explicação de sua posição.

Por outro lado, tomando o argumento do pai de maneira mais impessoal, a conclusão "Fumar não é saudável" está baseada em provas razoáveis. Então, ao negar a argumentação inteira, o filho joga fora o bebê junto com a água do banho. É uma negação apressada e prematura.

Resumindo, neste ataque circunstancial, o erro básico é a confusão entre duas interpretações da conclusão do argumento. A conclusão pode ser interpretada de maneira absoluta (impessoal) ou de maneira relativa (pessoal). Interpretado de uma forma, o argumento pode ser forte; interpretado de outra, pode ser fraco ou sujeito a objeções e críticas. Uma forma falaciosa do argumento circunstancial contra a pessoa é a confusão entre as duas interpretações do argumento, com base no pressuposto de que as duas devem se sustentar ou cair juntas.

Este caso sugere que é importante distinguir entre um argumento circunstancial contra a pessoa e um possível erro na apresentação desse argumento. Criticar a argumentação de uma pessoa contestando a defesa que ela faz da própria conclusão pode ser um argumento legítimo[10]. Pelo menos em certos casos, essa crítica ou contestação não é irracional. No entanto, rejeitar totalmente a argumentação com base numa crítica relativa como essa pode ser um erro sério. Seja qual for o caso, esse é um tipo importante de erro que pode ser cometido em argumentos contra a pessoa.

Essas distinções lembram alguns dos componentes da argumentação discutidos no Capítulo 1, quando mostramos que há sempre dois participantes numa argumentação, o que propõe um argumento e seu oponente. No caso de argumentos contra a pessoa, o proponente é o defensor original do argumento, como o pai do exemplo 6.3. O oponente é o crítico que alega uma incoerência pessoal ou circunstancial na posição do proponente. No exemplo 6.3, o crítico é o filho. Então, ao estudar falhas e erros do ataque pessoal como tipo de argumento, é preciso examinar ambos os lados do argumento. Em outras palavras, não basta ver os argumentos como um conjunto de proposições, à maneira do Capítulo 2. É preciso voltar aos componentes da argumentação como diálogo entre duas pessoas, estudados no Capítulo 1.

▼

10. A tese de que um argumento contra a pessoa pode ser uma forma legítima de crítica é defendida por Barth e Martens (1977), que recorrem a princípios da teoria do diálogo racional.

Ao estudar o exemplo 6.3, temos que fazer uma distinção entre os vários estágios da seqüência do diálogo. Primeiro, há o argumento original. Depois, há a crítica circunstancial a esse argumento. Se essa crítica for correta e o proponente não tiver mesmo uma boa base para replicar, então o ônus da prova passará para o lado dele. No entanto, se o proponente der uma boa resposta, o sapato vai mudar de pé e é o crítico que terá apresentado um argumento fraco e sujeito a críticas. Em suma, a crítica pode caber tanto a quem ataca quanto a quem defende um argumento.

Finalmente, é preciso observar com cuidado outra importante distinção relacionada à natureza do argumento como diálogo racional. Entendida de maneira impessoal, a conclusão de um argumento é apenas uma proposição. No entanto, em qualquer diálogo racional, é ao argumentador que cabe apresentar e provar a conclusão. Então, ao criticar um argumento, seu oponente pode não estar apenas alegando que a proposição em questão é falsa ou não foi provada. Ele pode estar argumentando que a proposição não pode ser sustentada coerentemente por seu proponente. Ou seja, que tal proposição não é coerente com outros comprometimentos que podem ser atribuídos à posição do seu proponente na argumentação. O crítico, nesse caso, não está contestando necessariamente a conclusão em si. Ele pode estar contestando a defesa que seu oponente fez dessa conclusão e questionando suas premissas.

Em muitos casos de argumentação pessoal, um dos principais problemas é avaliar corretamente se as ações pessoais do argumentador podem comprometê-lo racionalmente com certas proposições. Dentro do contexto de um argumento, antes de fazer qualquer afirmação nesse sentido, podemos ser obrigados a explicitar as proposições com que o argumentador se comprometeu.

Há um caso, citado com freqüência em livros de lógica como exemplo de falácia circunstancial *ad hominem*, que pode ser considerado o exemplo clássico de argumento contra a pessoa:

> *Exemplo 6.4*
> Um caçador é acusado de crueldade por sacrificar animais inocentes por esporte em suas caçadas. Ele replica dizendo: "Por que vocês se alimentam da carne do gado inofensivo?"

Tradicionalmente, a réplica do caçador a essa crítica é considerada uma falácia *ad hominem* porque procura refutá-la criticando as circunstâncias particulares do crítico. Como o crítico não é vegetariano, o caçador alega que ele é pessoalmente incoerente com o próprio argumento. Por que a réplica do caçador é um argumento incorreto contra a pessoa? A questão é a mesma que discutimos em relação ao exemplo 6.3. O caçador não apresenta bons motivos que justifiquem a conclusão impessoal de que a caça é uma prática aceitável. Em vez disso, ele argumenta contra as circunstâncias particulares e pessoais do crítico. A crítica pessoal do caçador pode ser legítima, mas, como não refuta a questão geral levantada pelo crítico, não serve de sustentação para uma conclusão impessoal. Até aqui, então, o exemplo 6.4 parece semelhante ao exemplo 6.3

Mas há outro ponto importante a ser levantado com relação ao exemplo 6.4. Será que a crítica pessoal à situação do crítico configura um caso legítimo de incoerência circunstancial? Para diminuir essa questão, examinemos cuidadosamente as proposições que compõem o argumento. Primeiro, contra qual prática o crítico é contrário? Ele é contrário à prática do caçador de sacrificar animais inocentes para o próprio divertimento, ou seja, à prática da caça. Mas o caçador acusa o crítico de estar comprometido com que prática? Com a prática de comer carne.

Será que é incoerente comer carne e, ao mesmo tempo, ser contra a prática do esporte da caça? Certamente, não há nenhuma incoerência lógica. Se eu me sento à mesa para comer um excelente filé *mignon* enquanto critico as práticas cruéis dos caçadores que se divertem atirando em animais inocentes, não estou sendo logicamente incoerente. Eu seria logicamente incoerente se obtivesse meu filé *mignon* atirando numa inocente vaca, tendo prazer nisso e deixando claro que considero tal prática um excelente esporte. Mas é bem possível que não tenha sido através de tais atividades que aquele bife veio ter à minha mesa, assim como não as defendi. Aprendemos até aqui que, quando defendemos um argumento contra a pessoa, é preciso ter muito cuidado para especificar exatamente quais são as proposições consideradas incoerentes.

De acordo com o exemplo 6.4, o caçador alegou que havia uma incoerência circunstancial entre estas duas proposições:

(1) O crítico critica a matança de animais inocentes por diversão ou esporte.
(2) O próprio crítico come carne.

Não há incoerência lógica entre (1) e (2), nem é esse um caso claro de incoerência circunstancial. Como Augustus DeMorgan (1847, p. 265) observou muito bem em relação a esse exemplo clássico, o paralelo não existe até que se substitua a pessoa que come carne por alguém que se torne açougueiro por diversão. A objeção não é ao fato de se comer carne, mas ao fato de se ter prazer em matar animais por diversão ou esporte.

Este caso revela, portanto, uma dimensão a mais no argumento contra a pessoa. O caçador teria razão se sua objeção ao crítico se devesse ao fato de ele também ser um caçador. Mas não foi essa sua réplica. O caçador não apresentou uma justificativa sólida para acusar o crítico de ser circunstancialmente incoerente. À primeira vista, essa acusação de incoerência pessoal poderia parecer justificada. Mas, ao deixar de provar sua acusação, o caçador cometeu outro erro, pois seu argumento sustenta apenas uma aparência superficial de incoerência e não uma sólida justificativa dessa alegação.

Dito isso, é preciso reconhecer também que há certa ligação entre a prática de comer carne e a prática de caçar. Em termos econômicos, por exemplo, comer carne torna lucrativa a matança de animais como fonte de alimento.

Embora haja uma ligação entre comer carne e caçar, essa ligação é oblíqua e não direta. Além disso, a réplica do caçador tem a forma de uma pergunta. Esse é um ponto a seu favor porque, a rigor, ele está apenas questionando a coerência do crítico.

Ora, o crítico come carne e digamos que admita esse hábito pessoal. Que proposições ele está racionalmente comprometido a defender por conta de suas ações? É evidente que elas não o comprometem com a caça por diversão ou passatempo. Mas suas ações estabelecem uma ligação indireta entre ele e a matança de inocentes animais de criação, podendo, portanto, sugerir uma relativa aceitação de tal prática. Será? A melhor maneira de descobrir seria perguntar ao crítico. Fora isso, resta a suposição razoável, mas fraca, de que as práticas alimentares do crítico o comprometem, até certo ponto, com a aceitabilidade do sacrifício de animais para comer. Nesse caso, há alguma base, talvez fraca, para a réplica do caçador como argumento contra a pessoa. O problema é determinar com justiça, em cada caso, com que proposições alguém se compromete através de ações ou práticas declaradas.

Esse tipo de problema está relacionado ao problema ético das "mãos sujas". Será que o envolvimento indireto numa atividade representa um endosso ou uma defesa pessoal de todos ou de certos aspectos ou conseqüências dessa atividade que é mais forte do que o envolvimento passivo? Na ética, cada caso deve ser abordado individualmente. O mesmo ocorre na lógica pragmática, em que a evidência é derivada do texto do argumento, de forma que a questão possa ser resolvida através do diálogo racional. Embora a réplica do caçador possa ser contestada por dois tipos de erro enquanto argumento contra a pessoa, ainda assim ela é um argumento persuasivo porque realmente se apóia numa ligação que pode ter certo valor como base parcial para a construção de um argumento circunstancial contra a pessoa. Mas, pelos padrões do diálogo racional, ela é um argumento fraco e sujeito à crítica.

Uma função legítima do argumento contra a pessoa é devolver o ônus da prova ao atacante. Às vezes, essa forma de ataque e réplica é chamada de *tu quoque* (você também):

Exemplo 6.5

Um estudante acusa um comerciante de vender armas para países que as usam para matar cidadãos inocentes. O comerciante responde: "A universidade que você freqüenta investe em empresas fabricantes de armas. Suas mãos também não estão limpas!"

O comerciante afirma, como réplica, que o argumento do estudante é hipócrita. Ele está dizendo: "Você também!" Ele alega que a posição do estudante é incoerente e que suas práticas sustentam as próprias instituições que ele condena. Nesse caso, a resposta a um ataque pessoal circunstancial é um segundo ataque pessoal circunstancial.

Ao analisar o exemplo 6.5, é bom lembrar das lições que aprendemos quando analisamos o 6.4. Há uma diferença entre a proposição "X vende armas para países que as usam para matar cidadãos inocentes" e a proposição "X freqüenta uma instituição que investe em empresas fabricantes de armas". Condenar uma atividade participando da outra não é logicamente incoerente. Não é nem mesmo circunstancialmente incoerente. Mas há uma ligação significativa entre as duas proposições.

A réplica *tu quoque* do comerciante pode ser considerada um argumento fraco pelas mesmas duas razões que motivaram a crítica à réplica do caçador. Mesmo admitindo que a réplica do comerciante é uma base muito fraca para um argumento contra a pessoa, ela talvez devolva parte do ônus da crítica ao estudante, que tem então que defender sua posição como crítico. Se assim é, nem sempre a réplica *tu quoque* é uma forma irracional de argumento contra a pessoa[11].

▼

11. Este exemplo (6.5) é estudado mais detidamente em Walton (1985b, pp. 63-6).

No caso de argumentos contra a pessoa, certamente o maior perigo é tomá-los acriticamente por argumentos muito mais fortes do que realmente são. Os ataques pessoais são tão eficazes e perturbadores que, muitas vezes, a mera sugestão de uma incoerência pessoal causa um prejuízo totalmente desproporcional ao impacto que logicamente deveria ter. Embora nem sempre as críticas pessoais sejam irracionais, é grande o perigo de se cometer sérios erros ao reagir exageradamente a elas.

O primeiro passo na análise de qualquer argumento circunstancial contra a pessoa é determinar e enunciar claramente o par de proposições que seria a fonte da incoerência. O passo seguinte é perguntar se essas proposições são logicamente incoerentes. Se não são, então o outro passo é perguntar se são circunstancialmente incoerentes. Um conjunto de proposições pode ser considerado *circunstancialmente incoerente* quando as circunstâncias ou ações do argumentador indicam claramente seu comprometimento com outro conjunto de proposições no contexto do diálogo, sendo essas proposições coletivamente incoerentes. Para estabelecer uma incoerência circunstancial, temos que provar, a partir da nossa interpretação das circunstâncias dadas, que o argumentador acusado tem na verdade um conjunto de proposições incoerentes em seu estoque de comprometimentos, ou seja, que adotou uma posição incoerente.

Na avaliação de uma alegação de incoerência, o passo mais importante para o avaliador é enunciar claramente cada uma das proposições que, tomadas em conjunto, revelariam uma incoerência circunstancial na posição do argumentador criticado. Como vimos, na prática é muito fácil para o crítico desferir um forte ataque mencionando um par de proposições que à primeira vista parecem ser incoerentes mas, naquela conjuntura, na verdade não o são.

6.3 O ATAQUE À IMPARCIALIDADE DO ARGUMENTADOR

Em alguns casos, o argumento *ad hominem* tem o objetivo de atacar a imparcialidade do argumentador, acusando-o de ser tendencioso. Nesse caso, o crítico alega que o argumentador em questão não é de confiança para participar de uma argumentação justa porque tem uma pauta oculta, um preconceito ou motivo pessoal para favorecer um dos lados do argumento e ignorar o outro. O ataque *ad hominem* seguinte é um desses casos:

Exemplo 6.6
    Bob e Wilma estão discutindo o problema da chuva ácida. Wilma argumenta que as notícias sobre a extensão do problema são muito exageradas e que os custos de qualquer medida preventiva são proibitivos. Bob observa que Wilma faz parte da diretoria de uma companhia americana de carvão e que, portanto, seu argumento não deve ser aceito pelo que aparenta.[12]

Bob parece criticar Wilma por ter um motivo oculto para favorecer um dos lados da questão. Ele está, portanto, questionando sua eqüidade como argumentadora que tenha avaliado todos os possíveis argumentos sobre o assunto. Será que ela está contando a história toda e adotando uma perspectiva

▼
12. O exemplo 6.6 veio de um caso semelhante discutido por Robert Binkley durante o simpósio "Walton on Informal Fallacies", no Encontro da Associação Filosófica Canadense, em Winnipeg, em 26 de maio de 1986.

equilibrada? Bob sugere que, como ela não contou, logo de início, que está financeiramente envolvida com a companhia americana de carvão, sua confiabilidade e eqüidade como argumentadora podem ser questionadas.

É claro que, neste caso como em todos os outros, é preciso ter em mente a questão básica de qualquer argumento contra a pessoa. Os argumentos de Wilma podem até estar baseados em boas provas. Mesmo se levarmos em conta que ela faz parte da diretoria de uma companhia de carvão, disso não decorre necessariamente que seus argumentos estejam errados. Portanto, argumentar dessa forma seria usar um tipo falacioso de argumento *ad hominem.*

Mas pode ser que a conclusão de Bob seja uma alegação muito mais fraca de que devemos nos perguntar se Wilma foi imparcial ao chamar a atenção para os pontos que enfatizou. Bob pode estar dizendo que é preciso ter cuidado para não achar que os argumentos de Wilma revelam toda a verdade, pois ela tem um interesse financeiro no resultado e, portanto, um forte motivo para se concentrar nos argumentos contra qualquer medida e ignorar os argumentos a favor de medidas contra os poluidores industriais do ambiente.

Bob parece sugerir que há motivos para questionar a imparcialidade ou a integridade de Wilma como investigadora neutra da questão. Se ela tivesse dito abertamente, desde o início, que estava tomando o partido das companhias industriais, então essa crítica não seria necessária, pois não há nada de errado em argumentar a favor do próprio lado num diálogo persuasivo. Mas, se o diálogo é supostamente uma investigação (inquérito) imparcial, e não uma disputa, então a situação é diferente. Nesse contexto, se um argumentador tem um motivo oculto para apoiar um dos lados da disputa e mantém uma aparência de neutralidade, então pode ser razoável questionar essa suposta neutralidade, desde que haja boas razões para suspeitar de parcialidade.

Neste caso, a base para o argumento *ad hominem* é a alegação de que ocorreu uma mudança dialética – uma mudança de um contexto de diálogo para outro. Como vimos, um dos tipos de diálogo racional é o diálogo persuasivo, em que a tese de um argumentador é oposta à tese do outro. Mas nem todo diálogo racional é um diálogo persuasivo. Às vezes, os participantes de uma investigação começam a investigar uma questão sem ter ainda resolvido qual é a sua posição. E a argumentação do tipo investigativo é um contexto diferente do contexto do diálogo persuasivo.

Neste tipo de caso, portanto, o argumento contra a pessoa é um desafio à fidelidade de um argumentador às regras e objetivos do diálogo em que os argumentadores estão supostamente engajados.

Bob poderia estar sugerindo, o que seria ainda mais prejudicial, que Wilma está empenhada num terceiro tipo de diálogo, a negociação ou barganha motivada pelo interesse. Bob observou que Wilma faz parte da diretoria de uma companhia de carvão. Assim, alega que ela tem um interesse financeiro na questão da chuva ácida. Com base nisso, Bob pode estar sugerindo que Wilma é ainda mais tendenciosa em sua argumentação porque, ao tentar convencer os outros de que a chuva ácida não é um problema sério, defende secretamente os próprios interesses.

Embora certos elementos da argumentação *ad hominem*, do tipo abusivo e do tipo circunstancial, estejam tangencialmente envolvidos no exemplo 6.6, o principal alvo do ataque não é nem o abuso pessoal nem a incoerência circunstancial. Na verdade, o argumento de Bob é que Wilma não está predisposta a um inquérito imparcial nem a uma discussão crítica e bilateral da questão da chuva ácida porque seu interesse financeiro a leva a favorecer apenas um dos lados da argumentação, pouco importando o que as provas indiquem. Então, este tipo de caso é mais um ataque *ad hominem* do tipo "poço envenenado". É uma imputação de parcialidade que envolve essencialmente a alegação de que ocorreu uma mudança dialética oculta no interior do argumento.

Outro caso de acusação *ad hominem* de parcialidade ocorreu durante um debate sobre o aborto na Câmara dos Comuns do Canadá, durante a qual a Presidente da Casa fez a seguinte declaração[13]:

Exemplo 6.7
   Gostaria que os homens pudessem se envolver emocionalmente nessa questão. É realmente impossível para o homem, para quem é impossível estar nessa situação, percebê-la do ponto de vista da mulher. É por isso que estou preocupada com o fato de não haver mais mulheres nesta Casa que possam falar sobre isso do ponto de vista da mulher.

Esse argumento é baseado numa premissa verdadeira, a saber, que um homem não pode ter a experiência pessoal de uma gravidez não desejada ou de um aborto. Portanto, talvez seja correto afirmar que a experiência dos homens nessa área é intrinsecamente limitada, pelo menos de uma perspectiva

---

13. *House of Commons Debates of Canada*, vol. 2, 30 de novembro de 1979, p. 1920.

pessoal. Mas será que está certo concluir que é *impossível* para qualquer homem perceber a questão do ponto de vista da mulher? O perigo, neste caso, está na idéia de que os homens nada têm a dizer sobre a questão e que qualquer coisa que digam não será digna de crédito por se basear na falta de experiência e, portanto, na incapacidade de participar de uma deliberação séria sobre o assunto.

O problema é que esse tipo de argumento, ao acusar o argumentador de uma parcialidade inevitável por causa de suas características e circunstâncias pessoais, tende a excluí-lo de qualquer papel numa argumentação subseqüente sobre o assunto. Mas, como a autora da crítica tem a característica pessoal oposta, ela também é refém de uma inevitável parcialidade. Então, para que continuar o diálogo?

Esse argumento sugere que um homem só pode ter opiniões tendenciosas e uma visão unilateral sobre a questão do aborto simplesmente porque é homem. A crítica a esse argumento é que sua defensora só pode ver a questão do outro lado, ou ao menos tendo uma visão unilateral do assunto, simplesmente porque é mulher. Um argumento desse tipo sempre pode ser virado pelo avesso na réplica. Mas, feita a réplica, o argumento não chegou a lugar nenhum.

Às vezes, a melhor reação a um ataque pessoal é agir da mesma forma. O perigo, contudo, é que outro ataque pessoal pode se seguir, e assim por diante. A altercação pessoal que daí resulta pode ser improdutiva e não acrescentar nada à discussão sobre o tema do diálogo.

Outro problema desse estilo de argumento contra a pessoa é a possibilidade de criar um impasse que impeça o andamento da discussão, pois dele se infere que os dois lados só conseguem ter posições pessoais e unilaterais na argumentação. A mensagem, então, parece ser: de que adianta continuar a argumentação? Mas postular um viés pessoal como um fato inevitável pode ser um grave erro, pois sugere a inutilidade de um exame honesto e racional das provas e das questões dos dois lados. Embora a alegação de viés pessoal seja justificada em alguns casos, sugerir que o oponente é tendencioso e incorrigivelmente dogmático é uma forma particularmente forte e perigosa de ataque pessoal. Esse ataque tem que ser criticado ou refutado quando tende a subverter nossa mente ou a fechá-la para o diálogo racional. Infelizmente, o argumento contra a pessoa é por vezes tão forte e devastador que acaba com a troca de idéias e com qualquer possibilidade de uma argumentação objetiva ou de qualquer discussão racional sobre a questão.

No caso a seguir, o líder de um grupo de negros norte-americanos, que alegam ser os descendentes de Judá que vivem num país ocupado por demônios brancos, teria dito que os brancos são "assassinos e mentirosos perversos" cujas "artimanhas têm que ser eliminadas"[14]. Essa atitude inflexível com relação aos descrentes se reflete em outras declarações atribuídas ao líder desse culto:

Exemplo 6.8
    O dicionário define demônio como adversário de Deus. Se você é meu oponente, então seria classificado como um demônio.

O problema desse ponto de vista é que, ao classificar todos os brancos como "mentirosos perversos" e "demônios", não

▼
14. "Yahweh's Way", *Newsweek*, 10 de novembro de 1986, p. 31.

deixa espaço para a possibilidade de um diálogo razoável com nenhum argumentador que tenha a característica pessoal de ser branco. A razão é que todos os brancos, como "demônios" e "mentirosos", não merecem confiança como participantes de um diálogo sério e honesto, já que são intrinsecamente inconfiáveis e irracionais. Quando se alcança esse ponto de vista, não sobra espaço para a argumentação racional, que pressupõe um argumentador que seja, pelo menos até certo ponto, sério, aberto, confiável e capaz de colaborar num diálogo conjunto.

O argumento que alega parcialidade é tão eficaz para solapar a argumentação e desacreditar o oponente que, em certos casos, é corretamente chamado de "poço envenenado". Dizem que o termo foi criado pelo cardeal Newman diante do argumento de que, como padre católico, ele não poria a verdade acima de tudo. Ou seja, devido à sua inclinação pessoal pela posição católica, ele não seria confiável como fonte de argumentos justos e imparciais. O cardeal Newman respondeu que essa acusação tornava impossível para ele, ou para qualquer outro católico, levar avante uma argumentação racional sobre qualquer assunto ou questão. De fato, essa alegação fazia supor que qualquer outro argumento apresentado pelo cardeal Newman seria automaticamente desacreditado. Por isso o termo "poço envenenado" é tão apropriado.

Embora, em alguns casos, seja legítimo levantar a questão do comprometimento de um argumentador com certa posição ou ideologia, o problema é que esse tipo de ataque costuma ser tão forte e esmagador que acaba de vez com a troca de idéias. Ao desacreditar o argumentador com tal força, ele bloqueia prematuramente, por completo, o diálogo racional. Muitas vezes, o ataque pessoal intensifica as emoções, levando à raiva e à frustração e, daí, ao desejo de revidar a qualquer custo, por meios limpos ou não. Em geral, não é bom que a argumentação tome essa direção, e esta pode indicar uma mudança dialética oculta.

6.4 ARGUMENTOS *AD HOMINEM* NÃO-FALACIOSOS

Os exemplos anteriores indicam que a crítica direta contra a pessoa pode ser falaciosa de várias maneiras. No entanto, os últimos exemplos sugerem que, em certos casos, o ataque pessoal contra a posição ou as circunstâncias do oponente pode não ser totalmente irracional. Será que isso significa que certos argumentos contra a pessoa podem ser racionais? Na Seção 6.1, afirmamos que sim. Se isso é verdade, não devemos rejeitar um argumento contra a pessoa sem apresentar boas razões para tal.

Vimos que, dependendo do ponto de vista, o exemplo 6.3 pode ser interpretado como uma crítica fraca mas basicamente racional. Outro exemplo vai ilustrar um uso racional do argumento circunstancial contra a pessoa numa argumentação. Considere o seguinte diálogo:

Exemplo 6.9

George: Os problemas evidentes que temos tido com as greves dos correios indicam que o governo não oferece mais um serviço postal confiável. Acho que deveríamos permitir a concorrência em condições de igualdade entre companhias privadas e os Correios.
Bob: Mas, George, você é comunista.

Vamos supor que George seja um comunista declarado que baseava seus argumentos anteriores em princípios e posições comunistas. Ora, em diversas situações, chamar o oponente de comunista pode ser um tipo falacioso de ataque *ad hominem*. Mas, neste caso, Bob parece ter uma justificativa razoável. Se George é um comunista declarado e os comunistas são a favor do controle estatal e contra a iniciativa privada, então como pode George manter a coerência se argumenta a favor de um serviço postal administrado pela iniciativa privada? Essa pergunta parece ser legítima. É claro que George pode ser capaz de resolver essa incoerência aparente no decorrer do diálogo. Mas é claro também que, nessa altura do diálogo, Bob tem uma justificativa para questionar a coerência da posição de George. Nesse caso, o argumento circunstancial de Bob não é falacioso. É um uso racional do argumento *ad hominem* para questionar a posição de George.

Se, às vezes, os argumentos contra a pessoa são razoáveis, temos que analisá-los com cuidado para estabelecer critérios que nos permitam distinguir entre casos incorretos (falaciosos) e casos razoáveis da argumentação *ad hominem*. Em primeiro lugar, vamos tratar do tipo razoável de crítica dirigida à pessoa.

Um ataque pessoal pode ser uma crítica razoável à posição de um argumentador se mostrar que suas concessões ou comprometimentos são incoerentes com as posições que defende em sua argumentação. Alguns diriam que tal ataque é ou pode ser enganoso porque se furta ao exame das provas externas e se concentra nas relações internas da posição do argumentador. No exemplo 6.9, alguns comentadores diriam que Bob deveria avaliar objetivamente a proposta de privatização do serviço postal feita por George em vez de levantar a questão interna de a proposta ser ou não coerente com a posição política deste. Diante de uma questão de tamanha importância como a privatização do serviço postal, quem se importa com as posições pessoais de George? Esse ponto de vista não deixa de ser justificado, já que as provas externas devem ter prioridade, e, quando nos afastamos delas para nos ater a considerações puramente pessoais (internas), entramos na área em que o ataque pessoal causa seus maiores prejuízos à argumentação.

Às vezes, no entanto, existem questões internas referentes à posição de um argumentador que podem ser importantes. Se George tem realmente uma posição confusa e incoerente – um comunista que defende a livre iniciativa –, então é muito importante que ele a esclareça. Em primeiro lugar, se contiver mesmo uma incoerência lógica, a posição de George não pode estar correta. Em segundo lugar, em meio aos leitores ou ouvintes do argumento de George, pode haver pessoas moderadamente favoráveis a algumas formas de comunismo que estejam irritadas e preocupadas com as greves dos correios e a confiabilidade do serviço postal. Pode ser muito importante para essas pessoas pensar a questão em sua totalidade, como George está tentando fazer. Mesmo quem rejeita veementemente os ideais comunistas pode ter interesse em saber como um comunista lidaria com os problemas gerados pelas greves dos correios. Portanto, a questão interna da coerência da posição de George diante dessa questão pode ser muito importante tanto para ele como para muitas outras pessoas.

Em terceiro lugar, quando as provas externas são escassas ou não podem ser usadas para sustentar uma questão, a prova interna pode ser suficiente para fazer a aprovação oscilar de um lado do argumento para o outro. Numa complexa e controvertida questão moral ou política, como é o caso do controle estatal dos serviços públicos, pode não haver provas externas, factuais ou científicas que resolvam definitivamente a controvérsia. As provas internas derivadas da posição do argumentador são sempre mais fracas do que as externas, mas, às vezes, uma prova fraca é suficiente para transferir o ônus da prova, principalmente quando é difícil tomar uma decisão a respeito de um tópico controverso. Nesse caso, o fato de um argumentador adotar uma posição que possa ser considerada incoerente é o bastante para que recaia sobre ele o ônus da prova. Tal argumentador será posto na defensiva e sua credibilidade como advogado do seu lado do argumento poderá ser então questionada.

Em quarto lugar, um argumento eficaz contra a pessoa pode pôr em questão a imparcialidade, a sinceridade e a confiabilidade do argumentador. Embora essa forma de argumento seja fraca, ela pode bastar para transferir o ônus da prova numa questão controversa. E pode, portanto, ser uma crítica razoável.

Em questões controversas, pode não haver provas decisivas que possam ser usadas diretamente para apoiar ou refutar uma proposição polêmica. Nesse caso, o diálogo racional pode ser a única maneira viável de decidir se aceitamos ou não uma conclusão, a menos que decidamos ao acaso ou conforme nossas inclinações dogmáticas. Quando temos que tomar uma decisão, é útil entender as posições do argumentador, sejam elas contra ou a favor, para chegar a uma decisão mais inteligente e justificada a respeito de um comprometimento. Caso a posição do argumentador mereça ser criticada por incoerência interna, isso pode ser um bom motivo para voltar atrás e não aceitar mais a conclusão que se baseia nessa posição.

Em suma, dentro de certos limites, pode ser justo e razoável usar as próprias concessões do oponente contra o seu argumento. Uma argumentação desse tipo pode revelar que a posição desse argumentador é incoerente e que, portanto, ele não é um advogado digno de crédito da conclusão que pretende apresentar. No entanto, em si, um argumento contra a pessoa não demonstra que sua conclusão seja necessariamente falsa. Demonstra, no máximo, que a posição que serve de base ao argumento é passível de contestação. No exemplo 6.9, George concluiu que deveria ser permitido às empresas particulares concorrer com os Correios, uma conclusão que pode muito bem ser verdadeira. George pode até apresentar boas razões favoráveis a ela, que qualquer um, até mesmo um anticomunista, estaria disposto a levar em conta. Mesmo assim, a crítica de Bob é um argumento razoável contra a pessoa, desde que se demonstre que essa conclusão não está de acordo com a filosofia política de George. Ela pode ser uma boa crítica mas, por outro lado, não implica necessariamente que a conclusão de George seja falsa. Argumentar dessa maneira seria usar incorretamente o argumento contra a pessoa. Resumindo, o argumento contra a pessoa pode ser uma crítica razoável, mas só dentro de limites cuidadosamente traçados.

Tradicionalmente, o argumento contra a pessoa, ou argumento *ad hominem*, tem sido chamado de falácia nas discussões de muitos livros de lógica[15]. No entanto, é melhor fazer algumas distinções entre os argumentos contra a pessoa que são críticas razoáveis e os outros, que são críticas inadequada-

---

15. Ver Govier (1983) e Walton (1985b).

mente justificadas[16]. Um *ataque pessoal* (*alegação pessoal*) ocorre quando um argumentador usa alegações pessoais relativas a motivos, circunstâncias, ações, e assim por diante, como base para criticar o argumento de um oponente. Esse tipo de ataque pode assumir três formas: o ataque pessoal direto (abusivo), o ataque pessoal circunstancial e o ataque à imparcialidade do argumentador. Tal ataque se transforma em *crítica pessoal a um argumento* quando o argumentador apresenta provas que o justifiquem. Para que essa crítica seja razoável, as provas têm que preencher vários requisitos.

O tipo mais sutil e complexo de ataque pessoal é o circunstancial, que exige cuidado para identificar a natureza da incoerência circunstancial alegada. Um *ataque circunstancial contra a pessoa* ocorre quando um argumentador questiona a coerência da posição de outro argumentador. Um argumentador faz uma *crítica circunstancial* quando (1) define um conjunto de proposições e apresenta algumas provas de que seu oponente está comprometido com elas como parte de seu argumento ou posição e (2) apresenta algumas razões que demonstram que existe um risco de incoerência, circunstancial ou lógica, nessas proposições. Uma *refutação circunstancial* ocorre quando, por meio de argumentos válidos, uma crítica circunstancial é corroborada pela evidência de que o conjunto de proposições em questão faz parte do conjunto de comprometimentos do outro argumentador e implica uma contradição lógica. Diversos tipos de erro ocorrem em ataques pessoais diretos e circunstanciais quando, sem argumentos que

▼

16. Johnstone (1978) apresenta uma profunda e cuidadosa defesa do argumento contra a pessoa como um tipo de crítica que pode ser racional em alguns contextos de diálogo.

os corroborem, não funcionam nem como crítica razoável nem como refutação do argumento em questão. Há vários tipos de falhas, de que trataremos na próxima seção.

Como uma forma de crítica, o argumento contra a pessoa tem o efeito de contestar a posição de um argumentador, pondo-o na defensiva. Toda argumentação controversa é, na verdade, um diálogo, o qual sempre tem dois lados. No diálogo, o efeito de uma réplica *ad hominem* é devolver a bola para o campo do oponente. No entanto, a solução final de um argumento contra a pessoa, como crítica bem-sucedida ou ela mesma sujeita a crítica, depende geralmente em grande parte do diálogo subseqüente entre o crítico e o defensor do argumento. Assim, uma crítica pessoal pode ser bem-sucedida quando abre os canais do diálogo ao articular ou explorar duas posições opostas a respeito de uma questão controversa.

Alguns argumentos são mais abertos à crítica pessoal do que outros. Considere o seguinte argumento:

Exemplo 6.10

Cético: Todos os argumentos estão relacionados a crenças que podem ser contestadas. Logo, nenhum argumento é confiável.

Este argumento está sujeito à seguinte réplica pessoal e circunstancial ao Cético: "E quanto ao seu argumento (exemplo 6.10), Cético? Ele é confiável?" Se afirmar que seu argumento é confiável, o Cético corre o risco de ser pessoalmente incoerente, pois acabou de afirmar que *nenhum* argumento é confiável. Como poderia ele fazer uma exceção para o próprio argumento sem ser ilógico? Por outro lado, se admitir que seu argumento do exemplo 6.10 não é confiável, o Cético pode ser acusado de incoerência circunstancial. Será que ele pode participar com sinceridade e competência de um diálogo racional se defende um argumento que sabe não ser confiável? Seja como for, o Cético caiu na própria armadilha.

Alguns argumentos, portanto, como o exemplo 6.10, são especialmente vulneráveis ao argumento circunstancial contra a pessoa enquanto forma de crítica. Em tais casos, o argumento contra a pessoa é a forma de crítica mais racional e apropriada que se pode apresentar. Nesses casos, ele pode refutar com sucesso o argumento em questão. No entanto, o argumento contra a pessoa pode ser intrinsecamente mais fraco. Em tais casos ele não é uma refutação, mas mesmo assim pode ser uma forma razoável de contestação e pode transferir o ônus da prova.

6.5 RÉPLICA A UM ATAQUE PESSOAL

Na maioria dos casos, o argumento contra a pessoa não é uma refutação total, mas um tipo de argumento contestável por meio de outros argumentos que devolvam o ônus da prova ao atacante. Assim, o argumento contra a pessoa é muitas vezes uma *crítica revogável,* no sentido de ser intrinsecamente sujeita a uma réplica que pode frustrá-la ou ao menos rebatê-la. Um argumento contra a pessoa pode ser retrucado, *tu quoque,* por um argumento pessoal paralelo contra o crítico. No entanto, é preciso lembrar que tais argumentos são intrinsecamente revogáveis porque sempre é possível que o argumentador alegue que suas circunstâncias pessoais são diferentes das do crítico sob alguns aspectos, destruindo assim o paralelo citado.

No exemplo 6.3, a crítica do filho à incoerência do pai, que fuma e ao mesmo tempo condena essa prática, apóia-se no pressuposto de que o pai usa critérios diferentes para si mesmo e para o filho. O pai fuma mas diz ao filho para não fumar. O filho, alegando incoerência circunstancial, acusa o pai de não usar os mesmos critérios para julgar as circunstâncias dos dois. Mas observe que o pai pode mencionar alguma diferença pertinente entre as suas circunstâncias e as do filho. Suponha que o pai diga ao filho que está sofrendo de Aids, uma doença terminal, e que fumar não vai alterar significativamente seu prognóstico ou perspectivas de saúde. No entanto, no caso do filho, fumar pode afetar radicalmente sua perspectiva de uma vida saudável.

No caso de um argumento contra a pessoa, existe a possibilidade de novas informações sobre as circunstâncias pessoais do argumentador serem introduzidas no diálogo porque esse tipo de crítica costuma ser mais um questionamento do que uma refutação categórica da posição do argumentador.

O caso seguinte mostra como o diálogo de perguntas e respostas é o contexto natural do argumento contra a pessoa e como esse argumento revogável está sujeito à réplica de que a situação do defensor é diferente da situação do atacante:

Exemplo 6.11

Parlamentar A: O senhor pode garantir ao público que amanhã não haverá aumento das taxas de juros?

Parlamentar B: Vinda do Honorável Colega, que foi ministro no governo anterior, quando a elevação das taxas de juros chegou a 20 ou 25 por cento ao ano, a pergunta é ridícula.

A réplica de B é um ataque pessoal circunstancial. Segundo ele, durante o período em que o partido de A esteve no poder, houve um aumento de 20 a 25 por cento nas taxas de juros. Ou seja, com esse histórico, é ridículo ele pedir garantias de que não haverá aumento nas taxas de juros. Em outras palavras, B recorre ao clássico argumento circunstancial *tu quoque*, sugerindo que A não "faz o que prega". Esse exemplo de argumento contra a pessoa é interessante porque é usado como réplica a uma pergunta. É uma combinação de dois tipos tradicionais de falácia informal, o que mostra como o argumento contra a pessoa pode ser usado no diálogo para atacar com força uma pergunta.

O argumento de B é que A não tem direito de fazer a pergunta porque, na situação de B, ele também não poderia responder à pergunta. Até que ponto a réplica de B é razoável?

Para começar, parece haver boas razões para criticar a réplica de B por não conduzir aos objetivos do diálogo racional. Ou seja, o inteligente ataque pessoal de B evita efetivamente a questão das taxas de juros, driblando a necessidade de responder à pergunta. Com esse ataque, ele devolve o ônus da prova para A, tornando-o aparentemente vulnerável à própria crítica. Desse ponto de vista, a réplica de B pode ser considerada evasiva ou, de qualquer forma, como uma réplica que se furta a responder à pergunta. Mas o assunto não se encerra aqui.

Em geral, quando uma pergunta não é justa ou quando contém um pressuposto capcioso, é razoável permitir que o respondedor a questione em vez de dar uma resposta direta. Nesse caso, deixar de responder à pergunta não configura necessariamente uma atitude evasiva errada.

Mas é preciso observar que a pergunta de A é bastante agressiva. Certo grau de flutuação a curto prazo das taxas de juros tornou-se um fato normal no panorama econômico contemporâneo. Assim, uma pergunta que pede garantias de que não haverá aumento nas taxas de juros num determinado dia pode não ser nada razoável no contexto desse diálogo. Além disso, seria uma insensatez política do Parlamentar B garantir que não haverá aumento num determinado dia do futuro, já que é muito pouco provável que ele tenha um mínimo de controle sobre tal estabilidade ou flutuação. Portanto, ele não ousa responder "sim", mas, se responder "não", estará fazendo uma admissão que pode parecer negativa ou sujeita a críticas futuras. A pergunta não é tão agressiva quanto a famosa pergunta da surra na mulher, mas é suficientemente agressiva para que se perceba a semelhança.

Dada a agressividade da pergunta, um crítico poderia argumentar que não se deve considerar o fato de B não responder à pergunta como um comportamento evasivo. Fazendo uma menção circunstancial ao aumento das taxas de juros durante o período em que o autor da pergunta estava no poder, a réplica de B pode ser interpretada como uma crítica justificável aos pressupostos da pergunta. Se B sente, com razão, que não pode dar uma resposta direta à pergunta sem se ver indevidamente forçado a prejudicar ou enfraquecer sua própria posição e a do seu partido, então ele tem o direito de contestar os fundamentos da pergunta. Na verdade, poder-se-ia dizer que B está procedendo corretamente ao lançar mão de um argumento crítico em vez de se submeter a uma pergunta cujas implicações podem ser enganosas.

Como o argumento contra a pessoa pode ser uma forma racional de crítica à posição de um argumentador, o questionamento de B à pergunta de A pode ser considerado uma réplica razoável. Embora B não tenha respondido à pergunta e sua réplica seja um ataque pessoal, isso não significa que ele tenha cometido um erro ou dado uma resposta ruim.

Esse caso ilustra como é sensato não ceder facilmente à tentação de gritar "Falácia!" sem avaliar com cuidado o mérito específico de cada lado do argumento. Examinada a réplica de B à pergunta de A, vamos prosseguir com o diálogo para ver que resposta racional A pode dar à réplica de B. Considere a seguinte continuação hipotética do diálogo:

> *Parlamentar A*: Quando o governo anterior estava no poder, as pressões inflacionárias mundiais estavam no auge. Naquela época, as altas taxas de juros afetavam todas as moedas e não eram o resultado de nossas políticas fiscais. No presente, a situação fiscal é muito diferente e é possível, para o governo, manter as taxas de juros baixas.

Com esta réplica, A argumenta que sua pergunta inicial era razoável e que o paralelo traçado por B entre sua própria situação e a situação do governo anterior não é razoável.

É como se B argumentasse: "Quando estava na mesma situação, você fez a mesma coisa que critica agora, e por isso é incoerente", enquanto A argumenta: "Minha situação é diferente da sua, e, por isso, minha crítica às suas ações não é incoerente." Portanto, a alegação de incoerência circunstancial pode ou não ser sustentada, dependendo da semelhança entre as duas situações e das circunstâncias específicas de A e B. Finalmente, o valor do ataque pessoal como réplica depende da possibilidade de provar a semelhança, nos aspectos pertinentes, entre a situação de um argumentador e a situação do outro.

Nossa avaliação do exemplo 6.11 mostrou que cada caso de argumento contra a pessoa tem que ser examinado à luz das circunstâncias pessoais supostamente paralelas. Desse modo, o argumento contra a pessoa é refutável na medida em que exista a possibilidade de defender que os dois conjuntos de circunstâncias são diferentes em algum aspecto significativo.

Isso talvez não seja muito surpreendente porque, como vimos na Seção 6.2, a resolução de uma alegação de incoerência circunstancial pode depender de como é definida a ação. Mas isso, por sua vez, depende das peculiaridades da situação em que a ação supostamente ocorreu.

6.6 QUESTIONAMENTO CRÍTICO DO ARGUMENTO *AD HOMINEM*

O argumento *ad hominem* é, essencialmente, um tipo negativo de argumentação – uma forma de ataque ou crítica de um participante do diálogo contra o argumento de outro participante. O ataque *ad hominem* pode ser aplicado a qualquer tipo de argumento, mas é especialmente apropriado e eficaz quando faltam provas externas (objetivas) para o argumento ou quando estas são muito fracas. Nesse caso, a crítica *ad hominem* ataca o suporte interno, ou subjetivo, do argumento, questionando a confiabilidade, a veracidade, a coerência interna ou a imparcialidade do próprio argumentador.

As perguntas da lista a seguir devem ser feitas e respondidas na avaliação de qualquer argumento contra a pessoa:

1. O argumento contra a pessoa foi apresentado em forma de pergunta? Se foi, e se o oponente apresentou uma réplica à pergunta, essa réplica é pertinente? Observe que, mesmo que o ataque seja feito em forma de pergunta, nem sempre o oponente é culpado de evasão falaciosa caso deixe de dar uma resposta direta a essa pergunta. Na réplica do caçador, por exemplo, é melhor responder questionando o pressuposto da pergunta, de que a posição do defensor é incoerente em virtude

de seu hábito de comer carne. Em alguns casos, o defensor pode questionar também o pressuposto de que ele come carne. O Capítulo 2 traz mais informações sobre a racionalidade ou irracionalidade das perguntas. Por ora, basta saber que deixar de responder a uma pergunta irracional ou agressiva demais não é necessariamente uma falha ou erro.

2. O argumento contra a pessoa é um ataque direto ou circunstancial? Se é direto, faça as perguntas de 3 a 7. Se é circunstancial, faça as perguntas de 8 a 17.
3. Qual é a conclusão do crítico? Será que ele está apenas questionando a argumentação do outro ou está alegando que ela é falsa? Observe que esta última alegação é mais forte e exige provas mais fortes.
4. A imparcialidade do argumentador foi rejeitada ou questionada? Se foi, as provas apresentadas são consistentes? As razões apresentadas são fortes o suficiente para sustentar a alegação?
5. O crítico rejeitou a confiabilidade do argumentador a respeito de um assunto depois de ter sido questionada sua confiabilidade a respeito de algum outro assunto? Se rejeitou, a relação entre os dois tópicos é suficientemente estreita de forma que justifique um argumento forte contra a pessoa?
6. O argumento contra a pessoa inviabiliza o diálogo por "envenenar o poço"? Se é esse o caso, ele pode ser "virado pelo avesso" como réplica?
7. Caso o ataque passe a questionar o caráter do argumentador, até que ponto esse tipo de questionamento é pertinente ao assunto em discussão?
8. Para avaliar se um argumento circunstancial contra a pessoa é racional ou irracional, é preciso tentar identificar antes as proposições que são supostamente incoerentes. Quais são essas proposições? É preciso identificá-las claramente e separá-las do corpo da argumentação.
9. As proposições em questão são logicamente incoerentes? Reúna o conjunto de proposições assim consideradas e investigue se são logicamente incoerentes na situação dada. Para demonstrar que são logicamente incoerentes, é preciso deduzir

uma contradição a partir delas, usando argumentos válidos. Se isso não puder ser feito, passe à pergunta 10.
10. As proposições em questão são circunstancialmente incoerentes? Quando não há incoerência lógica, avalie se há base para alegar que há incoerência circunstancial na posição do defensor. Que tipo de prova oferece o *corpus* em questão para a alegação de incoerência circunstancial? A argumentação é forte ou fraca? Quem teria cometido a incoerência? Em geral, a alegação *ad hominem* menciona um grupo, como por exemplo uma profissão ou um partido político. Se alguns membros do grupo mencionado se dedicam a certas práticas, isso não significa que o defensor seja um deles ou que aceite suas orientações.
11. A posição do defensor está bem especificada? Será que uma continuação do diálogo poderia definir melhor essa posição no que diz respeito à conclusão em questão? A posição do defensor o compromete com determinadas proposições que podem levar a uma incoerência proposicional, mesmo que ele não tenha aceito explicitamente essas proposições em sua argumentação?
12. Se a alegação de incoerência é fraca, qual é a ligação entre o par de proposições que seriam a base do conflito na posição do defensor? Se o paralelo é fraco ou inexistente, será que por isso o ataque pessoal pode ser classificado como equivocado? Veja, esboçados na Seção 6.7, os quatro tipos de falhas do argumento contra a pessoa.
13. Se pode ser estabelecido que a posição do defensor contém uma incoerência, qual é a gravidade dessa contradição? O defensor pode explicá-la ou resolvê-la com facilidade, sem destruir sua posição? Qual poderia ser uma réplica plausível para o defensor?
14. O defensor tem uma oportunidade legítima de responder ao ataque pessoal? A maioria dos argumentos contra a pessoa podem ser respondidos na seqüência do diálogo; por isso, é importante não permitir que a crítica ponha fim à conversa se a parte acusada ainda puder responder. Lembre-se de que a maior parte dos argumentos contra a pessoa não são refuta-

ções conclusivas, mas podem fazer com que o ônus da prova recaia sobre o defensor.
15. O argumentador que foi atacado pelo argumento circunstancial contra a pessoa poderia mencionar uma diferença pertinente entre os dois conjuntos de circunstâncias pessoais considerados paralelos no ataque?
16. Se o defensor respondeu a um ataque *ad hominem* com outro ataque *ad hominem*, o paralelo é suficiente para que o ônus da prova volte para o atacante? Nesse caso, fugiu-se de alguma pergunta ou evitou-se a questão?
17. Caso a defesa contra um ataque *ad hominem* implique negar a incoerência através de uma posição dogmática a respeito da linguagem usada para descrever as situações em questão, pergunte se os termos usados estão sendo definidos de maneira unilateral. O defensor está sendo coerente ao usar os termos?

Estas dezessete perguntas merecem ser levadas em conta numa avaliação de argumentos contra a pessoa. Conforme o caso, algumas perguntas da lista serão mais significativas do que outras. Quando se trata de uma argumentação polêmica contra a pessoa, muitas transgressões às regras do diálogo persuasivo podem ocorrer de parte a parte. Alguns dos erros mais importantes serão tratados na próxima seção.

6.7 TIPOS MAIS IMPORTANTES DE ERRO

Podem-se cometer diferentes tipos de erro quando se apresenta uma crítica pessoal contra a posição de um argumentador. O tipo de erro mais básico é questionar a coerência ou imparcialidade da posição de alguém e depois concluir, a partir dessa crítica pessoal, que a conclusão do argumento criticado deve ser falsa. Esse foi o erro básico do argumento do filho no exemplo 6.3. Ele argumentou que o pai estava sendo circunstancialmente incoerente, já que argumentava contra o uso do cigarro mas tinha o hábito de fumar. Concluiu então, a partir dessa relativa incoerência circunstancial, que a conclusão do argumento do pai podia ser absolutamente ignorada. O erro dessa abordagem é negligenciar a possibilidade de a conclusão do pai ser verdadeira. Pois, como observamos, o pai poderia apresentar boas provas de que o uso do cigarro está associado a doenças pulmonares crônicas, sendo assim prejudicial. Mas a forte rejeição do filho não deixou muito espaço para essa réplica.

Esse primeiro tipo de erro é uma forma extrema de deficiência num argumento contra a pessoa, que pode ser chamada de *falácia ad hominem básica* porque assume a posição inflexível de que o argumento criticado é completamente refutável e sua conclusão, absolutamente falsa. No entanto, raramente um argumento merece uma refutação tão forte quanto a falácia *ad hominem* básica. A maior parte dos argumentos contra a pessoa podem ser derrotados.

O segundo tipo importante de erro ocorre quando o crítico questiona um argumento mencionando uma ocorrência plausível de incoerência num ataque circunstancial mas não se esforça para explicitar essa incoerência. Nesse caso, pode ser que o crítico não pretenda refutar totalmente o argumento que atacou, mas, se não montou uma boa justificativa para a alegação de incoerência, seu argumento pode ser muito mais fraco do que ele pensa.

O caso clássico desse segundo tipo de erro é a réplica do caçador: "Por que você se alimenta da carne do gado indefeso?" Como vimos ao estudar o exemplo 6.4, não há contradição entre comer carne e censurar o costume bárbaro de caçar por esporte ou diversão. No entanto, como há ligação entre essas duas ações, pode-se concluir erroneamente que o caçador apresentou uma forte contestação contra o argumento da pessoa carnívora ao apontar nela uma incoerência circunstancial. Se com esse ataque circunstancial o caçador pretendeu apresentar uma réplica forte a seu crítico, então ele cometeu esse segundo tipo de erro. As proposições que ele menciona não são nem de longe circunstancialmente incoerentes. Muitos outros argumentos seriam necessários para sustentar essa crítica. Neste caso, o ataque tem a forma de uma pergunta. Mas a alegação de incoerência circunstancial é tão fraca que a pergunta é passível de uma enérgica contestação, não sendo razoável considerar que o ônus da prova foi transferido.

Esse segundo tipo de erro, embora menos grave que o primeiro, é, ainda assim, um erro a que se deve ficar atento. É o erro de tomar um ataque pessoal por uma crítica pessoal sem apresentar provas suficientes para transferir o ônus da prova, como uma crítica racional exige. Essa falha, como a primeira, consiste em achar que um argumento é mais forte do que seus méritos permitem.

O terceiro tipo de erro ocorre quando o tema do ataque pessoal é, ou se torna, não-pertinente à questão discutida no diálogo. Esse terceiro tipo de erro é o mais freqüente no ataque pessoal direto (abusivo). Quando os motivos pessoais de um argumentador são questionados, pode ser difícil para o crítico resistir à tentação de partir para um ataque pessoal não-pertinente ou injustificado contra o caráter do oponente.

O ataque pessoal direto não é necessariamente irracional; contudo, quanto mais emocional e abusivo se torna, mais probabilidade tem de se desviar da verdadeira questão ou até mesmo de passar a um contexto diferente de diálogo. Tais ataques podem fracassar por não terem pertinência alguma às questões ou porque essa pertinência é fraca demais para sustentar a forte rejeição ao argumento do oponente. No exemplo 6.0, pode haver motivo para questionar a integridade de Nixon por causa de sua renúncia durante o escândalo Watergate. No entanto, é fraca a pertinência dessa questão à confiabilidade das declarações de Nixon sobre a política externa na China. Rejeitar fortemente seus argumentos em razão de dúvidas sobre seu caráter pode ser um erro, caso os argumentos da política externa de Nixon estejam baseados em sua longa experiência e em provas sólidas.

O quarto tipo de erro é alegar enfaticamente que o oponente não é confiável, íntegro ou capaz de participar racionalmente de um diálogo, inviabilizando assim qualquer réplica ou discussão. Essa transgressão "envenena o poço" e, com isso, encerra prematuramente o diálogo.

Qualquer ataque pessoal, circunstancial ou direto, levanta a questão da integridade ou sinceridade de quem é atacado porque, se tal pessoa não faz o que prega ou tem objetivos ocultos, existe a possibilidade de que esteja sendo hipócrita, deixando de dizer o que realmente acredita. Vimos na Seção 6.3 que, em alguns casos, o ataque pessoal chega a criticar diretamente a imparcialidade, a honestidade ou a confiabilidade do argumentador ao mencionar motivos pessoais questionáveis. Vimos em vários exemplos que esse tipo de crítica pessoal, embora possa ser razoável, é uma forma fraca de argumento que pode redundar em erro se o ataque for feito com muita agressividade. É em casos assim, quando o argumentador sofre uma objeção forte demais, sendo tachado de incompetente e inconfiável, que ocorre o quarto tipo de erro. Como os dois primeiros, ele ocorre quando uma crítica, nesse caso à imparcialidade ou racionalidade de um argumentador, é considerada mais forte do que o caso justifica. Vimos por exemplo que, no exemplo 6.6, Bob erraria se concluísse que os argumentos de Wilma sobre a chuva ácida não têm valor, apesar das provas apresentadas, porque ela faz parte da diretoria de uma companhia de carvão. Embora Bob possa ter razão ao questionar a imparcialidade de Wilma, isso não significa necessariamente que os argumentos dela sejam inúteis e indignos de qualquer atenção ou consideração.

Esses quatro tipos de erro são variantes de um só – atribuir mais força a um argumento contra a pessoa do que permitem as provas apresentadas para sustentá-lo. O argumento contra a pessoa pode, às vezes, ser racional. Mas ele tem tanta força no diálogo de todo dia que corremos o risco de nos deixar intimidar por ele em vez de examinar cuidadosamente como foi montado o ataque. Considerado com mais sobriedade, o argumento contra a pessoa é uma forma de crítica que exige uma cuidadosa justificativa e a inclusão de várias etapas para que tenha sustentação suficiente para transferir com vigor o ônus da prova. Diante desse tipo de ataque, o questionador crítico não deve se pôr logo na defensiva, mas se dispor a fazer um questionamento crítico específico como réplica ao ataque *ad hominem*.

6.8 OUTROS CASOS PARA DISCUSSÃO

Três exemplos vão ilustrar alguns outros problemas e dimensões de dificuldade relacionados à distinção entre moralidade pessoal e orientações políticas expressas numa argumentação política. Cada um desses exemplos coloca um problema específico para o leitor. Considere, primeiramente, o seguinte:

Exemplo 6.12
Um ministro do Parlamento admitiu economizar muito dinheiro graças a certos "expedientes" para pagar menos impostos. No entanto, seu próprio partido político sempre foi abertamente contra as "saídas fiscais para os ricos", supostamente favorecidos pela oposição conservadora. Esse ministro pertence a um partido socialista que sempre criticou os ricos que se aproveitam das brechas fiscais. E chegou a dizer explicitamente que sempre se opôs a esses esquemas, de que no entanto se valia pessoalmente.

O líder conservador da oposição chamou esse comportamento de hipócrita, já que era um caso de pregar uma coisa e fazer outra. Argumentou que essa "fraude" fiscal era praticada por um membro do governo que alegava ser o "defensor dos pobres" e, no entanto, era o "primeiro da fila" para tirar vantagem de uma brecha fiscal.

Mas o ministro socialista defendeu a idéia de que não havia incoerência entre suas ações e seus princípios. Ao tirar vantagem das brechas fiscais, disse ele, estava "operando dentro do sistema", sem deixar de ser coerente em momento algum e argumentando, ainda, pela mudança do dito sistema. Do seu ponto de vista, ele agia dentro da lei e não precisava ter escrúpulos por se aproveitar da legislação fiscal, mesmo sendo contra ela. Ele mencionou a diferença entre legalidade e moralidade pessoal para defender a coerência de sua posição.

O líder da oposição discordou, repetindo que o ministro tinha prejudicado a própria credibilidade e integridade, assim como a credibilidade de seu partido. Ponderou que um ministro do governo tem que manter na vida pessoal os padrões de conduta ética que prega e não transgredi-los com as próprias ações, sob pena de perder a credibilidade como porta-voz político.

O problema básico deste exemplo é que, embora o líder da oposição pareça ter uma forte justificativa para fazer uma crítica por incoerência circunstancial pelos critérios esboçados na Seção 6.6, ainda assim o ministro criticado tem alguma base para refutação. Com efeito, ele acusa seu crítico de confusão, de misturar questões de política pública e moralidade pessoal. Será que ele consegue se safar?

Ele poderia ter argumentado que as leis e orientações políticas são forjadas por meio de acordos e pressões da maioria. Portanto, numa democracia pluralista com liberdade de pensamento e religião, questões de moralidade e consciência pessoal são assuntos privados, e podem ser diferentes das políticas públicas que a pessoa defende. Essa distinção tem sido usada persuasivamente na política, como ilustra o próximo exemplo.

Para mais informações a respeito do próximo caso, o leitor pode consultar artigos de Kenneth L. Woodward e Mario M. Cuomo[17]:

Exemplo 6.13
> Uma católica que concorria a um alto cargo federal declarou que apoiava a liberdade de escolha na questão do aborto, ainda que, como católica, se opusesse pessoalmente ao aborto. Declarou que suas opiniões pessoais não entravam em conflito com sua posição a respeito da política pública. Um bispo católico criticou essa posição tachando-a de ilógica, dizendo que não entendia como uma boa católica, que deveria ser contra qualquer prática que ponha fim à vida humana, podia votar a favor de um político que apoiava o aborto. Ela respondeu que, como católica, não apoiava pessoalmente o aborto, mas que não tinha o direito de impor essa visão aos outros, que poderiam ter pontos de vista religiosos diferentes. Ela afirmou que, em razão da separação entre Igreja e Estado, seu apoio político à liberdade de escolha em questões de reprodução era logicamente coerente com sua oposição pessoal ao aborto.

▼
17. Kenneth L. Woodward, "Politics and Abortion", *Newsweek*, 20 de agosto de 1984, pp. 66-7, e Mario M. Cuomo, "Religious Belief and Public Morality", *New York Review of Books*, vol. 31, n.º 16, 25 de outubro de 1984, pp. 32-7.

Este caso traz uma espécie de paradoxo: se alguém está profundamente comprometido com princípios morais de conduta ética ou crença religiosa, sua convicção pessoal não pode ser totalmente não-pertinente às suas posições em questões de política pública. Mas, como as políticas públicas exigem acordos e negociações que envolvem certo grau de tolerância e conciliação, pode ser que haja espaço para a explicação de aparentes incoerências práticas entre comprometimentos pessoais e comprometimentos públicos com políticas sociais.

Em certos casos, questionar os motivos do argumentador é uma forma de crítica fraca mas razoável. No entanto, essa forma de contestação pode ser levada ao excesso, e é aí que o ataque perde a pertinência e se transforma num tipo incorreto de argumento contra a pessoa. O exemplo a seguir mostra como uma crítica *ad hominem* inicialmente razoável pode redundar em erro. Casos assim costumam degenerar em abuso pessoal direto, indicando uma mudança dialética:

Exemplo 6.14

Em 1813, o assunto em debate no Congresso dos Estados Unidos era o *New Army Bill*, uma proposta de recrutar mais tropas para a guerra contra a Inglaterra. A maioria, liderada pelo Presidente da Casa, Henry Clay, argumentava que uma invasão ao Canadá com essas tropas adicionais favoreceria a vitória. Josiah Quincy, falando em nome da oposição em 5 de janeiro de 1813, argumentou que tais tropas seriam insuficientes, que uma invasão ao Canadá seria mal-sucedida e imoral, que a conquista do Canadá não forçaria a Inglaterra a negociar e, finalmente, que o projeto de lei tinha motivação política, "como meio para o favorecimento de assuntos de interesse pessoal ou local dos membros do Gabinete Americano".[18]

---

18. Anais do Congresso dos Estados Unidos.

Nesse discurso, Quincy justificou seu último argumento dizendo que os defensores declarados do projeto de lei não eram confiáveis por causa de seus motivos ocultos. Apresentou fatos para apoiar a alegação de que muitos deles eram motivados pela ambição pessoal. Assim, este último argumento é um claro ataque pessoal aos motivos dos defensores do projeto de lei. Mas será que é um argumento racional contra a pessoa?

A resposta é que se trata de uma forma fraca de argumento. Mas, embora os outros argumentos apresentados por Quincy pudessem ser mais fortes, esse argumento pessoal também tem um peso legítimo, se ele apresentou boas razões para justificar sua acusação de que os defensores do projeto de lei estavam, em larga medida, interessados em defender os próprios interesses, que seriam favorecidos pelo projeto. Como, numa situação de guerra, os interesses do país devem ter prioridade nas deliberações do Congresso, quem permite que interesses pessoais influenciem seus argumentos não parece ter uma atitude equilibrada e imparcial a respeito do destino da nação. Nesse caso, a imparcialidade de tais pessoas pode ser racionalmente questionada. Como conclusão, Quincy não afirma que o projeto deva ser recusado só por causa de sua crítica pessoal, mas propõe que as opiniões do outro partido tenham menos peso, independentemente de sua crítica à posição pessoal do oponente a respeito da questão.

No entanto, ao prosseguir o discurso, dizem que Quincy chamou seus oponentes de "sapos, ou répteis, que *espalham sua gosma no chão da sala de visitas*". Com isso, foi longe demais e apelou para o abuso pessoal direto. Em suma, há casos em que a crítica aos motivos de um argumentador pode ser um argumento racional, embora fraco. Mas, quando ela vai longe demais, o argumento deixa de ser pertinente e pode se tornar um ataque pessoal abusivo, injustificável no diálogo racional.

7. APELOS À AUTORIDADE

O ataque *ad hominem* é o uso negativo de argumentos pessoais para minar ou destruir a credibilidade de alguém numa discussão crítica. Há um tipo oposto de tática, o *argumentum ad verecundiam*, que usa a opinião de uma autoridade respeitada ou de um especialista no assunto como um argumento pessoal positivo para sustentar os próprios argumentos. A crítica *ad hominem* tacha a pessoa de fonte inconfiável, enquanto a *ad verecundiam* recorre a alguém que seja especialmente confiável e reconhecido como fonte de esclarecimento.

Sob certos aspectos, no entanto, esses dois tipos de argumento são semelhantes. Os dois recorrem a fontes pessoais de opinião, concentrando-se na posição interna ou na credibilidade de uma pessoa como fonte confiável de conhecimento. A esses dois tipos de argumentação pode-se contrapor o apelo ao conhecimento externo ou objetivo, que vem de evidências científicas como as observações experimentais: é um tipo de conhecimento que vem da natureza e não de uma fonte pessoal.

O apelo à opinião de um perito pode ser uma forma legítima de obter esclarecimentos e orientações que sustentem uma conclusão conjectural a respeito de uma questão ou problema quando não há disponibilidade de conhecimento objetivo ou quando este é inconclusivo. No entanto, argumentos baseados na opinião de uma autoridade no assunto podem se tornar questionáveis ou falaciosos quando são usados como tática para dominar ou calar o oponente, apelando à reverência ou ao respeito exagerado por essa autoridade.

A expressão *argumentum ad verecundiam* significa literalmente "argumento da modéstia", e foi manifestamente usada pela primeira vez por John Locke, ao se referir a um tipo de erro ou tática ardilosa que pode ser usado por uma pessoa ao discutir com outra[1]. No capítulo intitulado "Of Wrong Assent, or Error" de seu *Inquiry Concerning Human Understanding* (1690), Locke define o *argumentum ad verecundiam* como um tipo de argumento que uma pessoa pode usar, numa discussão com outra, para "conseguir a aquiescência" dessa outra pessoa ou para "silenciar sua oposição". Esse tipo de persuasão consiste em citar a opinião de uma terceira pessoa que "fez um nome" e firmou sua reputação na "estima comum" com algum tipo de autoridade. Segundo Locke, "quando os homens gozam de algum tipo de distinção, é considerado falta de modéstia desacreditá-la e questionar a autoridade de homens que estão de posse dela"[2]. Assim, quem não "cede prontamente à determinação de autores consagrados" pode ser considerado insolente pelo argumentador que está usando o *ar-*

▼

1. Hamblin (1970, p. 159).
2. Esta passagem do *Essay*, de Locke, é citada na íntegra em ibid.

gumentum ad verecundiam para conseguir sua aquiescência numa argumentação.

No entanto, Locke não disse que todos os apelos à autoridade são falaciosos[3]. O que ele definiu como falácia é o uso do apelo à autoridade com o intuito de levar a melhor indevidamente ou de "silenciar a oposição" numa discussão. A abordagem de Locke será corroborada pelas conclusões deste capítulo. O apelo à autoridade pode ser legítimo quando duas pessoas raciocinam juntas numa discussão crítica. As falácias ocorrem quando uma das partes insiste demais no recurso à autoridade na tentativa de suprimir o questionamento crítico da outra parte.

7.1 APELOS RACIONAIS À AUTORIDADE

Embora os apelos à autoridade possam ser falhos, como vimos, é preciso reconhecer que alguns podem ser razoáveis e legítimos. Por exemplo, suponha que você tem uma dor de dente, vai consultar o dentista e ele lhe diz o seguinte:

Exemplo 7.0
    Este dente está bem estragado, mas ainda dá para tratar. Acho melhor obturar imediatamente.

O conselho do dentista, no exemplo 7.0, é o julgamento de um especialista devidamente qualificado em sua área. Assim, ao pedir seu conselho, você apelou a uma autoridade especializada. Mas isso não significa, de modo algum, que, se

▼
3. Ibid., pp. 159-60.

aceitar seu conselho, você terá cometido uma falácia. É provável que esse conselho seja muito razoável, sendo sensato aceitá-lo e agir de acordo com ele.

No entanto, caso tenha algum motivo para questionar o parecer desse dentista, sua competência ou suas qualificações, você deve buscar uma segunda opinião, já que o apelo à autoridade é falível como qualquer argumento plausível. Mesmo assim, alguns argumentos baseados na opinião de uma autoridade podem ser altamente racionais ou mesmo excelentes. Portanto, o apelo a um especialista ou perito não é intrinsecamente falacioso, mesmo que possa falhar quando é mal interpretado, levado muito a sério ou aceito de maneira acrítica.

É importante notar que o termo "autoridade" contém uma ambigüidade relevante. Um dos significados é o de *autoridade administrativa*, que é uma espécie de direito a exercer comando sobre os outros ou a estabelecer regras através de uma posição reconhecida ou de um cargo de poder. O segundo significado de autoridade se refere à especialidade ou perícia num domínio do conhecimento ou da técnica, o que pode ser muito diferente da autoridade administrativa. Wilson (1983, p. 13) chama a autoridade do especialista ou perito de *autoridade cognitiva*, uma relação entre duas pessoas em que aquilo que uma diz tem peso e plausibilidade para a outra, dentro de uma determinada área de especialidade.

Os dois tipos de autoridade são de natureza muito diferente, mesmo que em alguns casos a mesma pessoa detenha ou transmita os dois. Pegue o exemplo do médico que atesta que o paciente está apto a tirar carta de motorista, de acordo com critérios legalmente exigidos e determinados através de um exame físico. Ao fazer tal julgamento, o médico chega a uma conclusão com base no conhecimento médico. Seu parecer, portanto, é baseado em sua autoridade cognitiva como especialista médico. Mas é também um caso de exercício de autoridade administrativa, pois é o fato de ele ser um médico licenciado que lhe confere o direito, e também a obrigação, de dar esse parecer oficial.

É importante fazer essa distinção porque é comum um sentimento imediato de ressentimento ou hostilidade à idéia de autoridade. Ao confundir os dois significados de "autoridade", podemos cair no exagero de sentir que qualquer tipo de autoridade é falacioso ou contrário ao diálogo racional e à investigação científica.

O bom método científico é baseado na idéia de evidência reproduzível. Em outras palavras, é melhor fazer você mesmo o experimento em vez de depender do parecer de alguém que já o fez e afirma ter tido determinados resultados. Mas será que isso significa que é preciso desconfiar sempre da palavra de uma autoridade e rejeitá-la como falaciosa? Não, desde que o recurso à autoridade cognitiva seja considerado apenas um meio de complementar a investigação experimental nos casos que exigem uma decisão imediata e nos quais uma investigação experimental independente não é possível nem prática.

Exemplo 7.1

O capitão de um navio que explora o Mar da China em busca de restos de naufrágios descobre um monte de porcelanas antigas nos destroços submersos de um navio. O achado é trazido a bordo e ele constata que se trata de porcelana chinesa azul e branca, que pode ser antiga e valiosa. Só há uma maneira de ter certeza. O capitão chama um perito, uma autoridade em cerâmica chinesa. O perito examina o achado e dá seu parecer: "Século XVIII, com certeza. Essa porcelana deve ser do final do Período Ming ou do Período Tradicional." Com base nesse parecer, o capitão continua a vasculhar os destroços em busca de outros tesouros.⁴

Neste caso, estudos posteriores da porcelana vão determinar se o especialista estava certo. Mas, no momento, o capitão tem que decidir se continua ou não a busca. Portanto, se escolheu um perito confiável e bem qualificado, o recurso a essa autoridade cognitiva como fonte de informação pode levar a uma conclusão razoável sobre a decisão de continuar ou não as buscas nesse momento.

É claro que investigações científicas posteriores podem ou não corroborar a opinião do perito. Mas, na ausência dessa confirmação científica, pode ser boa a decisão do capitão de agir com base no pressuposto de que seu especialista está certo.

Numa comparação do uso de provas subjetivas com o uso de provas objetivas, é bom lembrar que, em alguns casos, testar a opinião de um especialista através de um experimento pode não ser factível na prática:

Exemplo 7.2
    Num dia muito frio, no norte do Canadá, uma mãe sai correndo de casa ao saber que a filha está com a língua grudada num mastro de metal.
    Mãe: Já lhe disse mil vezes para não pôr a mão nem a língua em metal muito frio. Eu disse que você podia ficar grudada. Por que você pôs a língua no mastro?
    Filha: Eu queria saber se era verdade.⁵

▼

4. Este exemplo é baseado livremente no conteúdo de um artigo de John Dyson, "Captain Hatcher's Fabulous Sunken Treasure", *Reader's Digest*, novembro de 1986, pp. 63-7.
5. Este exemplo é uma paráfrase de parte do diálogo de um cartum de Lynn Johnston, "For Better or Worse", *Winnipeg Free Press*, 3 de janeiro de 1987.

Neste caso, o desejo de testar na prática a lógica do argumento da mãe pode indicar um louvável interesse pela investigação científica. Mas, ao mesmo tempo, faz pensar em como é sábio ouvir uma fonte subjetiva de conhecimento baseada na experiência, em situações em que não é prático experimentar por si mesmo.

Este caso demonstra também que nem todos os apelos racionais à autoridade estão relacionados a um domínio estreito e bem definido de experiência profissional. Alguns desses apelos podem se basear na alegação de que uma determinada pessoa está em condições de conhecer uma situação ou conjunto de fatos. Por exemplo, quando a política externa exige uma decisão a respeito das condições políticas de um determinado país, pode ser bom consultar pessoas que viveram recentemente nesse país. Essas pessoas podem não ser especialistas como o é um cientista político. Mas podem estar em condições de conhecer a situação política do país em questão. Com isso, do ponto de vista de quem estuda a formulação de uma política externa relacionada a essa situação, a opinião de tais consultores tem um *status* semelhante ao do julgamento de um perito. Mas, aqui também, uma opinião dessas não deve ser tratada como "verdade absoluta", podendo em muitos casos ser questionada. Por outro lado, a opinião de quem está em condições de conhecer uma situação graças à experiência em questões pertinentes pode ser considerada mais plausível do que a opinião de quem não tem essa experiência.

Neste capítulo, estamos interessados principalmente na autoridade cognitiva. A autoridade cognitiva diz respeito sempre a uma área do conhecimento ou da experiência em que se costuma dar mais peso à opinião do perito do que à do leigo, cuja experiência e conhecimento nessa área não são equivalentes aos do perito. Mas a assimetria que dá origem à relação perito-leigo é definida não apenas pelo conhecimento do perito, mas também pela ignorância de quem usa seu conselho. O clínico geral que consulta o especialista está em busca da opinião de um perito, mas sua relação com ele é bem diferente da relação que tem o leigo que consulta o mesmo especialista a respeito do mesmo assunto.

Os apelos à autoridade como fonte de argumentos têm sido objeto de desconfiança na ciência porque tais apelos são intrinsecamente subjetivos. O perito ou especialista baseia sua opinião em regras práticas e métodos aceitos para a realização de procedimentos cuja utilidade ele e outros especialistas já testaram em seu trabalho naquela área específica. Mas para o especialista pode ser difícil, ou mesmo impossível, traduzir sua opinião e experiência prática em "evidências" que possam ser definidas de maneira explícita e completa para o leigo. Como a avaliação do especialista é baseada na formação profissional, na longa experiência e no conhecimento prático, do ponto de vista do leigo que age com base nela sua conclusão é um julgamento individual e subjetivo.

Mas, tradicionalmente, a ciência questiona o valor do apelo subjetivo como prova direta na confirmação de uma hipótese. Isso porque a hipótese científica tem que ser confirmada por uma verificação experimental que seja reprodutível e possa ser confirmada objetivamente por provas empíricas ou cálculos matemáticos. Então, como são essencialmente subjetivos, os apelos à autoridade cognitiva têm sido sistematicamente rejeitados como fonte confiável de conhecimento.

Há boas razões para desconfiar de provas obtidas através de apelos à autoridade. A forma mais forte de argumento é o dedutivamente válido. O acme do conhecimento científico é o sistema axiomático, em que a única prova de uma hipótese é a dedução dessa hipótese por argumentos válidos a partir de proposições claras e bem definidas, chamadas "axiomas". Uma forma mais fraca de argumento é a confirmação indutiva. Uma hipótese é considerada indutivamente confirmada quando é baseada em dados altamente prováveis. Ambos os tipos de prova são objetivos. Mas o apelo à opinião de um especialista não se encaixa em nenhum desses padrões e, como vimos, é intrinsecamente subjetivo. Portanto, tal argumento deve ser rejeitado ou descartado se for possível apresentar prova dedutiva ou confirmação indutiva da proposição em questão.

Além disso, como são baseados num raciocínio plausível, os apelos à autoridade devem ser tratados, na prática, como argumentos que podem até transferir o ônus da prova, mas são intrinsecamente fracos e questionáveis. Os especialistas podem estar sujeitos ao mesmo tipo de parcialidade e preconceito que estudamos no Capítulo 6, com referência aos argumentos contra a pessoa. Quando um especialista tem algo a ganhar ao defender um dos lados da argumentação ou quando é pago para argumentar a favor de um dos lados – como freqüentemente acontece nos tribunais –, chamar a atenção para essa possível parcialidade pode ser uma crítica legítima.

A lei prevê que o testemunho de um especialista (por exemplo, um perito em balística) pode ser considerado num tribunal como uma forma racional de prova. Assim, muitas vezes, pelos padrões legais, os apelos à perícia científica são considerados provas necessárias e racionais. No entanto, restam muitas questões relativas à forma de avaliar esses argumentos num tribunal. E, como veremos, os problemas são muitos, como revelam alguns casos dramáticos em que argumentos de especialistas levaram a decisões erradas nos tribunais.

O desenvolvimento de sistemas especialistas na área da inteligência artificial aumentou a aceitação do recurso à autoridade como forma distinta e intrinsecamente racional de argumentação. Trata-se de programas de computador que reproduzem o conhecimento de um especialista em áreas bem definidas. Eles são amplamente usados em diagnósticos médicos, geologia, localização de falhas elétricas e muitas outras áreas da ciência e da indústria. Por exemplo, os sistemas especialistas que incorporam o conhecimento de engenheiros automotivos experientes, que ajudaram a projetar determinados veículos ou que os conhecem bem, são usados para orientar os mecânicos que trabalham com aquele tipo de veículo. Essa é uma forma de um perito (o mecânico) se beneficiar da experiência e do conhecimento especializado de outros peritos, fazendo perguntas e recebendo respostas programadas num terminal de computador. Esses recursos tendem a ir contra a idéia de que qualquer apelo à autoridade é deficiente ou falacioso, já que a utilidade prática dos sistemas especialistas já é bem reconhecida.

7.2 TRÊS ERROS COMUNS DO RECURSO A OPINIÕES DE ESPECIALISTAS

Em primeiro lugar, um apelo a uma autoridade a respeito de uma questão alheia à sua especialidade pode ser considerado um argumento falho. O tópico do argumento a seguir é a economia:

Exemplo 7.3
    Estes alarmantes gastos com a defesa levarão ao desastre econômico. Segundo Einstein, esse tipo de gasto é sinal de uma instabilidade política que não é compatível com medidas fiscais sólidas que permitam uma recuperação financeira duradoura depois de uma recessão.

Einstein era um grande físico, mas usar o prestígio do seu nome para decidir uma argumentação sobre economia é altamente questionável. O fato de alguém ser um especialista reconhecido no campo A não faz do seu pronunciamento no campo B uma proposição altamente plausível ou competente. Depois que atingiu *status* de celebridade como cientista, Einstein era muitas vezes consultado pela mídia sobre questões religiosas e políticas. Mas, como é o caso de muitos especialistas acadêmicos, ele tendia a ser um tanto ingênuo e idealista em questões morais e políticas fora da sua área. O fato de suas opiniões serem levadas tão a sério e aparecerem em manchetes de jornal era para ele uma fonte de perplexidade e constrangimento[6].

    O problema é que uma espécie de halo envolve os especialistas. Se alguém é conhecido como especialista de prestígio numa determinada área, esse halo de autoridade muitas vezes invade qualquer pronunciamento feito por essa pessoa, mesmo que seja sobre um tópico totalmente alheio à sua área.

    Esse tipo de erro é comum em apelos à autoridade. Se o campo do perito é A, mas a questão sobre a qual ele é chamado a se pronunciar pertence ao campo B, então o argumento baseado em sua autoridade deve ser questionado. O proble-

▼
6. Ronald W. Clark, *Einstein: The Life and Times*, Nova York, Avon Books, 1971.

ma é que existem áreas extremamente especializadas. Para conseguir se destacar, o especialista pode se ver obrigado a restringir sua pesquisa e aprendizado a uma área restrita. Assim, ele pode ter ainda menos tempo e recursos do que o leigo para acumular conhecimento em áreas controversas fora da sua especialidade. Em razão do campo restrito da especialização, os apelos à opinião de especialistas ou peritos são altamente sensíveis ao assunto e podem ser muito frágeis fora desse domínio.

Em segundo lugar, às vezes o apelo à autoridade é tão vago que o nome do especialista não é nem mesmo citado e o campo de especialidade não é identificado:

Exemplo 7.4

Segundo especialistas, o castigo corporal tem um efeito traumático no desenvolvimento da criança. Portanto, os pais não devem bater nos filhos em circunstância nenhuma.

Neste argumento, o problema é a grave falta de documentação. Quando o pronunciamento de "especialistas" fica assim tão vago, é um grave erro dar-lhe muito peso na argumentação. A réplica correta é perguntar quem são os "especialistas" e qual é o seu campo de especialização. No entanto, como o apelo à autoridade tem muita força em qualquer argumentação, tais perguntas raramente são feitas. Muitas vezes, a mera expressão "segundo especialistas" é suficiente para silenciar a oposição e pôr fim à discussão. O fato é que ficamos tão intimidados diante de uma autoridade em áreas técnicas ou especializadas que a mera expressão "segundo especialistas" pode inibir o diálogo racional e qualquer questionamento ulterior.

Em terceiro lugar, outro erro do apelo à autoridade ocorre quando o suposto especialista, embora tenha seu nome identificado, não é uma autoridade de verdade. É o caso de alguém que é citado por ser considerado um formador de opinião devido à popularidade ou ao prestígio pessoal. Todos nós já vimos comerciais em que um ator famoso ou uma estrela do beisebol endossa um determinado produto, como um carro ou uma barra de chocolate. Esses apelos não são apelos à autoridade e sim simples apelos à popularidade. Mas, diante de um argumento que pretenda ser um apelo à autoridade, cabe perguntar se a pessoa em questão é um especialista legítimo:

Exemplo 7.5

   Um famoso comediante recomenda uma determinada marca de refrigerante alegando que não contém açúcar, sendo assim uma boa maneira de manter uma dieta saudável e perder peso.

Neste caso, é provável que o comediante não tenha credencial alguma em áreas relacionadas à nutrição, saúde ou perda de peso. No entanto, há quem atribua credibilidade ao que ele fala sobre a superioridade desse refrigerante sobre qualquer outro, já que ele é um formador de opinião que parece saber do que está falando. No entanto, se você quiser uma orientação confiável a respeito de sua saúde, é muito pouco provável que procure um comediante. O perigo neste caso é ser indevidamente influenciado pelo conselho de alguém que de especialista não tem nada.

7.3 TESTEMUNHO DE ESPECIALISTAS EM ARGUMENTAÇÃO JURÍDICA

O uso de apelos à autoridade aumentou tanto nos tribunais que, hoje em dia, a maioria dos grandes julgamentos envolve algum tipo de depoimento especializado. Especialistas médicos, psicólogos, peritos em balística, estatísticos e cientistas de todos os tipos são chamados para depor sobre todos os tipos de questões. Nos Estados Unidos, um dos casos mais notáveis envolvendo provas introduzidas por especialistas foi o da condenação de Wayne Williams, em 1982, acusado de assassinar crianças em Atlanta. Decisiva para a condenação foi a prova científica baseada em análise microscópica, que estabeleceu uma relação de identidade entre as fibras encontradas nos corpos das vítimas e as fibras do tapete do quarto de Wayne Williams. A probabilidade estatística desse tipo de ocorrência, apresentada pelos peritos, foi considerada prova suficiente pelo júri, que condenou o acusado.

Em geral, o apelo ao testemunho de um especialista é aceito como prova jurídica, mas há controvérsias sobre os padrões e limites a que esse tipo de prova deve se sujeitar. Até recentemente, nos Estados Unidos, o padrão era baseado no caso *Frye vs United States* (1923) e estabelecia que qualquer técnica ou teoria a ser usada como prova tinha que ser "suficientemente comprovada a ponto de ter ganho aceitação geral em seu campo"[7]. Essa regra, no entanto, por se limitar à prova demonstrável, é criticada por excluir técnicas científicas recentemente descobertas. Essa pressão para incluir descobertas científicas novas e promissoras, no entanto, levou a uma liberalização dos padrões para esse tipo de testemunho, o que parece ter dado poder demais a especialistas e peritos.

Segundo Imwinkelried (1986, p. 22), em muitos Estados são aceitos testemunhos de peritos baseados em teorias ou técnicas que não têm aceitação geral na área em questão:

▼

7. Imwinkelried (1986, p. 22).

Exemplo 7.6

No julgamento de molestadores de crianças, por exemplo, muitas cortes permitem agora o testemunho de psiquiatras para demonstrar que os problemas psicológicos de uma suposta vítima são prova de que o abuso de fato ocorreu. A idéia de que crianças violentadas desenvolvem "síndromes" características pode ser útil para o clínico que precisa fazer um diagnóstico e prescrever um tratamento. Para ele, o principal é o estado mental do paciente no momento.[8]

Mas, de acordo com as regras baseadas no caso *Frye*, tais provas seriam inadmissíveis, já que uma "síndrome" não é usada por cientistas para determinar fatos. É usada apenas por psicólogos para orientar a terapia. Hoje em dia, no entanto, esse tipo de prova pode ser usado.

Assim, segundo Imwinkelried (1986), houve um rebaixamento gradual dos padrões relativos à introdução, nos tribunais, de provas fornecidas por especialistas. Com isto, estes podem tirar conclusões livremente, sem sofrer contestações. O problema é que os novos padrões liberalizados têm obrigado advogados, juízes e jurados a avaliar o mérito de teorias científicas mesmo não sendo especialistas na área. Imwinkelried (1986, pp. 23 s.) cita a técnica da espectrografia sonora, que permite a análise de vozes. No início, essa técnica parecia ser um meio confiável para identificar a voz de um seqüestrador, por exemplo, numa conversa telefônica gravada. Mas os criminosos foram aprendendo a disfarçar a voz ao telefone e a técnica foi se tornando menos confiável. Mesmo assim, segundo Imwinkelried (1986, p. 24), poucos advogados ques-

▼

8. Ibid., p. 22.

tionavam a confiabilidade da técnica. E, como a aceitação geral da técnica não podia ser contestada, o testemunho do perito era aceito como prova.

Como solução, o advogado pode trazer outro especialista que conteste a prova apresentada pelo primeiro. O resultado é a chamada "guerra de especialistas" nos tribunais. Em algumas áreas da psiquiatria, por exemplo, em que as teorias não são exatas nem universalmente aceitas, não é difícil para um advogado encontrar um especialista que chegue a uma conclusão oposta à do especialista do outro lado.

Na verdade, tais testemunhas são escolhidas pelo advogado de maneira facciosa. Ou seja, como o advogado costuma pagar esse tipo de testemunha, ele pode escolher um especialista cujo testemunho corrobore seu lado da argumentação. Ou pelo menos é o que ele espera. Ao contrário da testemunha leiga, o especialista não é obrigado a testemunhar no tribunal. A opinião do especialista é uma propriedade sua, que ele pode vender ou dar para quem quiser.

Segundo Younger (1982, p. 8), o advogado envolvido num julgamento costuma recorrer aos chamados especialistas da casa, que a firma de advocacia costuma usar. Younger observa que muitas firmas de advocacia têm um "plantel" de especialistas, uns dez ou quinze médicos, que são usados como testemunhas:

> São médicos acostumados a atuar no tribunal e muito bons nisso. Todos eles parecem o Spencer Tracy e dão ao júri uma impressão de infalibilidade. Assim, cada um dos lados convoca um especialista tirado desse grupo. Normalmente, você telefona para um deles, resolve a parte financeira e ele comparece ao tribunal.

Portanto, é uma supersimplificação pensar que o especialista que testemunha no tribunal é totalmente neutro. A escolha de tais testemunhas pelo advogado reflete a realidade do sistema competitivo da argumentação legal.

Por outro lado, esse é um sistema de controle recíproco porque cada lado é livre para atacar o testemunho do especialista do lado oposto e introduzir o próprio especialista. Quando isso acontece, cabe ao juiz ou ao júri decidir qual dos testemunhos é mais forte e digno de crédito. No entanto, o advogado pode influenciar bastante essa decisão questionando o especialista do outro lado.

Weber (1981) conta como um advogado pode atacar, no tribunal, o testemunho do especialista do outro lado. Segundo Weber (p. 303), um interrogatório desse tipo exige uma cuidadosa preparação e o estudo das qualificações do especialista, e, se possível, a análise prévia de todos os relatórios ou documentos submetidos ao especialista como prova. Depois, o advogado tem que traçar um cuidadoso plano de ataque. Weber (p. 303) chega até a mencionar listas de perguntas usadas nesse tipo de interrogatório, uma para cada tipo de caso e de especialista. Ele dá o exemplo (p. 312) de uma lista de perguntas para um economista. É uma lista que pode ser usada para questionar o currículo do especialista, suas qualificações, suas fontes de informação e o grau de falibilidade das avaliações em sua área.

Os tribunais até permitem, às vezes, que os advogados interroguem o especialista do adversário com o objetivo de comprovar um possível viés baseado nos interesses financeiros desse especialista. Três motivos que permitem esse tipo de interrogatório são citados por Graham (1977, p. 50): (1) interesse financeiro no caso em questão, em razão da remuneração pelos serviços, (2) expectativa de continuar prestando tais serviços ou (3) testemunho anterior para o mesmo advogado ou mesmo grupo. Graham (1977) argumenta que esse tipo de prova, incluindo o percentual dos rendimentos do especialista advindo de sua atuação no tribunal, deve ser considerado pertinente na comprovação do viés. Segundo ele, tais aspectos devem ser incluídos nas perguntas que o advogado faz ao interrogar o especialista do lado contrário.

Interrogar uma testemunha da parte contrária é uma arte de perguntas e respostas que os advogados aprendem com a prática, sendo que alguns se tornam exímios nessa arte. Grande parte dessa habilidade depende de o advogado saber atacar os pontos fracos do argumento do especialista e expô-los ao júri. Por exemplo, Weber (1981, p. 305) diz que ele deve expor o viés mostrando que informações importantes usadas pelo especialista vieram de fontes potencialmente parciais, como o autor da ação, sua mulher, amigo, advogado ou patrão. Ou, se o especialista fizer uma projeção para o futuro, o advogado pode perguntar se não é verdade que ninguém pode assegurar o que acontecerá. Essas técnicas de interrogatório usam abertamente perguntas complexas e argumentos contra a pessoa, discutidos em capítulos anteriores. Mas é claro que isso não quer dizer que o advogado que usa tais técnicas esteja recorrendo a uma argumentação enganosa. Mostra, isso sim, a natureza combativa do uso da opinião de especialistas em argumentação legal no ambiente do tribunal.

7.4 ATÉ QUE PONTO A AUTORIDADE É ESPECIALISTA?

É claro que alguns especialistas têm mais autoridade do que outros num determinado tópico ou questão. Digamos que eu queira ouvir a opinião de um especialista sobre os prós e os contras de uma cirurgia da vesícula. O dr. Smith tem vinte anos de experiência em cirurgia da vesícula e publicou um livro e vários artigos sobre o assunto. Seu trabalho é tido em alta conta por outros especialistas e muitas vezes citado em artigos sobre o assunto nos principais jornais de medicina. O dr. Jones é um psiquiatra especializado em bulimia e diretor de uma clínica para controle de peso.

Ora, tanto um quanto outro são médicos. Logo, ambos são especialistas em assuntos médicos. Mas, para decidir se devo ou não fazer a cirurgia, é melhor dar mais peso à recomendação do dr. Smith.

Outra questão a ser levantada é se a alegada área de conhecimento especializado é reconhecida como área de especialização no campo em questão ou se é apenas um tópico de interesse do cientista ou praticante naquele campo. Essa questão já foi levantada quando se discutiu se os médicos podiam ou não anunciar seus serviços (nas páginas amarelas, por exemplo) especificando um interesse numa determinada doença. Será que o psiquiatra que tem um interesse especial na saúde mental dos adolescentes, por exemplo, deve poder anunciar esse interesse nas páginas amarelas?

De acordo com os padrões atuais da Sociedade dos Médicos e Cirurgiões de Manitoba, Canadá, por exemplo, esse anúncio não seria permitido porque a saúde mental dos adolescentes não é, até o momento, uma área reconhecida da medicina. Segundo o secretário da associação, mesmo que um médico com uma clientela predominantemente adolescente tenha mais experiência com problemas específicos da adolescência, "isso é um interesse e não uma qualificação"⁹. Em outras palavras, o médico não tem que passar por um exame de qualificação específico para poder atuar nessa área, como teria que fazer para se tornar especialista em anestesia ou clínica geral, por exemplo. Assim, é bom perguntar se a suposta especialidade num determinado campo corresponde a uma área de subespecialização reconhecida, que exige qualificações especiais, ou se é apenas uma área de interesse. A familiaridade com uma área de interesse pode tornar a orientação do especialista mais valiosa do que a orientação de outro especialista que não tenha tal familiaridade. Mas, mesmo assim, pode-se fazer uma distinção importante entre um interesse e uma qualificação.

Em termos gerais, então, alguns especialistas são muito mais especialistas do que outros acerca de determinadas questões ou problemas. Portanto, mesmo quando uma opinião é citada corretamente como o pronunciamento de um especialista qualificado, tomar essa opinião como declaração de uma autoridade já é outra questão.

O problema é que alguém que é citado como autoridade pode parecer, para quem está do lado de fora, um especialista muito qualificado – um cientista sênior que chefia uma reconhecida instituição –, mas, para quem pertence ao meio, sua reputação pode deixar a desejar. Essa pessoa pode ser uma especialista, mas não a melhor especialista na questão.

Shepherd e Goode (1977) fizeram um estudo para averiguar se os cientistas citados como especialistas pela imprensa eram de fato os que tinham pesquisado o assunto em questão.

▼

9. Anônimo, "Medical Advertising Views Sought", *Winnipeg Free Press*, 27 de janeiro de 1986.

A controvérsia científica que foi objeto desse estudo envolvia os possíveis danos ao cérebro causados pela maconha. Eles descobriram que, dos dez pesquisadores mais citados na literatura científica, só um estava entre as dez autoridades mais mencionadas pela imprensa. Dessas dez autoridades citadas pela imprensa, sete nunca tinham publicado coisa alguma na literatura científica.

As descobertas de Shepherd e Goode sugerem que a imprensa tende a buscar, como porta-voz, o chefe administrativo de um instituto ou faculdade e não o pesquisador envolvido com o trabalho. Em outras palavras, por que citar um mero cientista de laboratório quando se pode citar o chefe da organização?

O problema é que, quando não temos familiaridade com uma determinada área de pesquisa, qualquer especialista parece bom porque não temos condição de saber quem são as verdadeiras autoridades nessa área. Pode ser difícil questionar as credenciais ou a autoridade de um especialista, ou pedir uma segunda opinião. Mas, em alguns casos, o melhor é continuar a procurar até encontrar a melhor orientação possível. O pronunciamento de um especialista pode não ser a palavra final.

O pesquisador ocupado em contribuir para o avanço do conhecimento em sua área não quer ou não precisa de publicidade na mídia popular e provavelmente não tem tempo para programas de televisão ou entrevistas de jornal. Mas a opinião que conhecemos é a de quem aparece, daquela autoridade que é sempre citada, cujo nome já é conhecido do público. Segundo Alter (1985, p. 69), a mídia criou o hábito de recorrer constantemente a algumas poucas fontes, muitas vezes citadas como especialistas:

Exemplo 7.7

"Reúnam os suspeitos de sempre", rosna o editor ou produtor quando os prazos vão chegando ao fim. Assim, uma reportagem que envolva o feminismo se transforma numa reportagem que cita Gloria Steinem ou Susan Brownmiller. Louco por uma citação convincente sobre ciência (qualquer ciência)? Telefone para o astrônomo Carl Sagan. Nada disso é necessariamente uma censura aos "suspeitos de sempre", que são, em geral, de muito valor em suas áreas. Ainda assim, a impressão que fica é a de um mundo que contém apenas uma meia dúzia de pessoas informadas.[10]

Alter menciona várias celebridades que caíram na preferência da mídia. Alan Greenspan é citado em questões econômicas, Alan Dershowitz em assuntos legais e Gloria Steinem quando o assunto diz respeito à mulher. E assim por diante.

Em geral, as várias "fontes" a que a mídia tanto recorre são mesmo especialistas em suas áreas. O problema não é esse. O problema, segundo Alter, é que há boas razões para acreditar que nem sempre tais especialistas são os melhores a serem consultados sobre um determinado problema ou controvérsia. É mais provável que os mais citados sejam preferidos pela imprensa porque gostam de colaborar ou porque têm estilo provocador, por exemplo, e não por serem os melhores. O problema é que as personalidades ou os autores com estilo provocador são bem aceitos pelo público justamente por serem brilhantes e de língua afiada. São pessoas que tendem a evitar restrições e requisitos acadêmicos, sendo assim mais interessantes e citáveis, já que têm mais jogo de cintura. Em outras palavras, elas se tornam citáveis justamente porque têm um es-

▼

10. Alter (1985, p. 69).

tilo contrário aos requisitos mais cuidadosos do procedimento acadêmico. Em suma, há razões para suspeitar que os especialistas mais citados não sejam as verdadeiras autoridades em determinadas questões. Eles fazem sucesso entre os repórteres por causa de sua disponibilidade e "citabilidade".

Assim, muitos apelos à autoridade usados pela mídia a respeito de tópicos controversos devem ser cuidadosamente avaliados. Alguns podem ser apelos razoáveis a especialistas, mas outros podem ser argumentos fracos, em razão de as autoridades citadas não serem os melhores especialistas naquele assunto.

Uma boa forma de testar a recomendação de um especialista é buscar uma segunda opinião. Mas, em alguns casos, os especialistas discordam ou contradizem uns aos outros. Quando o assunto é polêmico, eles podem discordar energicamente.

Muitos casos famosos de "batalhas de especialistas" ocorreram nos tribunais, onde os dois lados chamam especialistas para depor sobre questões relacionadas às provas. Peritos em balística apresentam evidências sobre a arma. Patologistas depõem sobre questões relativas aos ferimentos ou à causa da morte. Psiquiatras são chamados pelos dois lados para atestar se o réu estava insano ou tinha controle de suas ações. Como cada lado pode convocar especialistas que apóiem seu lado do argumento, são notórios os conflitos entre suas declarações nos julgamentos criminais.

Numa causa famosa (Regina *versus* Roberts), um homem foi condenado pela morte de uma mulher com base em provas físicas encontradas na cena do crime. Segundo a perícia, fios de cabelo encontrados na cena do crime combinavam com as amostras do cabelo do réu. Dieter von Gemmingen, analista do Centro de Cientistas Forenses, foi o especialista que declarou que as amostras de cabelo eram semelhantes, com base em sua experiência em mais de quinhentas investigações que envolviam análises de cabelo. O exemplo 7.8 é um resumo da natureza da prova apresentada no testemunho de Dieter von Gemmingen:

Exemplo 7.8

Com base na intuição científica desenvolvida em mais de treze anos de experiência, um especialista pode usar o microscópio para comparar pigmentos de dois fios de cabelo e determinar, com probabilidade irrefutável, que os dois fios vieram da mesma pessoa. Pode-se chegar então à conclusão científica de que é muito pouco provável que os dois fios de cabelo não sejam da mesma pessoa, embora o especialista não possa quantificar a probabilidade.[11]

Com base nesse testemunho, o réu foi considerado culpado. Depois de vários anos na prisão, ele conseguiu uma audiência para pedir novo julgamento, com base em novas provas.

A nova prova era o testemunho de outro especialista, o dr. Robert Jervis, um professor de física nuclear e radioquímica que pesquisava técnicas radioquímicas há mais de vinte e seis anos. Ele havia desenvolvido uma nova técnica radioativa para detectar elementos residuais em amostras de cabelo. O dr. Robert Jervis apresentou a evidência que resumimos a seguir:

Exemplo 7.9

A irradiação e a medição de isótopos encontrados em amostras de cabelo podem ser usadas em testes feitos no computador para determinar a quantidade de elementos residuais no cabelo.

▼
11. Uma análise mais completa deste caso (*Canadian Criminal Cases*, 34, 1977, pp. 177-83) é apresentada por Walton (1984, pp. 198-214).

Com base nesses testes, concluiu-se que é muito pouco provável que os fios de cabelo encontrados na cena do crime combinem com o cabelo tirado da cabeça do acusado.

Com base no testemunho desse outro especialista, o recurso do réu foi aceito e ele foi libertado.

Um aspecto interessante desse caso é revelar que o conflito entre as conclusões de vários especialistas pode atingir proporções dramáticas. Neste caso, o argumento do segundo especialista foi considerado mais forte, sem dúvida, por se basear numa técnica científica mais atualizada que tinha sido desenvolvida, consagrada e aceita pelos cientistas da área. Além disso, o advogado do réu chamou um terceiro especialista, que depôs a favor do método de análise por ativação de nêutrons. E o juiz sugeriu, em suas observações, que achava plausível que o método de ativação de nêutrons fosse mais confiável do que o exame microscópico. Então, era plausível concluir daí que a nova prova, introduzida pelo método mais confiável, era suficiente para derrubar a acusação de culpa além de qualquer dúvida razoável que pesava sobre o réu. E essa foi, de fato, a conclusão a que chegou o juiz.

Este caso mostra como é perigoso confiar numa autoridade cujas técnicas possam estar obsoletas. E mostra também como é problemático lidar com o apelo a várias autoridades que podem se contradizer entre si.

7.5 INTERPRETAÇÃO DO QUE DISSE O ESPECIALISTA

Na avaliação de um argumento vindo de uma autoridade, outro problema é a questão de interpretar corretamente o que foi dito. É sempre melhor que o especialista seja citado diretamente. Muitas vezes, no entanto, em vez da citação direta, é apresentado um relato da opinião do especialista. E isso traz muitos problemas. Primeiro, os especialistas costumam usar termos técnicos e especializados (jargão), difíceis de traduzir numa linguagem leiga que não gere mal-entendidos. Segundo, os verdadeiros especialistas costumam fazer restrições e exceções especiais. Seu parecer pode ser baseado em contingências específicas à situação ou problema investigado. Negligenciar tais sutilezas pode levar a muitos erros e supersimplificações.

Alguns desses erros possíveis estão indicados na seguinte lista de perguntas[12]:

1. O pronunciamento do especialista foi reproduzido diretamente? Se não, foi feita uma referência à fonte original? Ela pode ser verificada?
2. Se o parecer do especialista não foi citado, será que foram omitidas informações ou reservas importantes?
3. Se mais de um especialista foi citado, eles foram citados separadamente? Pode haver discordâncias entre as autoridades citadas?
4. Ficou claro o que disse a autoridade? Os termos técnicos foram explicados claramente? Se o parecer está em linguagem leiga, será que isso não é um indício de que foi traduzido a partir de outra forma de expressão apresentada pelo especialista?

Mesmo quando temos certeza de que entendemos o que o especialista disse, ainda pode haver espaço para questionar um apelo à autoridade.

Em causas jurídicas, os advogados têm que aprender a questionar eficientemente os especialistas. Embora não seja médi-

▼

12. Os itens desta lista aparecem numa lista mais abrangente de erros na citação de fontes, apontados por DeMorgan (1847, pp. 281-5).

co por formação, o advogado pode se ver obrigado a interrogar especialistas que testemunhem a respeito de temas médicos. Isso significa que um advogado competente tem que conhecer os fatos médicos pertinentes a uma causa e usar esse conhecimento com eficácia. Em outras palavras, a opinião do especialista não pode ser sempre aceita sem reservas. Num diálogo, o leigo pode ter que questionar com inteligência o especialista.

Um exemplo disso é esta amostra de diálogo citada por Cohen (1973, pp. 543 s.), em que um advogado interroga um médico durante um julgamento de homicídio:

Exemplo 7.10

P: Dr. Xis, para formular uma opinião psiquiátrica sobre o estado mental de uma pessoa numa determinada ocasião, não é melhor examiná-la logo que possível?

R: É verdade.

P: Então, para avaliar e formar uma opinião sobre uma pessoa que cometeu certo ato no dia 23 de março de 19....., é melhor que o psiquiatra conte com um exame feito três dias ou duas semanas depois dessa data do que com um exame feito catorze meses depois?

R: Não necessariamente. Não. Depende da situação, do tipo de reação e do tipo de paciente com que estiver lidando.

P: Como psiquiatra, o senhor não acharia melhor examinar o paciente numa data mais próxima ao incidente do que catorze meses depois?

R: Eu gostaria de examiná-lo cinco minutos depois do crime.

P: Então o senhor concorda que é melhor fazer o exame num momento mais próximo do que num momento distante?

R: Concordo que provavelmente seria melhor.

P: E não é verdade que as doenças mentais e suas manifestações são sujeitas a mudanças?

R: Sim, sem dúvida.

P: E não é verdade também que uma pessoa pode apresentar sintomas de uma doença mental ou de uma psicose ativa num dia e que, uma semana ou um mês depois, o mal pode ter regredido?
R: É possível, sim.
P: Certo?
R: Sim.
P: O senhor tem conhecimento de que o dr. Z examinou John Small três dias depois do incidente?
R: Sim, tenho conhecimento disso.
P: E o senhor concorda, doutor, que o estado mental de John Small três dias depois do incidente não seria necessariamente igual ao do dia em que o senhor o examinou?
R: Isso é verdade.
P: Se ele tinha um problema mental, como esquizofrenia, e se foi medicado, se fez terapia e passou por consultas, depois de dez ou doze meses seu estado seria diferente?
R: Repetindo, depende do problema e do tipo de problema. Nem todas as pessoas melhoram com tratamento e nem todas as pessoas permanecem iguais sem tratamento.

Neste diálogo, o advogado de defesa mostrou que o psiquiatra que testemunhou para a acusação tem argumentos fracos a respeito do diagnóstico do réu. Como mostrou o interrogatório do advogado, o psiquiatra só examinou o réu catorze meses depois do crime. Essa linha de questionamento abre a possibilidade de uma melhora no estado mental do réu nesses catorze meses. O júri, então, que reflita sobre essa implicação.

Observe que o interrogatório do advogado funciona. Ele não é um especialista, mas, com perguntas pertinentes e inteligentes, pode levar o especialista a se comprometer. Depois que fez uma declaração, o especialista está comprometido com ela. Como essa declaração passa a fazer parte de sua posição, ele não pode modificá-la nem ir contra ela, porque senão cairia em contradição. O advogado sabe disso e usa a situação com eficácia, organizando suas perguntas numa ordem bem planejada, de maneira que o diálogo vá em direção a uma conclusão favorável à argumentação da defesa.

Portanto, a palavra de um especialista pode e até deve ser questionada para que o apelo à autoridade tenha valor no diálogo racional. Na verdade, os especialistas às vezes chegam até a se contradizer. Quando isso acontece, suas declarações têm que ser questionadas com muito cuidado.

7.6 ESQUEMA DE ARGUMENTAÇÃO PARA APELO À OPINIÃO ESPECIALIZADA

Como é uma forma de argumento apenas plausível e, portanto, fraca, o apelo ao especialista já foi muitas vezes considerado um argumento falacioso. E ele certamente pode ser falacioso quando ignora provas melhores que levem a uma conclusão baseada em evidências mais concretas. No entanto, em muitos casos, o apelo ao conhecimento especializado de uma autoridade legítima pode ser um argumento racional.

O diálogo de consulta ao especialista é uma subespécie do diálogo de extração de conhecimento e é diferente do tipo de diálogo denominado *investigação*. A investigação procura provas, e ambas (ou todas) as suas partes são (relativamente) ignorantes. Na consulta ao especialista, uma das partes, o "leigo", é ignorante, e a outra parte é um especialista numa determinada disciplina ou área. O objetivo é que o não-especialista obtenha orientações pertinentes do especialista. A situação inicial é uma necessidade de orientação especializada, sendo a ação informada (inteligente) um benefício ou resultado potencial da consulta.

No entanto, o contexto de argumentação em que o *argumentum ad verecundiam* apresenta mais problemas é o diálogo persuasivo. Nesse tipo de diálogo, o objetivo do proponente é persuadir o outro participante de que sua tese (ponto de vista) é verdadeira (correta). Mas, quando apela à opinião do especialista, o proponente introduz uma terceira parte no contexto da argumentação. Tipicamente, um dos dois participantes – vamos chamá-los de White e Black – do diálogo persuasivo tenta sustentar seu lado do argumento citando a opinião de uma autoridade no assunto. Digamos que White sustente seu argumento alegando que um especialista, Green, é a favor da proposição que ele está defendendo. Essa alegação de White tem o objetivo de persuadir Black. Pode ser também que a estratégia de White seja fazer uma apresentação forte e convincente do seu argumento, de forma que aniquile o lado de Black.

Tal recurso implica a existência de um diálogo secundário, para obter conhecimento, entre White e seu especialista, Green, cujo parecer ou opinião White usou em sua argumentação. A existência desse contexto de diálogo secundário pode ser inferida, já que todo argumento *ad verecundiam* envolve um diálogo secundário entre o especialista e o solicitante de sua opinião. A Seção 7.5 traz um questionamento crítico próprio desse diálogo secundário.

O raciocínio integrado a um sistema especialista é *baseado em conhecimentos*, já que tira suas premissas de um conjunto de fatos e regras (ou estruturas) chamado *base de conhecimentos*. Não há nada de intrinsecamente ilícito ou falacioso nesse tipo de raciocínio. Assim como não há nada de falacioso ou ilícito *per se* no uso de conclusões emitidas por um especialista (ou sistema especialista) para resolver um problema, responder a uma pergunta ou sustentar uma opinião na argumentação. A argumentação baseada na opinião de fontes que detêm uma base de conhecimento especializado é um tipo de raciocínio plausível cuja função legítima é transferir o ônus da prova numa argumentação interativa (diálogo).

Numa argumentação, o esquema para o apelo à opinião de um especialista é o seguinte:

>E é um especialista na área D.
>E declara que A é reconhecidamente verdadeiro.
>A está contido em D.
>Logo, A pode (plausivelmente) ser considerado verdadeiro.

Numa argumentação, o uso desse esquema é considerado fraco, errôneo ou mal documentado quando uma ou mais premissas não têm boa sustentação. Mas há vários erros específicos que podem ser cometidos e correspondem a perguntas não respondidas do questionamento crítico apresentado na Seção 7.7.

7.7 QUESTIONAMENTO CRÍTICO DO APELO À OPINIÃO ESPECIALIZADA

Como em outros tipos de argumentação que estudamos, o problema é separar os casos falaciosos ou questionáveis dos casos mais racionais de apelo à opinião de especialistas. Ao avaliar qualquer apelo à autoridade, é bom ter em mente as seis perguntas do questionamento crítico a seguir. Um apelo racional à autoridade tem que atender a todos os requisitos mencionados nas seis perguntas. Caso um desses requisitos não seja atendido, é a esse respeito que o apelo tem que ser criticado e questionado. Quando o argumento é fraco mas é apresentado no contexto do diálogo de forma que silencie de antemão qualquer uma dessas perguntas, alegando falta de modéstia por parte do oponente, ele é falacioso.

A primeira pergunta é se o parecer apresentado pela autoridade realmente se encaixa no campo de competência em que tal pessoa é especialista. Alguns casos são claras transgressões desse requisito. Se o especialista é um físico e o argumento é sobre religião e nada tem a ver com física, então o apelo deve ser rejeitado por ser de pertinência ou valor questionável. Em alguns casos, o apelo é tão vago que o nome do suposto especialista nem sequer é mencionado. É preciso criticar esse tipo de argumentação exigindo mais documentação do recurso à autoridade.

Em outros casos, pode ser mais difícil avaliar a pertinência de um campo de experiência a uma determinada questão. Por exemplo, suponha que a questão seja os benefícios da vitamina C para a saúde. A opinião de um famoso bioquímico pode ter algum valor como parecer de especialista. Mas o parecer de um médico que pesquisou o assunto talvez tenha mais autoridade. Aqui, cada caso tem que ser julgado por seus próprios méritos, a partir das informações apresentadas. Mas é preciso questionar com cuidado as credenciais de uma autoridade relativas ao assunto em questão. Quando o campo do especialista está relacionado ao assunto apenas de maneira indireta, há motivo para cautela e para questionar criticamente seu parecer.

A segunda pergunta importante a respeito de qualquer apelo à autoridade é se o especialista citado é realmente um especialista e não meramente alguém com prestígio, popularidade ou *status* de celebridade. Várias subperguntas são importantes para estabelecer se alguém pode ser chamado de especialista legítimo num determinado campo:

1. Que graus de formação acadêmica, qualificações profissionais e certificados de licenciamento tem essa pessoa?
2. É possível apresentar testemunhos e avaliações de colegas ou outros especialistas que corroborem esse *status*?
3. O especialista citado tem experiência comprovada no campo ou técnica em questão?
4. Quais as descobertas e realizações dessa pessoa em seu campo de especialização?
5. É possível comprovar a existência de publicações e outros projetos seus que tenham sido avaliados ou examinados por outras autoridades?

Ao responder a essas cinco subperguntas, o proponente deve ser capaz de explicar por que a autoridade citada se qualifica como especialista legítimo. Mas muitos apelos mais superficiais à autoridade, comuns em argumentações do dia-a-dia, não passam neste teste. Em lugar disso, a suposta autoridade geralmente é citada mais pelo *status* de celebridade ou pelo prestígio pessoal. Nesse caso, a pessoa citada pode não ser absolutamente um especialista.

A terceira pergunta é até que ponto um determinado especialista é uma autoridade. Mesmo que a pessoa citada seja um especialista legítimo no campo em questão, resta saber qual a força do apelo como argumento plausível. O fato de alguém ser citado pela mídia como especialista numa controvérsia ou problema não deve significar que sua palavra é a final, mesmo que tal pessoa seja realmente um especialista. Um apelo à autoridade pode ser racional (não-falacioso) mas fraco, como qualquer argumento.

A quarta pergunta é se há divergência entre as autoridades qualificadas que foram consultadas. Nesse caso, podemos usar vários métodos para resolver a divergência. Em geral a melhor maneira de resolver a questão é o diálogo posterior entre os especialistas, quando possível.

Se há incoerência entre especialistas qualificados cujo parecer foi requisitado, então o *ad verecundiam* tem que ser questionado. Mas tal caso de incoerência nem sempre é uma indicação de falácia, já que às vezes a incoerência pode ser resolvida através de esclarecimentos e discussões críticas posteriores. Mas, para que um apelo à autoridade seja eficaz, é preciso que os pronunciamentos conhecidos de outras autoridades qualificadas sejam coerentes com a proposição citada, como foi defendida pelo especialista a quem se recorreu. Se não, a incoerência tem que ser resolvida ou outras questões têm que ser levantadas.

A quinta pergunta é se existem provas objetivas da opinião citada disponíveis no momento – e se a opinião do especialista é coerente com elas. Primeiro, observamos que o apelo à autoridade não substitui a prova objetiva, em forma de confirmação científica experimental ou direta, da proposição em questão. Quando disponível, esse tipo de prova deve ter preferência sobre a menção a uma autoridade, porque a confirmação indutiva costuma ser um argumento mais forte do que o raciocínio plausível. Mas, em segundo lugar, observamos também que, quando há divergência, cada especialista deve defender sua posição através de provas objetivas. Com isso, as incoerências entre os pronunciamentos dos especialistas podem ser resolvidas num diálogo posterior.

A sexta pergunta é se o parecer do especialista foi corretamente interpretado. Essa interpretação tem que ser clara e inteligível. Mas não pode se resumir a uma repetição simplificada do que foi dito, deixando de lado possíveis restrições e exceções. De preferência, o especialista deve ser citado diretamente. Se não, pode ser razoável perguntar se sua visão foi apresentada de maneira exata e fiel. As quatro subperguntas relacionadas no início da Seção 7.5 são métodos específicos para responder a esta sexta pergunta.

Aqui, quase tudo depende do argumento de que se trata. Quando é possível estender o diálogo, as questões de interpretação podem ser resolvidas. Se não, o avaliador pode ter que continuar se baseando no que já foi apresentado. Nesse caso, o apelo à autoridade pode ser considerado um argumento fraco ou indigno de confiança, por deixar de responder a qualquer uma destas seis importantes perguntas do questionamento crítico.

O apelo à opinião de especialistas comete a falácia *ad verecundiam* quando o contexto do diálogo revela que ele é um caso de estratégia como a de Locke: ser extremamente agressivo na tentativa de levar a melhor sobre o oponente e impedi-lo de fazer perguntas. Essa falácia é uma transgressão das regras negativas do diálogo persuasivo apresentadas no Capítulo 1. Ela mostra a incapacidade do proponente em defender seu ponto de vista através de argumentos – uma tática sistemática (e muitas vezes inteligente) para fugir à obrigação de apresentar provas para a contestação. O proponente tenta encerrar prematuramente o diálogo a seu favor intimidando o oponente para que se renda à autoridade de especialistas respeitados, autores consagrados e outros formadores de opinião tidos em alta conta pela maioria das pessoas. Essa tática é uma supressão da argumentação que visa a encerrar prematuramente o processo de diálogo legítimo e derrotar o oponente através de um atalho para a persuasão.

O uso racional da opinião de um especialista pode ser uma forma legítima e proveitosa de introduzir provas externas numa discussão crítica e transferir o ônus da prova quando o acesso direto ao conhecimento técnico ou especializado não é possível por motivos práticos. Este capítulo mostrou os muitos erros encontrados no apelo à autoridade, que fazem dele um argumento plausível intrinsecamente fraco, que pode resultar em erros graves. Os apelos à autoridade podem ser fracos e não-documentados. Quando levados longe demais num diálogo persuasivo, podem até resultar na falácia *ad verecundiam*.

8. ERROS INDUTIVOS, VIESES E FALÁCIAS

Num argumento dedutivamente válido, se as premissas são verdadeiras, a conclusão tem que ser verdadeira. A validade dedutiva é um padrão muito rigoroso. Se um argumento é dedutivamente válido, é impossível que as premissas sejam verdadeiras e a conclusão, falsa.

Num argumento indutivamente forte, se as premissas são verdadeiras, é provável que a conclusão seja verdadeira. Se o argumento é indutivamente forte e as premissas são verdadeiras, é logicamente possível que a conclusão seja falsa. Portanto, a força indutiva é um padrão menos rigoroso do que a validade dedutiva. A força indutiva é uma questão de probabilidade.

A probabilidade e a estatística têm um lugar reconhecido no raciocínio científico e em métodos experimentais, mas, mesmo fora desses contextos especializados, o uso do argumento indutivo é parte importante de muitos diálogos racionais. Por exemplo, o uso de argumentos estatísticos parece ter um papel cada vez mais importante na tomada de decisões políticas a respeito de praticamente qualquer tema de discussão.

Entre os muitos tipos diferentes de argumento indutivo, vamos escolher três para discutir neste capítulo. O primeiro tipo, a *generalização indutiva*, é um argumento que parte de premissas sobre um grupo ou conjunto específico de pessoas ou coisas e chega a uma conclusão mais geral sobre um grupo ou conjunto maior. Os livros de lógica tradicional ressaltam os perigos das generalizações apressadas, pois já se sabe que a generalização indutiva é associada a falácias importantes e muito comuns.

Para dar um exemplo de generalização indutiva, suponha que eu esteja na biblioteca examinando livros em diversas estantes da sala de obras de referência e observe que todos têm um número de catálogo que começa com R. Eu concluo então, por generalização indutiva, que a maior parte ou todos os livros catalogados na sala de obras de referência têm números de catálogo que começam com R. Baseio minha premissa na observação de alguns poucos livros, um conjunto específico de livros, estendendo a conclusão ao grupo maior formado por todos os livros da sala de obras de referência.

Um segundo tipo de argumento indutivo escolhido para ser discutido neste capítulo é o argumento estatístico. O *argumento estatístico* é um argumento indutivo em que o grau de probabilidade da força do argumento é dado através de uma porcentagem específica (número) ou em que se usa de um termo estatístico não-numérico. Esses termos estatísticos são expressões como "a maioria", "muitos", "quase todos", "uns poucos", "raramente", "quase", "menos", "no mínimo", "nunca" e assim por diante. Para determinar se um argumento indutivo é estatístico, você tem que examinar a conclusão para ver se a alegação é estatística. Essa avaliação está relacionada ao contexto do diálogo, mas a presença de um termo estatístico na conclusão é, em geral, o melhor indicador.

A generalização indutiva sobre os números de catalogação dos livros de referência é um argumento estatístico porque a conclusão usa o termo "a maioria".

O terceiro tipo de argumento indutivo de que vamos tratar neste capítulo é o *argumento causal*. A avaliação da causalidade é de importância básica tanto em contextos de raciocínio científico como em contextos de raciocínio menos estruturado. No entanto, o que exatamente significa dizer às claras que existe uma relação causal entre dois eventos? Essa pergunta se revelou notoriamente difícil de responder. Na verdade, o conceito de causalidade é tão enganoso que muitas vezes os cientistas procuram evitar a linguagem de causa e efeito. No entanto, tais tentativas se revelaram ineficazes, principalmente nas ciências aplicadas, já que disciplinas como a medicina e a engenharia são de natureza essencialmente prática. Nesse contexto, a linguagem prática de causa e efeito é inevitável porque a intenção e a natureza da disciplina é manipular variáveis causais.

Não pretendemos apresentar uma análise da relação causal neste capítulo, assim como não pretendemos apresentar uma análise da probabilidade ou da indução. Nosso objetivo, mais modesto, é compreender algumas críticas básicas e proveitosas a argumentos causais e indutivos. Quando as alegações estatísticas são a base de conclusões a que se chega através de argumentação causal ou indutiva, é bom fazer um questionamento crítico a respeito do processo que levou a tais conclusões, já que a prova estatística é, hoje em dia, uma base de argumentação muito comum em vários contextos de diálogo racional do dia-a-dia.

8.1 ESTATÍSTICAS SEM SENTIDO E INCOMPREENSÍVEIS

A *estatística sem sentido* é um erro que ocorre quando um argumento estatístico define um termo com tanta imprecisão que o uso de um dado estatístico preciso perde o sentido. Esse erro é, portanto, um problema lingüístico, embora seja também um problema estatístico e de raciocínio indutivo. Um exemplo clássico é esta declaração, feita pelo então procurador-geral Robert F. Kennedy, num discurso em Athens, Georgia, em 1960[1]:

Exemplo 8.0
   Noventa por cento dos grandes fraudadores estariam fora de ação até o final do ano se o cidadão comum, o comerciante, o sindicalista e a autoridade pública se deixassem fiscalizar e não se deixassem corromper.

Dá para perceber o sentido e a boa intenção que há por detrás dessa declaração, mas, infelizmente, o percentual exato de noventa por cento é enganosamente vago. O uso desse número dá vigor à declaração, mas, quando se pensa melhor, como é possível chegar racionalmente a ele? Podemos chegar a uma estimativa mais ou menos precisa do rendimento de um criminoso, digamos cinqüenta mil dólares. Mas, mesmo que essa estimativa pudesse ser comprovada, descobrir o rendimento de um criminoso determinado seria difícil e até mesmo perigoso. A expressão "grande fraudador" é extremamente vaga. Dá para imaginar como seria controverso chamar alguém de "fraudador", "grande fraudador" ou "pequeno frau-

▼

1. Reproduzido em Seligman (1961, p. 146).

dador". Além disso, o sentido dessa expressão varia em contextos diferentes. Um grande fraudador de Sioux City, em Iowa, pode ser chamado de pequeno fraudador na cidade de Nova York.

A *estatística incognoscível* é um erro que ocorre quando um argumento estatístico exige uma prova que é prática ou logicamente impossível de averiguar. Nesse tipo de argumento falacioso, os termos usados pelo argumentador podem até ser suficientemente claros ou precisos, mas o problema é que é implausível que haja provas disponíveis que sustentem uma hipótese estatística e numérica tão precisa quanto a apresentada. Um exemplo clássico é a seguinte declaração, atribuída à dra. Joyce Brothers[2]:

Exemplo 8.1
    A garota americana beija, em média, setenta e nove homens antes de se casar.

A pergunta a ser feita com relação a esse tipo de argumento estatístico é como poderia alguém compilar esse tipo de informação. É extremamente duvidoso que alguma garota tenha registrado o número de homens que beijou antes de se casar. Mesmo que alguém tentasse fazer tal registro, a probabilidade de erro seria bem grande. Além disso, caso fizéssemos uma pesquisa, como saber se as pessoas pesquisadas responderam a verdade? Muitas mulheres ficariam ofendidas com uma pergunta dessas e se negariam a responder. Quando paramos para pensar no assunto, percebemos que o argumento é absurdo porque seria praticamente impossível obter dados

---

2. Dra. Joyce Brothers, *This Week*, outubro de 1958, citado em ibid., p. 147.

confiáveis para apoiá-lo ou refutá-lo com certeza suficiente para produzir um resultado estatístico exato.

No caso de qualquer alegação estatística, deve-se perguntar como os dados foram obtidos. Às vezes, o simples fato de fazer essa pergunta já indica problemas, especialmente quando o número apresentado é muito preciso. Suponha que alguém lhe diga que 33,87 por cento dos incêndios nas florestas são criminosos. De início, essa declaração pode parecer muito mais plausível do que dizer que somente alguns ou poucos incêndios florestais são criminosos. Mas, se você refletir um pouco, perceberá que seria quase impossível obter dados confiáveis que justifiquem o resultado preciso de 33,87 por cento. Por sua natureza, as causas de muitos incêndios florestais permanecem desconhecidas. E mesmo que a causa do incêndio seja conhecida, como por exemplo uma ponta de cigarro, deve haver muitos casos em que não há como saber se a ponta de cigarro foi jogada ali com a intenção de iniciar um incêndio. A dificuldade, nesse caso, para determinar uma proporção exata de tipos de causas, justaposta à cifra exata de 33,87 por cento, revela a impossibilidade prática de verificar a alegação estatística, da maneira como foi feita. Esse é o tipo do caso em que é razoável questionar se o argumento não estaria cometendo o erro da estatística incognoscível.

Um exemplo famoso de estatística incognoscível são as declarações, muitas vezes publicadas nos jornais, a respeito da população de ratos da cidade de Nova York:

Exemplo 8.2

    Segundo Seligman (1961), jornalistas afirmam há anos que há oito milhões de ratos na cidade de Nova York. Esse número parece impressionante, mas como saber se está correto? Seligman entrevistou o consultor para questões relativas a insetos e roedores da cidade de Nova York, que lhe indicou dois estudos. Os pesquisadores contaram os ratos de certas áreas e depois extrapolaram esses resultados para números referentes à cidade inteira. Mas como ter certeza de que a contagem inicial era exata ou representativa da população de ratos de uma área? O problema é que os ratos não cooperam. Eles gostam de lugares inacessíveis, como canos de esgoto, e nunca estão dispostos a ficar quietos para serem contados. Segundo o consultor: "Você pode contar um rato no oitavo andar de um prédio, outro no décimo sétimo e outro no sexto – só que pode ter visto o mesmo rato três vezes."

O problema nesse caso é de falsa exatidão espúria. Um resultado estatístico exato torna a afirmação impressionante, mas as dificuldades práticas para obter uma prova que a apóie deixa claro que o uso de um número exato é enganador. Mesmo que os ratos dos prédios pudessem ser contados através de algum tipo de vigilância eletrônica, não há motivo plausível para pensar que seria prático inventar ou usar tal técnica. E os números apresentados pelos jornalistas não nos dão nenhum motivo para acreditar que coletar tais provas seja possível.

As estatísticas sem sentido e incognoscíveis têm sido chamadas tradicionalmente de falácias estatísticas, mas o termo "falácia" parece ser apropriado apenas para casos em que o argumento estatístico é tão falho em seu padrão subjacente de raciocínio que não tem mais remédio. No entanto, o erro que ocorre em argumentos estatísticos como os estudados neste capítulo é a ausência de dúvidas, questionamento crítico e restrições. O erro está em tentar fazer de um argumento fraco um argumento mais forte do que as provas permitem.

Por exemplo, o estatístico que afirmou que há oito milhões de ratos em Nova York pode ter feito uma extrapolação estatística válida a partir dos ratos de uma determinada área que ele realmente observou. Mas o erro está em reportar a estimativa sem acrescentar um fator de confiabilidade para indicar que o número apresentado é, na melhor das hipóteses, uma estimativa aproximada. Muitas vezes a mídia deixa de introduzir fatores de confiabilidade e até mesmo de indicar como um determinado resultado foi obtido. Dada essa falta de informação, o uso de um número preciso transmite uma idéia de exatidão falsa e injustificada, que deve ser considerada um erro sério.

O erro da estatística incognoscível diz respeito à falta de dados que sustentem certas alegações, ou à impossibilidade de acesso a tais dados. Já o erro da estatística sem sentido diz respeito à vagueza das definições dos termos usados em alguns argumentos estatísticos. Mas ambos os erros envolvem o uso de números exatos quando é impossível sustentar racionalmente argumentos tão precisos sem restrições importantes.

Para avaliar como é difícil eliminar vieses importantes em pesquisas estatísticas sobre questões políticas e econômicas, pergunte-se como você determinaria a taxa de desemprego no seu país neste momento. A solução óbvia seria telefonar para várias casas, perguntar quantas pessoas moram lá e quantas delas estão desempregadas no momento. Não é simples?

No entanto, um estatístico sabe que muitos vieses poderiam se introduzir nesse procedimento. Sabe-se, por exemplo, que mais mulheres do que homens atenderiam aos seus telefonemas. Isso já pode determinar um viés nos resultados. Há outras formas conhecidas de viés nesse tipo de amostragem, como rendimento, idade, educação, ambiente rural *versus* ambiente urbano. Portanto, um estatístico introduziria um procedimento na pesquisa para ajustar todos esses vieses.

Outro problema que você teria que resolver é a definição de "desempregado". Um ator que está no intervalo entre um trabalho e outro conta como "desempregado"? A mãe que ainda não considerou seriamente voltar a trabalhar conta como "desempregada"? Digamos que você defina "desempregado" como a pessoa que não está trabalhando no momento mas está seriamente empenhada em conseguir trabalho. Assim, você resolve parcialmente seu problema de definição e a mãe que não está considerando seriamente voltar a trabalhar não é definida como desempregada. Suponha agora que o ator que está no intervalo entre um trabalho e outro tenha procurado alguma coisa para intercalar na agenda mas só aceita trabalhos que considere artisticamente satisfatórios. Será que devemos classificá-lo como alguém que está "seriamente empenhado em encontrar trabalho" ou não? Esse é um problema de interpretação que pode afetar gravemente a taxa de desemprego a ser obtida.

Os estatísticos que usam amostras do contingente de trabalhadores para chegar a taxas oficiais de desemprego criaram critérios cuidadosos para definir seus termos e eliminar vieses. Mas isso não é tão simples quanto parece, e, ao tomar uma decisão baseada num índice de desemprego atual, é bom conhecer os pressupostos e definições que lhe serviram de base para saber o que realmente significa esse número.

Quando um termo vago é usado num argumento estatístico, o questionamento crítico deve averiguar como o proponente define esse termo e se a definição oferecida é razoável e pode ser justificada. Mas, quando se demonstra que o termo é tão vago que seu uso na alegação torna impossível justificar o resultado estatístico, então foi cometido um erro de estatística sem sentido. Quando se comprova que a verificação de uma afirmação estatística é impossível, o erro é de estatística incognoscível. Em ambos os casos, cabe ao crítico o ônus da prova, tendo que demonstrar por que a afirmação é falaciosa.

8.2 PROCEDIMENTOS DE AMOSTRAGEM

As conclusões derivadas de pesquisas, levantamentos e muitos outros tipos de generalização estatística se baseiam na racionalidade de um processo chamado procedimento de amostragem. O procedimento de amostragem é uma forma de selecionar, numa população, indivíduos que tenham certas qualidades e, a partir das qualidades dos indivíduos da amostra, inferir as qualidades de toda a população.

Por exemplo, suponha que você quer descobrir que proporção do povo canadense é a favor de um Canadá bilíngüe. Como é impraticável saber o que todos os canadenses pensam, o usual seria selecionar uma amostra de canadenses e então lhes fazer a pergunta. A racionalidade da amostragem como meio para fazer generalizações depende do pressuposto de que a amostra selecionada é representativa da população quanto à distribuição da qualidade em questão.

Para entender os riscos de um procedimento de amostragem, pense numa grande urna cheia de bolinhas de gude cuja cor se quer saber. Digamos que não há tempo nem recursos para tirar todas as bolinhas e contá-las, e que seja impossível enxergar dentro da urna. Mas, tirando um punhado de bolinhas da boca da urna, vemos que metade delas são pretas e a outra metade, brancas. Usando esse punhado como amostra, poderíamos conjecturar que metade das bolinhas da urna é preta e metade é branca. As bolinhas que permaneceram na urna mais as bolinhas da amostra constituem a população a respeito da qual estamos fazendo nossa generalização.

Nesse caso, o pressuposto subjacente à racionalidade do procedimento de amostragem é que a proporção entre as bolinhas brancas e as pretas na amostra representa a proporção de bolinhas brancas e pretas na população como um todo. Em outras palavras, estamos trabalhando com o pressuposto de que as bolinhas da urna estão misturadas de forma tal que a proporção entre as pretas e as brancas é uniforme na urna inteira. Mas, se temos boas razões para acreditar que as bolinhas pretas estão concentradas no fundo da urna, nosso procedimento de amostragem seria altamente questionável.

O tipo básico de amostra é chamado de amostra aleatória simples ou apenas amostra aleatória. A definição de *amostra aleatória simples* pressupõe que cada amostra do mesmo tamanho tem uma probabilidade igual de ser selecionada. Por exemplo, se a urna contivesse cinco bolinhas de gude e a amostra fosse de duas, então haveria dez diferentes pares possíveis de bolinhas que poderiam constituir a amostra. Agora suponha que se sabe que as bolinhas pretas estão mais concentradas no fundo da urna. Nesse caso, se a probabilidade de a amostra ser selecionada lá do fundo não for igual, a amostra não será aleatória.

A amostragem pode ser uma forma racional de estimar a probabilidade de uma qualidade estar distribuída por uma população numa dada proporção de casos, desde que um determinado pressuposto básico seja satisfeito. Diríamos que o *pressuposto de representatividade* é satisfeito quando a amostra escolhida é representativa de toda a população quanto à distribuição da qualidade ou qualidades pertinentes. No entanto, o problema dos estatísticos é que, na prática, nem sempre é fácil obter uma garantia razoável de que o pressuposto de representatividade será satisfeito em cada caso. Na verdade, as possibilidades de viés são muito significativas porque as populações reais podem ser menos homogêneas e mais variadas do que se julgou inicialmente. Nem sempre as amostras aleatórias simples são apropriadas, e tipos mais complexos de procedimentos de amostragem têm que ser criados para se chegar a generalizações representativas.

Suponha, por exemplo, que você queira descobrir a média de peso dos elefantes de uma manada mas só pode pesar uns poucos elefantes. Suponha agora que a manada seja composta de elefantes adultos e filhotes. Nesse caso, há dois *estratos* na população, adultos e filhotes. Então, a amostra deve representar eqüitativamente os dois estratos. Os estatísticos chamariam isso de *amostra aleatória estratificada*, em que amostras aleatórias independentes são extraídas de cada *estrato* ou nível da população. Também nesse caso a amostra tem que satisfazer o pressuposto de ser representativa das variações na população inteira.

É importante lembrar que a amostragem é basicamente uma forma indutiva de raciocínio. Quando a amostra é representativa, é provável que a população tenha a mesma proporção de qualidades pertinentes. Mas, pela própria natureza da amostragem, nunca sabemos ao certo que qualidades pertinentes tem a população como um todo. Nossa conclusão é baseada na probabilidade racional. Segundo Campbell (1974, p. 142), o conceito básico mais importante em amostragem é o seguinte: "Se os itens da amostra são escolhidos aleatoriamente do conjunto da população, a amostra tenderá a ter as mesmas características, mais ou menos na mesma proporção, da população inteira." Mas Campbell nos adverte que, para confiar nesse pressuposto básico, temos que ter o devido respeito pela palavra "tenderá". A amostragem é um meio de fazer uma estimativa razoável baseada em probabilidades. Ela não pretende substituir a observação direta das qualidades de uma população toda. Ao avaliar qualquer generalização com base num procedimento de amostragem, é importante saber como a amostra foi selecionada. Vamos ver agora alguns casos problemáticos, em que a amostra usada no argumento estatístico é inadequada ou mal escolhida.

8.3 ESTATÍSTICAS INSUFICIENTES E PARCIAIS

A *crítica por estatística insuficiente* deve ser feita quando a amostra selecionada é tão pequena que a generalização para a população inteira pode ser praticamente sem valor. Para que uma generalização mereça ser levada a sério, a amostra tem que ser suficientemente grande.

Um dos problemas é que pode ser feita uma alegação baseada numa amostra sem que seja apresentada nenhuma informação sobre o tamanho da amostra. Alguém pode nos dizer, por exemplo, que um grupo de crianças que escovavam os dentes com a marca X apresentou um número sessenta por cento menor de cáries do que o grupo das que escovavam com a marca Y. Essa alegação pode ser verdadeira, mas, se cada grupo era formado por cinco crianças, qualquer generalização baseada nela seria sem sentido, já que seriam muitas as probabilidades de erro. Pode ser que as cinco crianças que escovavam os dentes com a marca X tivessem, por acaso, bons dentes e hábitos saudáveis, enquanto as outras cinco vivessem à base de chocolate e refrigerantes na época do teste. Com uma amostra tão pequena, não há como descartar as muitas possibilidades de acaso ou coincidências que podem afetar os dois grupos de crianças. Expressões como "grupo de teste" ou "estudo controlado" impressionam, mas um pouco de reflexão sobre o tamanho da amostra nos leva a questionar esse tipo de generalização. Antes de saber o tamanho da amostra, não podemos confiar nesse tipo de alegação.

Qual deve ser o tamanho de uma amostra? Para um estatístico, é difícil responder a essa pergunta em termos gerais, já que isso depende de vários fatores em cada caso. Por exemplo, quanto mais variação há numa população, maior tem que ser a amostra. Segundo Campbell (1974, p. 148), quanto mais variada a população, maior tem que ser a amostra (e sem levar em conta nenhum outro fator). Por exemplo, uma pequena amostra de sangue costuma ser suficiente porque a composição química do sangue no corpo todo da pessoa não apresenta variações pertinentes. No entanto, para citar outro exemplo dado por Campbell (p. 148), oito homens num bar não são uma amostra adequada para determinar as tendências políticas do país todo. É claro que, além disso, essa amostra não seria aleatória.

Para evitar o problema da estatística insuficiente, o questionamento crítico tem que incluir duas perguntas. Primeiro, se é possível apresentar ou produzir informações sobre o tamanho da amostra. Em muitos casos, essa informação simplesmente não é apresentada. Mas, em segundo lugar, se existir a informação, temos que perguntar se o tamanho da amostra é suficiente para sustentar a generalização feita. Quando a amostra é muito pequena, é preciso perguntar se ela é pequena a ponto de não ter valor.

A *crítica por estatística parcial* deve ser levantada quando o pressuposto de representatividade não é satisfeito, não porque a amostra seja pequena demais, mas porque, na generalização, a distribuição da qualidade pode não corresponder à da amostra. No exemplo das bolinhas de gude, suponha que todas as bolinhas pretas estejam mais para o fundo da urna. Mas suponha então que o punhado de bolinhas escolhidas como amostra tenha sido pego na boca da urna. Essa amostra não seria representativa da distribuição das cores das bolinhas na urna inteira. Seria uma amostra parcial. Considere o exemplo seguinte:

Exemplo 8.3

Em 1936, a *Literary Digest* fez uma pesquisa política enviando pelo correio dez milhões de cédulas na tentativa de prever quem venceria a eleição que se aproximava: Franklin Roosevelt ou Alfred Landon. De acordo com as cédulas que retornaram, dois milhões e trezentas mil, Landon ganharia com nítida vantagem. Os nomes para a pesquisa foram tirados de maneira aleatória da lista telefônica, de listagens de assinantes da própria revista e de proprietários de automóveis.[3]

Neste caso famoso, o que acabou acontecendo é que Roosevelt ganhou com sessenta por cento dos votos. Por que a pes-

---

3. Este caso clássico é mencionado em Campbell (1974, p. 148) e Giere (1979, p. 214). Uma análise mais detalhada é apresentada por Freedman, Pisani e Purves (1978, pp. 302-4). Segundo o relato deles, Roosevelt ganhou pela maioria esmagadora de 62% para 38%. Segundo a análise, os nomes e endereços para o levantamento vieram de fontes como listas telefônicas e listas de sócios de clubes que, no geral, não incluíam pobres. Eles observam que, em 1936, havia onze milhões de telefones residenciais e nove milhões de desempregados. Freedman, Pisani e Purves concluem (p. 303) que o levantamento da *Digest* partiu de um sério viés que acabou excluindo os pobres dos resultados. Acrescentam que, em 1936, a divisão política seguiu linhas econômicas e que os pobres votaram maciçamente em Roosevelt.

quisa não deu certo? Porque a amostra selecionada tendia a ser de grupos de renda mais alta. Em geral, os grupos de baixa renda não tinham telefone nem carro. A parcialidade ou viés dessa amostra gerou resultados incorretos porque, na eleição, foi grande a correlação entre faixas de renda e preferência partidária. Portanto, apesar de ser enorme, a amostra não era representativa da população de eleitores nos aspectos pertinentes.

É muito comum que generalizações e argumentos estatísticos sejam usados como provas para uma conclusão causal. Alguns dos erros e fraquejos estatísticos mais importantes na argumentação estão relacionados a conclusões causais extraídas de premissas estatísticas. Analisaremos, nas seções seguintes, esses argumentos.

8.4 PERGUNTAS E DEFINIÇÕES QUESTIONÁVEIS

Quando a coleta de dados é feita através de pesquisas ou levantamentos em que são usados questionários diretos, a formulação exata das perguntas pode ser significativa. Segundo Moore (1979, p. 20), é surpreendente como é difícil formular perguntas que sejam absolutamente claras para quem responde. Moore cita o caso de um levantamento que perguntava sobre "propriedade de ações" (*stocks*) e descobriu que a maioria dos rancheiros texanos possuía ações. No entanto, nada indica que as ações a que se referiam eram do mesmo tipo das que são negociadas na bolsa de valores. Era grande o risco de essa pergunta cometer uma falácia de equívoco (apresentada no Capítulo 9) no caso dos rancheiros*.

▼

* O autor refere-se ao duplo sentido da palavra *stock*: "ações" e "gado". (N. do T.)

Todos os argumentos estatísticos são baseados em pressupostos sobre o significado dos termos usados. O resultado numérico de uma pesquisa ou de outro estudo estatístico pode ser altamente influenciado pela definição de um termo. Por exemplo, são comuns os argumentos estatísticos a respeito do nível de pobreza de um país. Nesse caso, a definição de "pobreza" pode ser crucial para determinar o número de pessoas pobres num determinado momento.

A maneira mais comum de definir "pobreza" é estipulando um limite de renda. Quando essa definição é usada, é preciso perguntar se ela leva em conta heranças, pagamentos do seguro, presentes ou dinheiro proveniente da venda de propriedades. Um casal de aposentados que vive confortavelmente numa casa própria com uma renda modesta proveniente de investimentos pode ser classificado como uma família pobre conforme a definição usada.

Poderíamos chegar a uma definição mais criteriosa de "pobreza" estabelecendo alguns padrões mínimos de suficiência nutricional da dieta e calculando o custo atual de uma nutrição minimamente suficiente. Partindo do pressuposto de que uma família de baixa renda gasta um terço do seu rendimento com comida, poderíamos chegar a um nível de renda que determinasse o nível de pobreza. Vemos, no entanto, que tal definição parte de alguns pressupostos que podem estar sujeitos à discussão racional.

Percebemos então que, no decorrer da argumentação, os argumentos estatísticos estão sujeitos ao uso de definições tendenciosas do tipo das que estudamos no Capítulo 7. A respeito da definição de "pobreza", Campbell (1974, p. 16) mostra uma amarga ironia ao falar da "loteria" a que se entregam os atuais economistas políticos quando a questão é a pobreza. Nesse jogo, observa Campbell, basta que o argumento político use uma definição de pobreza conveniente – para o lado que interessa.

Outro problema é que aquilo que atende à definição ou ao critério de um objeto de estudo na amostra de uma população pode mudar conforme o momento, o lugar ou a situação. Isso pode ocorrer mesmo quando não há motivo para questionar a definição em si. A definição do tipo de indivíduo a ser estudado pode ser clara e racional, mas, mesmo assim, a maneira de escolhê-los pode introduzir um viés que altere os resultados. Dois estatísticos, o dr. Alan Fisher e a dra. Wendy North, afirmaram que o aparente aumento do índice de sobrevivência em casos de câncer de pulmão e de mama pode ser uma ilusão resultante das melhores técnicas de detecção precoce[4]. Isso ocorre devido à prática de relatar os índices de sobrevida segundo a porcentagem de vítimas de câncer que vivem pelo menos cinco anos depois do diagnóstico. À medida que melhoram as técnicas que permitem o diagnóstico precoce, é introduzido um viés nas estatísticas de índice de sobrevivência que faz com que pareça que os pacientes vivem mais. Assim, à medida que o tempo passa, os índices de sobrevida em casos de câncer continuam melhorando. A interpretação otimista desses números, muito comum hoje em dia, é que as probabilidades de sobrevida de um paciente de câncer melhoraram muito graças à eficácia do diagnóstico e do tratamento. Mas os críticos alegam que essas estatísticas podem nos enganar porque a amostra que atende aos critérios

▼

4. Fisher e North (1986, p. 6).

da definição de paciente de câncer também se modificou ao longo dos anos.

Se essa crítica é justificada, qual tipo de erro ela revela? O problema não é tanto a definição dos termos usados pelos médicos para definir ou identificar tipos de câncer. O problema é que o aprimoramento dos programas de detecção do câncer leva, com o tempo, a uma mudança significativa na escolha das populações com diagnóstico de um determinado tipo de câncer. O modo de escolher as amostras populacionais tem variado ao longo dos anos. A mudança é na seleção dos indivíduos que correspondem à definição.

Moore (1979, p. 20) observa que a parcialidade ou viés pode ser introduzida na amostra através de perguntas tendenciosas, que conduzem à conclusão que o pesquisador quer provar. Por exemplo, a pergunta "Você é a favor da proibição da posse de armas de fogo com o objetivo de reduzir o índice de crimes violentos?" é uma pergunta tendenciosa porque tende a obter respostas positivas das pessoas preocupadas com crimes violentos.

Esses casos são exemplos de erros estatísticos porque estão relacionados a pesquisas e outros métodos estatísticos de coletar informações. Mas fica claro que os perigos implícitos neles são deficiências e falhas de um tipo já visto no Capítulo 2, quando discutimos perguntas capciosas e problemas advindos das perguntas.

Às vezes, os levantamentos podem ser controversos porque as perguntas têm que ser razoavelmente simples. Quando são muito complicadas, elas confundem os entrevistados, que acabam dando respostas enganosas. Mas, quando são simples demais, podem ser criticadas justamente por isso.

Num recente levantamento de 41 perguntas feito pelo Gallup para a Prayer Book Society, as perguntas a seguir foram feitas para uma amostra de clérigos e leigos da Igreja Anglicana:

> Você acredita que os milagres do Evangelho são fatos históricos, interpretações dos evangelistas ou lendas? (Escolha uma)
> Você seria contra ou a favor de uma fusão da Igreja Anglicana com a Igreja Católica Romana?
> Em geral, você acha que a Igreja Anglicana é moderna demais ou antiquada demais?[5]

Os líderes da Igreja Episcopal ficaram zangados com essas perguntas, que "reduzem questões teológicas e sociológicas complexas a respostas simplistas, limitadas a sim ou não". Os líderes da Igreja acharam que as perguntas eram formuladas para produzir respostas que corroborariam a posição da Prayer Book Society. Embora o Gallup tenha admitido que recebeu muitas críticas às perguntas nos questionários que retornaram, ele disse que não se sentia "desconfortável" a respeito da pesquisa[6].

Neste caso, uma crítica às perguntas, tachando-as de irracionais, pode ser justificada, dependendo da posição teológica dos líderes religiosos a que eram dirigidas. A racionalidade da primeira pergunta, por exemplo, depende da doutrina anglicana sobre os milagres do Evangelho e da importância dessa doutrina para a teologia anglicana. Suponhamos que a maioria dos anglicanos ache que os milagres do Evangelho são interpretações dos autores baseadas em fatos

▼

5. Marjorie Hyer, "Episcopal Wrath Quick to Descend on Gallup Poll", *Winnipeg Free Press*, 22 de junho de 1985 (tirado do *Washington Post*).
6. Ibid.

históricos e transmitidas através de lendas e outras tradições orais. Nesse caso, a indicação "Escolha uma" que acompanha a primeira pergunta força quem responde a escolher uma resposta que não representa o espectro total de suas crenças como anglicano. Assim, do ponto de vista dessa pessoa, a pergunta pode ser considerada um caso de pergunta irracionalmente dicotômica.

Comentando a segunda pergunta, o reverendo John R. Frizzell Jr., da Igreja Anglicana de Alban, em Annandale, Virgínia, replicou: "Obviamente, qualquer um que leve a sério as palavras do Senhor, 'haverá um só rebanho e um só pastor', está comprometido com a reunião da Igreja... mas as perguntas nem mesmo reconhecem a complexidade dessa reunião."[7] O comentário do reverendo Frizzell sugere que a segunda pergunta introduz um viés com seu estilo tendencioso. A pergunta pode então ser considerada capciosa porque tende a obter respostas positivas dos anglicanos, já que todos os anglicanos estão, pelo menos em princípio, comprometidos com a proposição que defende a reunião das Igrejas, em virtude da injunção bíblica de que "haverá um só rebanho". O viés imposto à pergunta por esse comprometimento geral tende a produzir respostas afirmativas sem atentar devidamente à complexidade inerente a uma pergunta sobre a fusão com outra confissão como a Igreja Católica.

Finalmente, a terceira pergunta é um bom exemplo de pergunta "branco e preto" falaciosa (a falácia da dicotomia irracional estudada no Capítulo 2), pressupondo, como parece razoável, que muitas das pessoas questionadas gostariam de

▼

7. Ibid.

ter a opção de responder que a Igreja é "antiquada" em alguns aspectos mas "moderna" demais em outros.

Para resumir, vemos que muitos dos erros e críticas estudados no Capítulo 2 a respeito da formulação de perguntas são pertinentes também no contexto da estatística obtida em pesquisas, levantamentos e amostragens de opinião. Falando de maneira geral, no caso de qualquer generalização baseada na coleta de dados de uma amostra, é sempre bom averiguar a formulação precisa da pergunta ou perguntas que foram usadas. As perguntas podem não ser claras. Mas, mesmo que sejam claras e precisas, podem ainda estar sujeitas ao questionamento crítico ou a objeções razoáveis.

8.5 O ARGUMENTO *POST HOC*

Tradicionalmente, falácia *post hoc* é um argumento injustificado que leva à conclusão de que um acontecimento causa outro simplesmente porque há uma correlação positiva entre os dois. Suponhamos que A e B representem acontecimentos ou situações comuns em certo momento[8]. A falácia *post hoc* ocorre quando se conclui que A causa B simplesmente porque uma ou mais ocorrências de A são correlacionadas com uma ou mais ocorrências de B. O nome latino completo dessa falácia é *post hoc, ergo propter hoc*, que significa "depois disto, logo, por causa disto". Considere o exemplo seguinte:

▼

[8]. Nos outros capítulos, usamos as letras $A, B, C...$ para indicar proposições. Neste capítulo, entretanto, abandonamos essa prática e usamos as mesmas letras para situações (às vezes também chamadas de acontecimentos). Assim como as proposições são verdadeiras ou falsas, as situações têm a propriedade característica de ocorrer ou não num determinado momento.

Exemplo 8.4
Sempre que lavo o carro, começa a chover logo depois. Logo, o fato de eu lavar o carro causa precipitações pluviais.

Esse tipo de inferência causal é considerado uma falácia porque a associação ou correlação entre ocorrências repetidas de dois acontecimentos pode ser coincidência. Logo, passar a inferir rápido demais uma conexão causal entre dois acontecimentos com base em sua correlação, única ou repetida, pode resultar numa conclusão infundada.

O problema inicial da falácia *post hoc*, como das outras falácias que estudamos, é que o argumento que vai de uma correlação a uma relação causal é, às vezes, um tipo racional de argumento. Na verdade, o fato de haver uma correlação positiva entre dois acontecimentos é um bom indício de que há uma relação causal entre eles. No entanto, o argumento *post hoc* pode ocorrer quando o argumentador passa depressa demais à conclusão de que a variável A causa a variável B quando o único indício é a correlação positiva entre as ocorrências de A e as ocorrências de B. Parece, então, que a correlação positiva não basta, por si só, para estabelecer conclusivamente uma relação causal. O erro implícito ao argumento *post hoc*, portanto, reside em negligenciar outros fatores, além da correlação positiva, que podem ser importantes na avaliação de uma relação causal entre dois acontecimentos.

Há tantos tipos de erros implícitos na arriscada argumentação que salta da correlação para a causalidade – como veremos nas Seções 8.6 e 8.7 – que é difícil evitá-los. Conseguimos perceber por que a tradição rotula a argumentação *post hoc* de falaciosa.

Se é basicamente racional argumentar da correlação para a causalidade, por que essa forma de raciocínio é tão sujeita à parcialidade e ao erro? Será que há alguma razão oculta para nossa propensão de cometer a falácia *post hoc*? Essa razão pode estar relacionada ao ponto de vista kantiano, segundo o qual a causalidade é baseada numa interpretação seletiva de acontecimentos externos filtrados pela estrutura de raciocínio lógico de quem percebe. As expectativas causais de uma pessoa podem servir para preencher lacunas numa seqüência percebida de eventos, tornando a seqüência logicamente completa com base em rotinas ou padrões causais conhecidos. Como tais ordenamentos causais são baseados (1) numa seleção de acontecimentos lembrados e (2) numa combinação ou ordenamento causal desses acontecimentos segundo expectativas conhecidas vindas de casos semelhantes, eles estão sujeitos a erros ocasionais, percepções de conexões causais aparentes mas sujeitas a correção, quando vistas de outro ponto de vista.

Esse tipo de erro foi estudado por Trankell (1972), que afirma que nossos julgamentos causais são inevitavelmente baseados na interpretação pessoal dos dados porque o mecanismo lógico que preenche as lacunas causais é baseado em padrões de experiências anteriores. O caso a seguir, extraído de Trankell (1972, p. 18), mostra como é grave o tipo de erro que pode ser cometido num raciocínio que completa de maneira plausível uma série de acontecimentos reais:

Exemplo 8.5

Um táxi que levava um advogado por uma rua congestionada da cidade foi forçado a frear subitamente atrás de outro táxi, que também tinha parado de repente. Pela janela, o advogado viu a porta de trás do táxi da frente se abrir e, ao mesmo tempo, viu um velho cair pela porta aberta e ficar inconsciente no chão. No dia seguinte, lendo sobre o acidente no jornal, ele descobriu que suas observações estavam erradas. Na verdade, o velho tinha atravessado a rua sem olhar e o carro da frente brecou para não atropelá-lo, o que resultou numa colisão que o derrubou.

Neste caso, o advogado tinha visto a porta aberta do carro e o velho caído no chão. Depois, ele racionalizou essas percepções, combinando-as numa seqüência causal. No entanto, evidências vindas de outras fontes deixaram claro que a seqüência plausível do que ele tinha visto era baseada numa interpretação errada da verdadeira seqüência de acontecimentos.

Devido a essa tendência psicológica natural de inserir uma "completude lógica" de relações causais entre os acontecimentos que vemos, a possibilidade de cair em erros *post hoc* é muito forte. Mesmo assim, é um exagero pensar que todo argumento que vai de correlações observadas para conclusões causais seja intrinsecamente falacioso.

Há quatro razões básicas pelas quais é simplista e enganador ver o argumento *post hoc* como falácia. Em primeiro lugar, o argumento que vai de uma correlação para uma conclusão causal não é intrinsecamente incorreto ou falacioso. Às vezes, esse tipo de argumento é racional. Em segundo lugar, não é por um único erro que esse tipo de argumento fica sujeito ao questionamento crítico. Há vários tipos distintos de falhas ou pontos fracos que podem estar implícitos na argumentação que parte da evidência da correlação para uma conclusão causal. Em terceiro lugar, mesmo quando são detectadas, raramente essas falhas são do tipo que faz do argumento uma falácia a ser refutada. Em geral, o questionamento crítico que ele pede indica apenas a necessidade de mais estudo ou de mais sustentação para que se esclareça a natureza da relação entre os dois fatores em questão. Em quarto lugar, quando uma dessas questões é levantada, a falha que ela revela quase sempre pode ser remediada. A crítica é que a prova da ligação causal não é tão forte quanto parecia inicialmente. Desse modo, o argumento não é necessariamente "falacioso". Na maior parte dos casos, ele é um argumento fraco mas não destituído de valor, um argumento que precisa de mais sustentação para arcar com seu ônus da prova na discussão.

8.6 SEIS TIPOS DE ERROS *POST HOC*

Há vários fatores a serem levados em conta no raciocínio causal e, assim, vários tipos de deficiências, falhas e erros, próprios do argumento *post hoc*, que é importante saber detectar.

O primeiro tipo de erro *post hoc* pode ocorrer quando o número de correlações positivas entre os acontecimentos em questão é pequeno demais para descartar a coincidência. Um exemplo clássico é dado por Fischer (1970, p. 166):

Exemplo 8.6

Na noite fatal da colisão do Doria com o navio sueco Grisholm, na costa de Nantucket, em 1956, a mulher retirou-se à sua cabine e ligou o interruptor da luz. De repente, houve um grande estrondo e barulho de metal rangendo. Passageiros e tripulantes corriam e gritavam pelos corredores. A mulher precipitou-se para fora da cabine e explicou para a primeira pessoa que viu que devia ter acionado o freio de emergência do navio.

Neste caso, o acontecimento B, o naufrágio, seguiu-se ao acontecimento A, a ação de ligar o interruptor, mas essa correlação é um indício extremamente fraco, na melhor das hipóteses, de uma relação causal entre A e B. Nessa situação, há inúmeras evidências que revelam que a verdadeira causa de B

não tem nenhuma ligação com *A*. Chegar a uma conclusão de relação causal a partir de uma única ocorrência sucessiva de dois acontecimentos é um tipo fraco de argumento, com grande possibilidade de erro.

O segundo tipo de erro diz respeito à possibilidade de a relação causal ser entendida ao contrário. Às vezes, sabemos que pode haver uma relação causal entre os acontecimentos *A* e *B*, mas não sabemos ao certo a direção dessa relação. Por exemplo, não há dúvida de que existe uma correlação positiva entre riqueza pessoal e posse de títulos e ações. Mas será que são as ações e os títulos que causam a riqueza ou será que a aquisição de riqueza leva ao seu investimento em títulos e ações? Provavelmente, os dois fatores estão presentes até certo ponto na maioria dos casos. Nesse caso, portanto, sabemos que há uma correlação entre *A* e *B*, mas não fica claro se é melhor concluir que *A* causa *B* ou que *B* causa *A*.

Um exemplo clássico deste segundo tipo de erro é apresentado por Huff (1954, p. 98):

Exemplo 8.7
Os habitantes de certa ilha observaram corretamente, ao longo dos séculos, que pessoas com boa saúde têm piolhos no corpo e que pessoas doentes, não. Então, concluíram que os piolhos tornam a pessoa saudável.

Mas o que acontecia na verdade é que, quando alguém ficava doente e com febre, a temperatura do corpo subia. Os piolhos não gostavam do calor e iam embora. Os habitantes da ilha observaram esse fato e concluíram que os piolhos tornavam a pessoa saudável. Mas poderiam ter concluído, de maneira mais acertada, que a saúde é um fator causal na produção de condições favoráveis para o piolho.

Esse segundo tipo de erro ocorre porque a correlação é sempre simétrica, o que significa que, se A é correlato de B, então B é sempre correlato de A. No entanto, a causalidade é diferente. Às vezes, se A causa B, B também pode causar A. Mas, às vezes, a relação causal não se dá nos dois sentidos.

Considere este exemplo de Damer (1980, p. 69): "Não é à toa que Phillip tem notas tão boas e sempre faz o que o professor pede. Ele é o queridinho do professor." Damer observa que é mais provável que Phillip seja o queridinho do professor porque faz o que ele pede. Em outras palavras, a relação causal é simplesmente o oposto do que diz a argumentação.

No entanto, nesse caso específico, é bem provável que a relação causal exista nos dois sentidos. Como Phillip é um aluno colaborador e aplicado, o professor o respeita mais e lhe dá atenção especial. Mas é provável que a relação causal inversa também exista. Como Phillip tem o respeito e a atenção especial do professor, sua tendência é ser particularmente colaborador e aplicado durante a aula.

Então, dada uma correlação entre A e B, pode não ficar determinado se é melhor concluir que A causa B ou que B causa A. E nem sempre as duas conclusões são mutuamente excludentes. Pode haver até um tipo de relação causal recíproco ou circular (*feedback*) entre A e B.

O terceiro tipo de erro ocorre quando não se percebe que dois estados de coisas, A e B, são correlatos porque há um terceiro fator C que é causa tanto de A quanto de B:

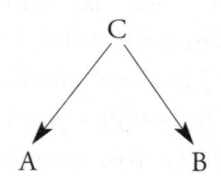

```
        C
       ↙ ↘
      A   B
```

Aqui, pode haver uma correlação genuína entre *A* e *B*, mas mesmo assim é incorreto concluir que *A* causa *B*; porque, na verdade, pode ser que *C* cause *A* e que *C* cause *B*. Portanto *C*, que explica a associação entre *A* e *B*, pode deixar claro também que não é preciso haver uma relação causal entre *A* e *B*. O exemplo a seguir, extraído de Zeisel (1968, cap. 9), ilustra esse tipo de caso:

Exemplo 8.8
   Descobriu-se que pessoas casadas comem menos doces do que pessoas solteiras. Uma segunda análise dos dados revelou que, comparando casados e solteiros da mesma idade, a correlação desaparecia. Então, seria errado concluir que o casamento causa uma diminuição do consumo de doces. A idade é o fator que atua nos dois casos, aumentando a probabilidade de casamento e diminuindo o consumo de doces.

Este exemplo ilustra também a natureza prática das relações causais. Suponha que os fabricantes de doces pudessem impedir as pessoas de casar. Será que isso resultaria num grande aumento do consumo de doces? Não: para aumentar o consumo de doces eles teriam que impedir as pessoas de envelhecer. E impedi-las de casar não as impediria de envelhecer. Então, a causalidade é uma questão prática. Dizer que *A* causa *B* significa que, sendo possível modificar ou manipular *A*, é possível mudar também a ocorrência de *B*. A correlação entre *A* e *B* nem sempre significa que há uma relação causal genuína entre eles.

Em alguns casos, não fica claro como funciona a relação causal, mas a forma da relação concluída num argumento pode e deve ser questionada. Observando um colega de classe que é ao mesmo tempo extremamente obeso e extremamente deprimido, um observador pode concluir que a obesidade causa depressão. No entanto, pode muito bem haver uma relação causal recíproca, sendo a depressão um fator causal que contribui para a tendência desse aluno a comer demais. Nesse tipo de caso, como novamente observa Damer (1980, p. 70), a conclusão mais plausível é que haja um problema físico ou psicológico que seja a causa comum desses dois efeitos.

Esse tipo de caso revela que, quando há uma correlação positiva entre duas situações A e B, pode ser apressado e prematuro concluir que A seja a causa de B, como pode ser igualmente errado concluir que B seja a única causa de A. Pode ser que A e B tenham como causa um terceiro fator, uma causa comum, e a incapacidade de identificar essa possibilidade ou probabilidade poderia ser um sério viés ou uma má interpretação do caso.

Um quarto tipo de erro é não levar em conta a complexa cadeia de ligações numa seqüência causal. Pode ser que A cause C, mas que essa relação causal fique mais evidente quando se observa que há um terceiro fator causal, B, atuando entre A e C:

$$A \longrightarrow B \longrightarrow C$$

Num caso como esse, o mais correto é dizer que C é causado *indiretamente* por A. A relação causal entre A e C pode ser considerada *complexa*:

Exemplo 8.9

Um motorista observa que, sempre que pisa no freio, o ventilador que desembaça os vidros começa a chiar. Ele conclui que os freios devem ter alguma ligação com o mecanismo do ventilador.

A verdadeira explicação é que a freada causa uma desaceleração do carro, o que, por sua vez, faz com que o motor do ventilador, que funciona solto, se incline e comece a chiar. Então, embora esteja correto dizer que a freada causa o barulho, é falacioso concluir que ela tenha sido a causa direta do chiado.

Às vezes, as seqüências de ligações causais entre dois estados de coisas podem ser muito complexas. No exemplo 8.9, a seqüência poderia ser definida como uma relação entre quatro estados:

Pisar no freio ⟶ desaceleração do carro ⟶ inclinação do ventilador ⟶ chiado do ventilador

Portanto, em certos casos, pode haver um número de variáveis causais atuando entre dois estados de coisas. Ignorar esses fatores é uma espécie de falácia de supersimplificação.

O caso seguinte mostra que seqüências de situações tomadas como variáveis causais são, muitas vezes, mais complexas do que inicialmente parecem. Descobriu-se, através de um estudo dos dados relativos à admissão de alunos, que os índices de rejeição eram muito mais altos entre as mulheres do que entre os homens na Universidade da Califórnia, *campus* de Berkeley. Essa descoberta estatística parecia indicar que ser mulher fazia com que a pessoa fosse rejeitada em Berkeley. Por isso, as faculdades de Berkeley foram acusadas de discriminação contra as mulheres. No entanto, Bickel, Hammel e O'Connell (1977) demonstraram que, observando separadamente os números relativos a cada um dos 85 departamentos, via-se que a probabilidade de admissão era mais ou menos a mesma para os dois sexos, e até um pouco mais alta para as mulheres. Não se tinha levado em conta o fato de que as mulheres tendiam a se inscrever nos departamentos mais concorridos, que eram também os departamentos com os índices mais altos de rejeição.

No início, os dados pareciam indicar uma relação causal entre ser mulher e ser rejeitada em Berkeley:

$$\text{Ser mulher} \longrightarrow \text{ser rejeitada em Berkeley}$$

Mas um exame mais atento da situação indicou que a verdadeira relação causal era entre uma terceira variável (inscrever-se num departamento concorrido) e a rejeição em Berkeley. No entanto, como de fato acontecia, ser mulher era um fato associado à variável de inscrever-se num departamento concorrido:

$$\text{inscrever-se num departamento concorrido} \longrightarrow \text{ser rejeitada em Berkeley}$$
$$\uparrow$$
$$\text{Ser mulher}$$

O erro, neste caso, foi não levar em conta a variável intermediária. Em vez de haver uma relação causal direta entre duas variáveis, A e C, como parecia inicialmente, havia uma seqüência mais complexa de relações. Havia, por acaso, uma correlação entre A e B, e era B a verdadeira causa de C. Mas, omitindo o estágio intermediário, a situação parecia indicar uma ligação causal entre A e C. Agora, havendo uma relação causal entre o fato de ser mulher e a inscrição num departamento concorrido, haveria então uma seqüência causal da forma $A \to B \to C$. Mas concluir que A causava diretamente C, sem mencionar ou sem levar em conta a variável intermediária B, seria um sério erro de raciocínio causal.

Temos que ter cuidado para não misturar os dois últimos tipos de erros causais. No terceiro tipo de erro, os dois estados iniciais, que parecem ter entre si uma relação causal, não têm em absoluto essa relação, no sentido de que um cause o outro. O terceiro fator, *C*, causa tanto *A* quanto *B*. Mas revelou-se falso, nesse tipo de caso, dizer que *A* causa *B* (ou que *B* causa *A*). O quarto tipo de erro, no entanto, é muito diferente. Os dois estados iniciais não têm uma relação causal direta. Mas na verdade o que acontece é que uma variável causa (indiretamente) a outra. Logo, os dois tipos de falácias são distintos. No terceiro erro, a atribuição de causalidade está errada. No quarto erro, no entanto, há apenas uma supersimplificação da natureza da relação causal.

É preciso ter muito cuidado aqui, porque alguns casos mais complexos podem envolver os dois tipos de erro. O caso a seguir é relatado por Croxton e Cowden (1955, pp. 9-10):

Exemplo 8.10

Um meteorologista descobriu que o preço do milho está inversamente correlacionado à gravidade dos casos de febre do feno. Devemos concluir que há uma relação causal entre casos graves de febre do feno e a queda do preço do milho? Dois outros fatores sugerem que devemos pensar melhor. Primeiro, o preço do milho tende a cair quando a safra é grande. Segundo, quando as condições climáticas são favoráveis à produção do milho, elas são favoráveis também ao crescimento da erva-de-santiago. Parece razoável concluir que o preço do milho e o sofrimento das vítimas de febre do feno estão relacionados, mas não que têm entre si uma dependência causal.

Para entender direito esse exemplo, temos que examinar a seqüência de ligações causais entre todos os pares de variáveis causais:

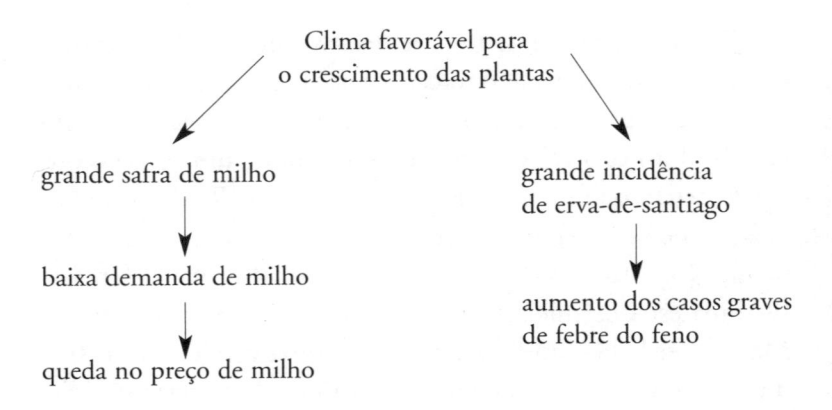

```
                    Clima favorável para
                   o crescimento das plantas
                  ↙                        ↘
    grande safra de milho          grande incidência
              ↓                    de erva-de-santiago
    baixa demanda de milho                 ↓
              ↓                   aumento dos casos graves
    queda no preço de milho           de febre do feno
```

Basicamente, este exemplo é um caso do terceiro tipo de erro. O clima favorável é variável causal comum por trás das variáveis iniciais da queda do preço do milho e do aumento de casos graves de febre do feno. Seria falso afirmar que qualquer uma dessas variáveis iniciais causa a outra.

No entanto, o quarto tipo de erro também está envolvido aqui, já que o clima favorável tem uma relação causal indireta, mediada por duas outras variáveis, com a queda do preço do milho. Além disso, o clima favorável está indiretamente relacionado à gravidade dos casos de febre do feno, quando se leva em conta que o clima favorável aumenta o crescimento da erva-de-santiago. Neste caso, o terceiro e o quarto tipos de erro estão combinados. Para analisar corretamente este caso, temos que separar os dois tipos de erro.

Um quinto tipo de erro está relacionado à extrapolação para além de uma determinada série de casos. Às vezes, há uma relação positiva entre duas variáveis, A e B, numa determinada série de casos, mas chega um ponto em que a relação fica fora dessa série:

Exemplo 8.11
Observa-se, com freqüência, que a chuva é boa para a colheita. Dentro de uma determinada série de condições, essa relação causal se mantém – quanto mais chuva, melhores as safras. Mas, em excesso, a chuva pode ter um efeito negativo sobre as safras.

Neste caso, é correto dizer que, em certas circunstâncias, uma correlação positiva entre A e B significa que A causa B. O problema é que, em outras circunstâncias, pode acontecer que A não cause B, ou até mesmo que A seja contraproducente para B. A relação, neste caso, é não-linear.

8.7 VIÉS DEVIDO À DEFINIÇÃO DE VARIÁVEIS

O sexto tipo de erro ao se argumentar passando de uma correlação estatística para uma conclusão causal está relacionado à classificação e definição dos acontecimentos ou itens estudados na correlação; isto porque, em alguns casos, uma aparente tendência ou relação causal pode ser apenas um artefato estatístico criado por uma mudança na maneira de definir ou identificar as variáveis. O caso clássico desse tipo de problema diz respeito às críticas recentes aos índices de sobrevivência ao câncer.

Nos últimos anos, a mensagem transmitida pela mídia é que estamos vencendo a batalha contra o câncer porque a detecção precoce e os novos métodos de tratamento resultam no aumento dos índices de sobrevida. A apresentação estatística desses resultados mostra aumentos significativos nos índices de sobrevida a muitos tipos de câncer, como do pulmão, do cólon, da próstata e da mama, no período que vai de 1950-54 a 1977-81. No entanto, vários cientistas respeitados têm criticado a validade dessas estatísticas. A crítica se baseia no argumento de que os índices reais de sobrevida podem não ter crescido e que o aumento aparente pode ser o resultado de uma modificação, ao longo dos anos, da definição de "doente de câncer".

Fisher e North (1986) identificam seis tipos de vieses quando se divulgam os índices de sobrevida ao câncer:

1. *Tempo de avanço*. Os progressos na detecção do câncer permitem diagnósticos cada vez mais precoces. O *tempo de avanço* (Fisher e North, 1986, p. 6) é um tempo extra de sobrevida que se deve apenas ao diagnóstico precoce e não ao fato de a morte ocorrer mais tarde. Os críticos alegam que o *tempo de avanço* introduz um viés nas estatísticas do câncer porque a compilação dos índices de sobrevida atuais contém um *tempo de avanço* maior do que nos casos compilados no passado.
2. *Duração*. Os novos métodos de detecção identificam um número maior de pacientes com tipos de câncer que se desenvolvem mais devagar. Esses pacientes tendem a ter um prognóstico mais positivo e a viver mais tempo, acima e além do fator do *tempo de avanço*. Segundo Fisher e North (1986, p. 6), esse viés é como comparar duas doenças diferentes – uma doença que se desenvolve devagar com prognóstico positivo *versus* uma doença que se desenvolve depressa com prognóstico negativo.
3. *Superdiagnóstico*. Os novos métodos de detecção identificam pacientes com tumores pequenos e inofensivos ou tumores que diminuem sozinhos. Com os antigos métodos de detecção, essas pessoas não eram nem mesmo identificadas como doentes de câncer. A prática de hoje, que inclui esses doentes, introduz um viés favorável nas estatísticas do câncer.
4. *Auto-seleção de pacientes*. Em geral, as pessoas que se oferecem como voluntárias para fazer exames relacionados ao câncer tendem a ter resultados melhores por vários motivos. Elas tendem a dar mais atenção à saúde, a ter mais instrução, a seguir mais corretamente as ordens dos médicos e a ter renda mais alta. As-

sim, essas pessoas acabam tendo tratamentos de melhor qualidade e, com isso, melhores perspectivas de sobrevida.
5. *Migração de estágio*. A detecção mais apurada de metástases do câncer faz com que os pacientes sejam classificados de maneiras diferentes em diferentes estágios do desenvolvimento do câncer.
6. *Aumento do número de casos não-fatais comunicados*. Hoje, a melhor comunicação de casos não-fatais por parte dos médicos pode gerar um aumento falso dos índices de sobrevida, já que o registro de casos de morte por câncer não mudou ao longo dos anos.

Algumas dessas críticas dizem respeito a uma espécie de erro *post hoc*. Outras são semelhantes aos problemas gerais de definição dos termos no raciocínio indutivo, já tratados na Seção 8.4. Ao discutir esses seis tipos de viés nas estatísticas do câncer, contudo, é importante separar duas perguntas. (1) Há um aumento real dos índices de sobrevida? (2) Esse aumento dos índices de sobrevida se deve a um melhor tratamento médico para o câncer? A pergunta (2) pressupõe uma resposta afirmativa para a pergunta (1). A pergunta (2) está relacionada ao argumento *post hoc* e aponta para um tipo especial de erro *post hoc*.

A pergunta (1) diz respeito à combinação de (a) uma estatística parcial e (b) uma definição do termo "doente de câncer". Assim, a pergunta (1) combina, na mesma crítica, o problema da estatística parcial e o problema da definição tendenciosa. A alegação é que a mudança de definição introduziu um viés na maneira de selecionar a amostra para estudo.

A divulgação de estatísticas do câncer que parecem sugerir um melhor índice de sobrevida é motivo de preocupação porque a aparente melhora pode não estar associada aos métodos de tratamento hoje disponíveis. Assim, o problema básico é de argumento *post hoc*. As seis formas de viés apontam para um requisito racional de qualquer argumento que vai da correlação para a causação – a mudança na variável, que supostamente ocorreu, não deve resultar apenas da maneira de classificar ou definir essa variável. Ao longo do tempo, pode haver mudanças nos padrões da variável tal como foi definida e classificada, introduzindo dessa forma um viés possivelmente oculto na correlação estatística. Além disso, os procedimentos para identificar um item ou determinar uma condição podem mudar, acompanhando as mudanças dos procedimentos científicos de identificação e classificação. Uma aparente ligação causal pode resultar apenas de uma mudança de terminologia.

É fácil perceber que esse tipo de interpretação indevidamente otimista das estatísticas pode ser tentador, quando falta a corroboração de pesquisas ou quando a mídia omite sutilezas ao divulgar descobertas estatísticas. Mesmo assim, documentar a extensão precisa do viés exige por si só um estudo científico.

8.8 CRÍTICAS *POST HOC* EM FORMA DE QUESTIONAMENTO CRÍTICO NUMA INVESTIGAÇÃO

À medida que um estudo avança e mais dados são processados, correlações iniciais que sugeriam uma relação causal podem se tornar sujeitas a críticas na medida em que outras variáveis operacionais se tornam conhecidas. Assim, a relação inicialmente postulada pode não ser tão simples quanto o conhecimento anterior da situação fazia parecer. Onde parecia haver uma relação causal simples entre duas variáveis, os novos dados podem sugerir a existência de outros fatores, antes em segundo plano, que têm uma relação causal com A e B. E, desse modo, uma descrição mais completa da rede causal de acontecimentos pode exigir que se abandone como hipótese a relação causal simples do início e se passe a um conjunto mais complexo de ligações entre vários acontecimentos.

Isso não significa que a postulação original da relação causal simples entre *A* e *B* fosse necessariamente uma falácia ou erro censurável. À luz das provas disponíveis na época, tal pressuposto pode ter sido razoável. Mas, mesmo que tenha sido um bom começo, muitas vezes o pressuposto inicial tem que ser abandonado à luz das informações novas e rejeitado em favor de uma nova hipótese.

É claro que insistir dogmaticamente no pressuposto original, mesmo diante de novas informações ou apesar delas, pode ser uma falácia, mas isso é causado pela incapacidade de permitir discussões posteriores, ou modificar a argumentação, mesmo diante de novas provas ou de um questionamento crítico.

Em vez de rejeitar um argumento alegando, com desdém, que ele cometeu a falácia *post hoc*, é mais construtivo levantar questões específicas sobre a força do argumento que vai da correlação à conclusão causal. Essa crítica é mais construtiva porque pode sugerir um questionamento crítico específico. Responder a essas perguntas é um modo de fortalecer o argumento causal através de uma discussão crítica posterior que introduza novas provas. Considere a seguinte notícia:

Exemplo 8.12

Um pesquisador canadense citou uma estatística segundo a qual as crianças de famílias pobres estão duas vezes e meia mais sujeitas do que as crianças de famílias ricas a morrer de doenças infecciosas, e duas vezes mais sujeitas a morrer de acidentes. O professor conclui que o efeito da pobreza sobre a saúde é profundo e que a pobreza é um "assassino invisível" mais mortal que o câncer.⁹

Esse argumento vai da correlação à postulação de causalidade e talvez mereça ser criticado como uma falácia *post hoc*, mas é mais apropriado questioná-lo. Qual é a definição de "pobreza"? Até que ponto a relação causal inversa também vale? Ou seja, será que problemas de saúde como anemia, deficiência de aprendizado e retardo mental podem ser causas de pobreza, em vez de ser a pobreza uma causa de problemas de saúde? E será que fatores mais específicos podem estar associados tanto à pobreza quanto aos problemas de saúde, explicando até certo ponto a correlação? Ou seja, se alguém que mora num bairro pobre morre de ferimento provocado por uma arma de fogo, pode ser parcialmente correto dizer que sua morte foi "causada" pela pobreza, já que, se tal pessoa morasse num bairro melhor, talvez não tivesse levado o tiro. Mas isso também é enganador, pois a causa mais específica da morte, a saber, o tiro, não deve ser negligenciada.

Cada uma das perguntas deste questionamento crítico sugere uma forma de explorar e estudar a correlação entre pobreza e saúde para esclarecer qual é a força real da conexão causal entre as duas variáveis.

Esses casos revelam que, em seus estágios iniciais, um diálogo ou investigação pode abrir questões ou sugerir possíveis relações causais. Mas, à medida que a investigação prossegue e surgem outras provas, essas relações podem ser corrobora-

▼

9. "Research Ties Illness to Economic Status", *Winnipeg Free Press*, 8 de fevereiro de 1987.

das, repudiadas ou questionadas. Além disso, também podem ficar mais complexas pela descoberta de fatores que não tinham sido identificados previamente. Ignorar ou antecipar a ordem natural e razoável do diálogo, chegando a uma conclusão causal segura demais ou rápida demais, pode ser um erro *post hoc*. Por outro lado, pode ser natural e razoável, nos primeiros estágios da investigação, apresentar ligações causais como hipóteses que podem até ser refutadas depois. Isso não é intrinsecamente falacioso nem incorreto, desde que a hipótese seja corrigida por futuras provas.

O caso seguinte também mostra como a observação inicial de uma conexão plausível sugere muitas vezes uma ligação causal entre duas variáveis e como novos estudos podem levantar questões e críticas, abrindo caminho para a análise de outros fatores possivelmente relacionados:

Exemplo 8.13

Numa conferência sobre o vínculo entre seres humanos e animais de estimação em Boston, em 1986, pesquisadores relataram que os bichos podem baixar a pressão sangüínea de hipertensos, aumentar a sobrevida de pacientes cardíacos e até mesmo penetrar no isolamento de crianças autistas. Segundo uma reportagem da *Newsweek*[10], alguns pesquisadores relataram os efeitos benéficos que trazem os animais de estimação. Estudos revelaram que, em testes de autoconfiança, sociabilidade e tolerância, as mulheres que tiveram cachorros na infância se saíram melhor do que as que não tiveram. Os homens que tiveram cachorros "tinham um senso maior de valor pessoal e de ter seu lugar no mundo, além de melhor traquejo social". As crianças que tinham animais de estimação também demonstraram mais empatia.

▼

10. Sharon Begley e Karen Fitzgerald, "Freud Should Have Tried Barking", *Newsweek*, 1º de setembro de 1986, pp. 65-6.

As correlações mencionadas nesses estudos podem estar baseadas numa boa pesquisa, mas restam perguntas não respondidas a respeito das conclusões causais que podemos tirar delas. Que certeza podemos ter de que uma relação carinhosa com um animal de estimação é realmente a causa da melhora na saúde ou no bem-estar de um ser humano?

Alan Beck, ecologista especializado em animais da Universidade da Pensilvânia, citado no artigo da *Newsweek* (p. 65), diz que inicialmente os trabalhos pressupunham uma relação positiva entre seres humanos e animais de estimação, mas estudos posteriores levantaram algumas críticas. Uma destas, citada por ele, é se os animaizinhos geram empatia nas crianças ou se os pais que tendem a comprar animais de estimação para os filhos tendem também a estimular a empatia da criança.

Pode-se perguntar também se qualquer mudança num asilo de idosos, e não especificamente a chegada de um animal de estimação, não teria um efeito estimulante sobre os pacientes. Em outras palavras, os efeitos sobre a saúde poderiam ser atribuídos a outras variáveis, que estão associadas à introdução de animais numa determinada situação. Talvez, num asilo, os idosos fiquem entediados e tenham muito pouco em comum para conversar. A introdução de um animalzinho é uma mudança visível que afeta a todos e propicia muitos acontecimentos interessantes de que todos na instituição participam. Mas será que a interação afetuosa com o animalzinho é a causa *específica* da melhora geral, ou será que qualquer mudança na rotina que propicie temas para a interação entre os pacientes teria um efeito igualmente positivo sobre o moral? Para responder a essas perguntas, é preciso estudar antes os efeitos de outras variáveis na situação.

Assim, em críticas *post hoc* a argumentos causais, as perguntas costumam ser razoáveis e construtivas. É melhor fazer perguntas que estimulem as réplicas do outro participante da discussão crítica do que apresentar objeções ao argumento ou indicações de que ele é falacioso. De fato, o questionamento crítico é muito útil porque qualquer hipótese ou conclusão causal corre o risco de se tornar um argumento *post hoc* merecedor de censura se não for corretamente qualificada.

8.9 FORTALECIMENTO DE ARGUMENTOS CAUSAIS ATRAVÉS DO QUESTIONAMENTO CRÍTICO

Para compreender a lógica do raciocínio causal com relação à falácia *post hoc*, temos que entender que a maior parte das atribuições de relação causal em argumentações controversas tem uma natureza altamente prática. Normalmente, alegar que um acontecimento ou estado de coisas A causa outro, B, equivale a dizer que, *nas circunstâncias dadas*, A estava acompanhado por B e o produziu. Tal alegação não implica que A seja sempre acompanhado por B, nem mesmo que seja provável que A esteja acompanhado por B na maior parte das vezes. Por exemplo, suponha que se alegue que o fósforo que Bob acendeu pôs fogo num armazém. Isso equivale a dizer que aquele fósforo, aceso naquelas circunstâncias, naquele momento, fez com que o armazém pegasse fogo. As circunstâncias específicas do caso podem incluir outros fatores, como por exemplo que o armazém estava cheio de madeira seca, que o dia estava quente e assim por diante.

A causalidade é sempre um tipo prático de relação entre duas variáveis, A e B, porque afirma que, se A é introduzido numa situação estável ou normal em que, por pressuposto, nenhuma outra variável é introduzida, o resultado vai ser B. Então, uma relação causal está sempre relacionada a um *campo*, a um ambiente estável, presumivelmente igual, ou pelo menos semelhante, de um caso para o outro. Quando se diz, relativamente a um campo, que A causa B, não se pode descartar jamais a possibilidade de a mudança B ter sido parcialmente causada por algum outro fator, I, que está contido no campo mas não é conhecido pelo observador (Figura 8.0). É por depender de um campo que a causalidade tem utilidade prática em áreas como a medicina e a engenharia, em que casos individuais têm que ser considerados de maneira causal no nível singular.

Essa característica de dependência revela por que os argumentos baseados em inferência causal, na maior parte das alegações causais e argumentações sobre questões controversas, são exemplos de raciocínio plausível.

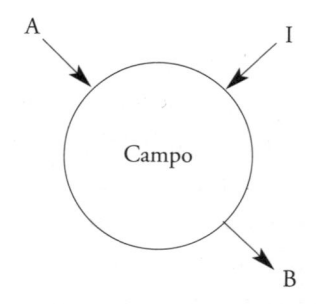

Figura 8.0. *A causalidade como relação dependente de um campo.*

Em geral, os argumentos causais desse tipo têm a ver com probabilidade e indução, mas podem se basear mais fundamentalmente num julgamento de plausibilidade do que de probabilidade. Para entender por que, examinemos o esquema básico de argumentação em que ocorrem controvérsias *post hoc*.

O esquema de argumentação elementar para argumentos que vão da correlação à causalidade é de apresentação muito simples:

> (C) Há uma correlação positiva entre A e B.
> Logo, A causa B.

Nos casos mais simples, a premissa pode se resumir à alegação de que B seguiu-se a A no tempo, num determinado caso. Agora, o que dizer de (C) como esquema de argumentação? Ele é correto ou é falho?

A primeira observação, como já indicamos, é que um argumento que se encaixa no esquema (C) pode ser um argumento racional porque, em muitos casos, uma correlação positiva, mesmo fraca e com apenas um caso, é uma indicação perfeitamente confiável de que pode haver uma conexão causal entre duas situações. Mas o problema, como vimos ao examinar casos falhos de raciocínio *post hoc*, é que há muitas maneiras de usar o esquema (C) que podem redundar em erro. O uso de (C) pode ser falho quando algum outro fator responde pela correlação, mostrando que a aparente relação causal entre A e B é na verdade falsa e enganosa. É aí que encontramos os diferentes tipos de erro *post hoc*.

No entanto, temos que resistir à tese de que (C) seja, em si mesmo, um tipo incorreto de argumentação. Como inferência plausível, em algumas situações, um argumento que se encaixe no esquema (C) pode ser um tipo bastante racional de argumento. O erro surge quando são introduzidas outras informações que sugerem falhas, minando assim a plausibilidade do uso de (C) e devolvendo o ônus da prova a seu proponente, que deve então responder por outros fatores pertinentes ao argumento. Isso leva a um questionamento crítico com vários tipos de perguntas.

O que devemos concluir, então, é que (C) pode ser uma forma racional de argumento, mas mesmo assim sujeita a um questionamento crítico com vários tipos de perguntas. Vimos sete tipos de perguntas que podem ser usadas para mostrar que um argumento do esquema (C) é fraco ou errôneo. Um crítico pode replicar a qualquer argumento causal do esquema (C) indicando que a falta de resposta adequada a qualquer uma dessas perguntas revela a fraqueza e vulnerabilidade do argumento.

Como tornar mais forte um argumento que vai da correlação para a causalidade? O proponente do argumento pode fortalecê-lo respondendo, ou ao menos considerando, esses sete tipos de pergunta do questionamento crítico. Cada uma dessas perguntas (exceto a primeira) diz respeito a um dos erros característicos previamente estudados:

1. Há uma correlação positiva entre A e B?
2. Há um número significativo de casos de correlação positiva entre A e B?
3. Há boas provas de que a relação causal vai de A para B e não somente de B para A?
4. É possível descartar a possibilidade de a correlação entre A e B ser atribuível a um terceiro fator (uma causa comum) que cause tanto A quanto B?
5. Se há variáveis intermediárias, é possível demonstrar que a relação causal entre A e B é indireta (mediada por outras causas)?
6. Se, fora de uma série de causas, a correlação não se mantém, será que os limites dessa série podem ser claramente identificados?

7. É possível demonstrar que o aumento ou mudança em *B* não se deve apenas à definição dada a *B*, à maneira de classificar as entidades que pertencem à classe dos *Bs* ou a critérios de definição ou classificação dos *Bs*, que se modificam com o tempo?

Nossa confiança em qualquer conclusão causal tende sempre a ficar um pouco abalada porque, em qualquer situação, existem outros fatores práticos que podem estar envolvidos. No argumento básico (C), o crítico pode sempre afirmar que pode haver algum outro fator que lança dúvidas sobre a relação causal entre *A* e *B*. Mas, à medida que as perguntas do questionamento crítico vão sendo corretamente respondidas na discussão ou investigação, a alegação causal é fortalecida. Nas respostas, seu proponente tem que especificar qual desses fatores não foi estabelecido ou por que a alegação feita a favor dele é fraca. Com isso, o ônus da prova passa automaticamente ao oponente. Ele tem que substanciar seu argumento causal mostrando que não há algum outro fator em ação, como uma causa intermediária, uma causa comum ou simplesmente uma coincidência.

Ao começar com uma correlação entre duas variáveis, *A* e *B*, pode-se ter uma forte suspeita de que há uma ligação causal entre *A* e *B* que explica a correlação. À medida que vão sendo adequadamente respondidas as sete perguntas do questionamento crítico a respeito do argumento que vai da correlação à causalidade, a suspeita inicial pode ficar cada vez mais forte, já que o argumento parece cumprir sua obrigação na discussão ou investigação. Mas não é fácil estabelecer conclusivamente que há uma ligação causal entre duas situações. Para estabelecer conclusivamente que *A* causa *B*, o investigador tem que chegar a uma clara compreensão teórica do mecanismo pelo qual *A* tem com *B* uma relação causal. Compreender esse mecanismo envolve um conhecimento de química ou física, da ligação estrutural subjacente entre *A* e *B* como processos físicos ou causais. Isso significa mudar o contexto do diálogo para o de uma investigação científica.

Portanto, se todas as sete perguntas são respondidas, o investigador pode dizer na prática que, com toda a plausibilidade, *A* é a causa de *B*. Mas a hipótese causal não pode ser conclusivamente confirmada com precisão científica até que se saiba mais sobre a teoria subjacente à ligação entre *A* e *B*. É por isso que a forma fortalecida do argumento que vai da correlação à causalidade continua sendo um tipo relativamente fraco (plausível) de argumento, mesmo quando as sete perguntas são respondidas. Considere o exemplo seguinte:

Exemplo 8.14
   Em 1925, a anemia perniciosa era uma doença fatal que causava a morte das pessoas porque os ossos deixavam misteriosamente de produzir glóbulos vermelhos. Em 1926, o dr. George R. Minot descobriu, através de experiências clínicas com 45 pacientes, que a ingestão de grandes quantidades de fígado de boi era seguida de um grande aumento na contagem de glóbulos vermelhos. Além disso, os pacientes começaram a se sentir melhor e, continuando a dieta de fígado, passaram a desfrutar de uma vida saudável.

Com esses resultados, qualquer um poderia conjecturar racionalmente que pode haver uma ligação causal entre o consumo de fígado e a cura da anemia. Mas, como diz Kruif (1932) em seu relato sobre a história do trabalho de Minot, muitos outros passos foram dados antes que se estabelecesse uma relação causal.

A primeira reação de Minot, segundo Kruif (1932, pp. 107 ss.), foi pensar que um cientista poderia suspeitar que a recuperação desse grupo de pacientes fosse uma coincidência: "Minot era cauteloso demais para confiar nessa estatística embrionária [e] sabia que a doença sempre tinha seus altos e baixos antes de matar suas vítimas." As reservas de Minot, nesse caso, estavam relacionadas ao tipo de fator definido pela sexta premissa da forma fortalecida de argumento causal. A recuperação poderia ser temporária e não continuar por um período mais prolongado. Estudos posteriores dos pacientes acabaram aplacando essas dúvidas.

A outra preocupação está expressa na primeira premissa. Como o estudo se limitava a um número limitado de pacientes, ainda havia o risco de se descobrir que a aparente conexão era coincidência. Estudos subseqüentes de um número maior de pacientes trouxeram mais provas para afastar essa reserva também. Comer fígado ajudava todos os pacientes de anemia perniciosa, com a exceção dos que tinham chegado ao ponto de não poder mais ingerir alimentos sólidos. Mas, quando se introduziu papa de fígado por meio de um tubo no estômago desses pacientes, eles começaram a se recuperar e, em uma semana, já estavam muito melhor.

Nessa altura, foi ficando cada vez mais plausível a existência de uma conexão causal entre ingestão de fígado e recuperação da anemia perniciosa. No entanto, a natureza precisa da conexão causal só foi estabelecida quando estudos de laboratório começaram a investigar o misterioso fator X existente no fígado que entrava no sangue e fazia a medula óssea produzir novos glóbulos vermelhos. Sabemos agora que era a vitamina B_{12}, presente no fígado, que possibilitava esse processo e fazia com que os pacientes se recuperassem.

Na investigação científica, a técnica usada para estudar correlações entre duas variáveis, quando se suspeita de uma conexão causal entre elas, é o método da experiência controlada. Se há uma correlação interessante entre as variáveis A e B, os experimentos científicos podem confirmar a existência de uma relação causal estudando A e B em diferentes circunstâncias. Quando A tende a ser seguido por B em vários testes, feitos sob circunstâncias diferentes, a alegação de que A causa B se torna mais forte. Se B não ocorre em circunstâncias em que A não está presente, a alegação fica ainda mais forte. Quando é descartada a existência de causas comuns para a correlação de A e B, a alegação se fortalece ainda mais, como acontece quando os sete tipos de perguntas são respondidos. Respondidas adequadamente todas as perguntas, a alegação de relação causal pode ser considerada muito plausível. Nesse caso, o crítico é posto na defensiva, tendo que apresentar provas contínuas para criticar a plausibilidade da conclusão causal. O ônus da prova cabe agora ao crítico.

Mas mesmo com os sete requisitos fortemente estabelecidos numa discussão crítica, a conclusão de que A causa B é, no máximo, um pressuposto ou hipótese prática, não devendo ser tratada como fato cientificamente estabelecido. A única maneira de comprovar tal hipótese como descoberta científica é por meio do esclarecimento teórico da precisa conexão causal entre A e B, de acordo com leis estabelecidas numa rigorosa investigação científica. Só então podemos ter certeza da existência de uma ligação causal definitivamente confirmada entre A e B.

Em casos extremamente controvertidos, é sempre dúbia a montagem de uma forte argumentação indutiva a favor de uma conclusão causal:

Exemplo 8.15

Ao examinar dados sobre 141 países, Steffie Woolhandler e David Himmelstein descobriram que os índices de mortalidade infantil de 1979 estavam relacionados a um aumento dos gastos militares. A partir dessas descobertas estatísticas, concluíram que o gasto com armamentos tem uma relação causal com a mortalidade infantil. Dizem eles: "Parece que as bombas, nucleares e convencionais, podem matar antes de explodir." Argumentam que, mesmo levando em conta outros fatores pertinentes, a análise confirma uma correlação significativa: "Embora a correlação não prove a causalidade, achamos altamente plausível que exista essa ligação causal."[11] No entanto, o dr. John Bailar, um bioestatístico da Escola de Saúde Pública de Harvard, criticou a conclusão desses dois autores, dizendo: "Os métodos que eles usaram são adequados para alguns tipos de descrição, mas simplesmente não estão à altura da tarefa de determinar o que causa o quê. Pode ser que a alta mortalidade infantil cause os gastos militares." O dr. Bailar observou também que a abordagem de Woolhandler e Himmelstein poderia ser usada para demonstrar uma ligação entre a mortalidade infantil e o consumo de bananas: "Bananas são um elemento importante da dieta em muitas partes pobres do mundo, mas isso não significa que as bananas causem a morte de crianças."[12]

Será que as descobertas estatísticas de Woolhandler e Himmelstein indicam que os gastos militares causam a mortalidade infantil? O argumento deles é da forma (C), que, como vimos, pode ser um tipo racional de argumento. Mas pode também estar aberto a vários tipos de questionamento crítico, exigindo um considerável fortalecimento para ser substanciado como conclusão científica.

▼

11. Steffie Woolhandler e David Himmelstein, "Militarism and Mortality", *Lancet*, 15 de junho de 1985, pp. 1375-78.
12. Dr. John Bailor, citado em "Infant Death Link Found", *Winnipeg Free Press*, 15 de junho de 1985, p. 70.

Nesse caso, o argumento foi suficientemente fortalecido? Não há como saber sem analisar mais detidamente o artigo de Woolhandler e Himmelstein, mas eles alegam que levaram em conta "outros fatores pertinentes". Observe também que a crítica do dr. Bailar, de que a alta mortalidade infantil pode causar o gasto militar, tem a forma da terceira pergunta do questionamento crítico aplicada ao esquema de argumentação que vai da correlação à causação. Assim, nossa confiança na plausibilidade da conclusão sugerida por Woolhandler e Himmelstein deve ser cautelosa, até termos a certeza de que eles podem fornecer provas de que a relação causal não é o inverso do que concluem.

A observação final do dr. Bailar sobre as bananas sugere também que só poderemos afirmar que a correlação entre gastos com armas e mortalidade infantil vai além da coincidência quando tivermos a certeza de que outras perguntas podem ser respondidas.

Desdobramentos posteriores dessa controvérsia remetem aos fatores que estudamos com relação às sete perguntas do questionamento crítico. Os estatísticos têm métodos sofisticados para argumentar sobre os graus de probabilidade que podemos atribuir racionalmente às correlações em questão. Mas, nesse ponto da investigação, tais argumentos não estabelecem conclusivamente a existência de uma conexão causal entre as duas variáveis. No máximo, a conclusão causal continua sendo um argumento baseado num raciocínio plausível e, portanto, sujeito a críticas e réplicas, até que seja encontrada uma ligação causal ou física entre as duas variáveis.

8.10 SUMÁRIO

Muitas generalizações e alegações causais são baseadas em argumentos indutivos e estatísticos. Quando esses argumentos são cuidadosamente construídos, através de métodos científicos e verificação experimental, sua avaliação pode exigir um conhecimento estatístico especializado[13]. No entanto, muitas das alegações causais e generalizações mais comuns podem ser eficazmente questionadas e criticadas sem nenhum conhecimento especializado de técnicas estatísticas, ou pelo menos não mais do que é apresentado neste capítulo. A primeira pergunta a ser feita é: "Qual é a prova?" Se a prova apresentada for baseada numa amostra, então pode-se perguntar se a amostra é suficiente ou contém um viés. Se os termos usados forem vagos ou se houver uma evidente falta de acesso aos dados, podem-se levantar questões relativas às falácias de estatística sem sentido e incognoscível. Se o levantamento que forneceu a prova para a alegação for baseado em perguntas feitas a uma amostra da população, pode ser razoável investigar a formulação exata das perguntas.

Em geral, qualquer termo vago usado numa alegação estatística deve ser questionado. O ônus da prova cabe ao argumentador que apresentou a alegação estatística e deve agora oferecer uma definição clara. Alguns termos, no entanto, são tão vagos e tão sujeitos a interpretações e controvérsias que, quando usados numa alegação estatística, têm que ser defini-

▼

[13]. Agradeço a Hatem Howlader, Jan Kmenta e Günter Weiss por terem lido este capítulo e sugerido formulações melhores para representar com mais acuidade os desenvolvimentos no campo da estatística e ser coerente com eles. Esses simpáticos estatísticos sugeriram também vários livros e artigos que se revelaram de muita utilidade.

dos com cuidado, através de definições comprovadamente razoáveis. Quando tais definições ou defesas não são apresentadas, o argumento estatístico tem que ser considerado fraco ou sujeito a críticas.

Para determinar se a ausência de definições claras justifica que a estatística seja criticada por não ter sentido, é preciso avaliar o contexto de diálogo em cada caso particular. Mas os dois sinais desse erro são (1) o uso de um termo extremamente vago e sujeito a uma interpretação ampla e (2) a ausência de uma tentativa de definir claramente o termo ou de justificar a definição. Quando, numa argumentação, essas falhas são graves a ponto de não parecer plausível que exista uma definição precisa, justificável e coerente com o número estatístico apresentado, o crítico tem razão de alegar um erro de estatística sem sentido. Da mesma forma, o erro de estatística incognoscível ocorre quando a impossibilidade prática de colher provas que sustentem a alegação estatística impede que seja feita uma defesa plausível para essa alegação.

Finalmente, quando o argumento é do tipo que vai da correlação à causalidade, é racional fazer muitos tipos de perguntas. Quantos casos da correlação foram determinados? Podemos ter certeza de que a relação causal se dá na direção indicada? Há um terceiro fator, uma causa comum, que possa responder pela correlação? A relação causal pode ser indireta – mediada por outras variáveis causais? A relação causal poderia estar limitada a certos casos? À medida que cada crítica é resolvida com sucesso num caso determinado, fica mais forte a plausibilidade do argumento que vai da correlação à causalidade.

Em geral, correlação e causalidade são relações de tipos diferentes. A correlação é uma relação simétrica, o que significa que, sempre que *A* estiver correlacionado a *B*, *B* estará correlacionado a *A*. No entanto, nem sempre a causalidade é uma relação simétrica porque há muitos casos em que *A* causa *B* mas *B* não causa *A*. Porém, a causalidade também não é totalmente assimétrica, pois há casos em que *A* causa *B* e *B* causa *A*. Isso pode acontecer numa relação de causalidade circular ou *feedback* entre duas variáveis, como a que vimos em nossa análise da argumentação circular na Seção 2.7. Por exemplo, num determinado caso, pode ser que a migração de famílias de uma determinada área cause a queda no comércio de imóveis nessa área. Mas também pode ocorrer que a queda no comércio de imóveis esteja causando a migração de famílias dessa área. Neste caso, as duas variáveis não são independentes uma da outra em termos causais, havendo portanto uma relação circular entre elas.

Em geral, então, correlação e causalidade são tipos diferentes de relação, e não se pode argumentar de maneira direta ou conclusiva indo da correlação para a causalidade e vice-versa. Para que a correlação seja estabelecida, é preciso observar com que freqüência um tipo de acontecimento ocorre ou não ocorre quando outro tipo de acontecimento ocorre ou não ocorre. Uma vez observados e reportados os casos de correlação, o estatístico pode fazer inferências a respeito deles. A causalidade, ao contrário, é a relação que liga dois acontecimentos ou tipos de acontecimento de maneira tal que a ocorrência de um é afetada pela ocorrência do outro numa determinada situação.

Embora a causalidade e a correlação sejam fundamentalmente diferentes, podemos argumentar, de maneira prudente e cuidadosa, passando de uma para a outra. O problema da argumentação *post hoc* é saber construir e avaliar tais argumentos sem cometer lapsos ou erros básicos.

Ao avaliar um caso de conclusão causal apresentado por um proponente, pode ser difícil saber, ou estabelecer conclusivamente, se as perguntas do questionamento crítico foram satisfatoriamente respondidas de acordo com o ônus da prova apropriado ao contexto do diálogo. Contudo, se houver uma dúvida plausível a respeito da resposta a qualquer uma das perguntas, o ônus da prova cabe primeiro ao oponente, que deve fazer a pergunta correta e contestar assim a conclusão causal apresentada pelo proponente. Se a pergunta for razoável, de acordo com as provas apresentadas e o conhecimento que se tem do caso em questão, o ônus da prova caberá ao proponente, que deve explicar por que cada premissa contestada pode ser racionalmente sustentada pelas provas. Só em casos extremos pode-se afirmar justificadamente que uma falácia *post hoc* foi cometida. Por exemplo, quando não é dada nenhuma resposta adequada e não há nenhuma em perspectiva, mas o argumentador exige dogmaticamente que sua conclusão causal não seja contestada nem questionada na discussão. Uma recusa a cumprir a obrigação de dar respostas a perguntas racionais e de apresentar argumentos a favor da própria alegação transgride as regras negativas do diálogo de persuasão apresentadas no Capítulo 1.

Este capítulo mostrou os tipos característicos de lacunas que podem ocorrer em argumentos estatísticos e causais, exigindo perguntas pertinentes. Quando uma dessas lacunas fica aberta, as perguntas do oponente podem indicar a ocorrência de um erro ou viés. No entanto, os erros podem ser corrigidos, e o oponente racional não deve se precipitar e acusar de falácia alguém que tenha deixado aberta tal lacuna, já que, como ressaltamos várias vezes, uma alegação de falácia é uma crítica muito séria a um argumento. Um argumento só pode ser considerado falacioso quando é tão fraco e tão ruim que parece não haver defesa possível e quando faltam respostas a perguntas pertinentes do questionamento crítico.

Nos argumentos que vão da correlação à causalidade, o principal problema é que, às vezes, a correlação se deve apenas a uma coincidência ou a uma relação que não é a causal. Então, na investigação científica, tem que haver um esforço sério para responder a cada uma das sete perguntas do questionamento crítico, usando cuidadosos métodos experimentais de investigação. Para excluir a possibilidade de erro, às vezes é preciso repetir os testes. O estudo de um grupo de controle é outro passo importante desse trabalho. O uso cuidadoso de procedimentos aleatórios na seleção dos sujeitos do teste pode ajudar a excluir os vieses.

Neste capítulo, não tivemos a pretensão de estabelecer critérios completos para um bom método científico de coleta de dados. Nosso objetivo, mais modesto, foi dar ao argumentador crítico algumas ferramentas básicas para questionar racionalmente a base de provas das generalizações e alegações estatísticas mais comuns, que têm um papel importante nos argumentos do dia-a-dia.

9. ARGUMENTAÇÃO EM LINGUAGEM NATURAL

Todas as argumentações e disputas de que tratamos foram conduzidas e avaliadas no ambiente da linguagem natural. Mas, na linguagem natural, as palavras são vagas e ambíguas. Em geral, não são definidas com precisão, ficando sujeitas à interpretação dos participantes da argumentação. E como podem ser interpretadas de maneiras diferentes ou segundo padrões de precisão diferentes, as palavras podem ser usadas de maneira simpática ao argumentador e hostil à pessoa a quem o argumento é dirigido. Numa argumentação, as palavras podem ser usadas como armas.

Quando uma cidade israelense de fronteira é bombardeada, os jornais de Israel definem o acontecimento como um ataque terrorista. Mas as fontes árabes definem o mesmo acontecimento como a ação dos defensores da liberdade em defesa de seus direitos. No entanto, quando uma cidade árabe é bombardeada, seus habitantes definem o acontecimento como um ataque terrorista, ao contrário dos israelenses, que o definem como uma ação defensiva contra os terroristas. Em cada um dos casos, as mesmas pessoas são descritas como "terroristas" por um lado e "defensores da liberdade" pelo outro. Como nenhum desses termos litigiosos foi definido, eles estão sujeitos a várias interpretações numa dada situação. Por isso, cabe perguntar se os dois termos estão sendo usados de tal forma que qualquer ação do lado contrário seja classificada rotineiramente como "ação terrorista" e qualquer ação do lado do argumentador como "ação dos defensores da liberdade". Na verdade, as palavras são usadas como armas e bombas.

Esse uso agressivo e unilateral das palavras não é coerente com os objetivos do diálogo racional, sendo mais uma forma de sufocá-lo. Este capítulo pretende estudar os problemas e estratégias mais importantes da argumentação que estão relacionados ao uso sofístico de termos vagos e ambíguos na linguagem natural.

9.1 AMBIGÜIDADE E VAGUEZA

Um termo é considerado *ambíguo* quando tem mais que um sentido. Por exemplo, o termo "banco" é ambíguo. Ele pode significar "casa bancária" num contexto e "banco de praça" em outro. Em muitas argumentações, a ambigüidade das palavras não traz problemas porque o contexto do diálogo se encarrega de esclarecer seu sentido. Por exemplo, se eu disser "Fui ao banco e depositei um cheque na minha conta", o contexto deixa claro qual é o sentido plausível de "banco" nesse caso.

É quando o contexto não desfaz a ambigüidade que os termos ambíguos podem nos dar problemas. Se Smith diz à mulher para encontrá-lo no banco às três horas, pode haver dúvidas, em alguns contextos, se ele se refere a um banco de praça ou a uma casa bancária. Nesse caso, Smith pode ter problemas por não ter sido suficientemente claro.

Um termo é considerado *vago* se há casos em que não fica claro se ele se aplica corretamente. Por exemplo, o termo "rico" é vago. Se um homem diz que tem um patrimônio de cem mil dólares, alguns diriam que ele é rico. Mas, se essa conversa acontece num grupo de bilionários durante um encontro do Clube dos Magnatas do Petróleo, esse homem não seria considerado rico.

Não há um ponto exato em que alguém que não é rico passa definitivamente a ser rico. É claro que se pode estipular um ponto exato dizendo, por exemplo, que qualquer um que tenha no mínimo um milhão de dólares é rico e que não é rico quem tem menos do que essa quantia. Mas uma definição assim poderia estar sujeita a questionamentos e contestações racionais. Por quê? Porque o termo "rico" é vago.

Em alguns contextos de diálogo, é útil dar definições precisas aos termos vagos. Mas, a menos que haja uma boa razão para escolher um determinado ponto-limite, uma definição precisa pode não ser útil aos propósitos da argumentação racional. Como, na linguagem natural, a vagueza permeia tudo, não é possível nem proveitoso eliminar todos os termos vagos de todas as argumentações.

Como estamos continuamente descobrindo ou inventando coisas novas, termos que não eram vagos nem ambíguos podem passar a sê-lo. Por exemplo, o sentido do termo "morte" era bastante claro. Morte era definida como a cessação irreversível da respiração e da circulação sanguínea. Mas o advento da tecnologia que permite manter a respiração e a circulação mesmo depois da morte cerebral exigiu uma nova definição de "morte". Ou, pelo menos, de novos padrões para determinar a morte em casos incertos. O problema surgiu porque antes não se sabia da existência desses casos incertos. Portanto, o termo "morte", aplicado à morte de uma pessoa, teve que se tornar mais preciso para dar conta dos avanços da medicina.

Essa clarificação cada vez maior dos termos vale também para as ciências, assim como para o direito e outras áreas não-científicas. Em taxionomia dos vegetais, por exemplo, uma categoria de classificação taxionômica pode depois se dividir em várias. Portanto, algumas plantas que há anos eram consideradas iguais podem ser agora classificadas em vários tipos diferentes. Por exemplo, segundo Jeffrey (1982, p. 70), a família *Saxifragaceae*, definida por Hooker em 1865, equivale hoje a onze famílias diferentes de plantas.

Em suma, a vagueza e a ambigüidade não podem ser totalmente eliminadas. Mas também não são totalmente intoleráveis e destrutivas na argumentação racional, embora, em certos contextos, possam atrapalhar a comunicação e gerar outros problemas. Os termos têm que ser definidos com uma precisão compatível com o contexto do diálogo.

É típico do pedante usar definições desnecessariamente precisas em contextos em que esse excesso de precisão é praticamente inútil. Na verdade, o uso de uma precisão especiosa pode ser um sério obstáculo à boa argumentação. Diante de uma alegação de que 75 a 80 por cento de todos os criminosos condenados são produto de lares desfeitos, percebemos que tais números podem refletir uma precisão especiosa, já que a plausibilidade da alegação depende da definição de "lar desfeito". Sem essa definição, o argumento numérico não tem sentido. Mas, mesmo que seja apresentada uma definição mais precisa de "lar desfeito", ela bem pode continuar sujeita a contestação e questionamento no contexto do tema em questão. Nesse caso, o uso de números precisos e limites exatos não é necessariamente um sinal de uma argumentação racional ou justificável.

O grau de precisão mais adequado a um bom argumento deve ser relativo ao contexto do diálogo. É a natureza de cada controvérsia que estabelece o padrão de precisão para as definições dos termos usados.

Talvez você pense que a escolha da definição de uma palavra é uma ninharia inofensiva, sem nenhuma conseqüência séria. Mas, na verdade, a definição que uma organização ou agência do governo dá a termos como "pobreza" ou "desemprego" pode ter sérias conseqüências econômicas para um grande número de pessoas.

Considere o termo vago "fazendeiro". O dono de uma fazenda de veraneio, com uns poucos alqueires que cultiva por *hobby*, pode se denominar fazendeiro. Mas é pouco provável que seus vizinhos, donos de enormes fazendas produtoras de grãos, o chamem de fazendeiro, embora não se dêem ao trabalho de contestá-lo quando ele mesmo o faz. Agora, se o contexto do argumento for um benefício do governo ou uma isenção de imposto destinada apenas a fazendeiros, sua pretensão pode se tornar objeto de uma considerável disputa. Nesse caso, para que o novo regulamento possa ser posto em prática, o governo terá que apresentar uma definição mais precisa de "fazendeiro", que estipule claramente se tal pessoa tem direito ao benefício. Em geral, essas definições são vinculadas a argumentos estatísticos, como mostrou o Capítulo 8. Os governos freqüentemente baseiam suas políticas e regulamentos em descobertas estatísticas que são, por sua vez, baseadas em definições de palavras e conceitos. No entanto, muitas vezes, a argumentação sobre essas políticas encobre a natureza controversa da definição de um termo vago.

O que é ainda mais curioso são as situações em que um dos lados da controvérsia apresenta uma definição e o outro lado contesta até mesmo seu direito de apresentá-la. Noticiou-se que o Serviço de Saúde Pública dos Estados Unidos publicou uma norma especificando quem se qualificava como índio para efeito de alguns benefícios do Serviço de Saúde. Segundo essa definição, era índio quem tivesse metade ou mais de ascendência índia ou alasquiana nativos, ou apenas um quarto se vivesse numa determinada zona de atendimento do Serviço de Saúde. O diretor do Conselho Nacional de Saúde do Índio, Jake Whitecrow, reagiu dizendo que o governo estava "desrespeitando o direito que cada tribo tem de determinar quem cumpre os requisitos para ser considerado seu membro". Aqui, o problema era decidir quem tinha o direito de decidir como o termo "índio" deveria ser definido nesse contexto[1].

Em alguns contextos de argumentação, os termos podem ser ambíguos ou vagos sem que haja nenhum problema. Em outros casos, contudo, os termos vagos ou ambíguos podem trazer muitos problemas. Como, na linguagem natural, muitas palavras tendem a ser vagas ou ambíguas, sempre há espaço de sobra para se argumentar sobre a melhor definição para um termo. Na verdade, muitas vezes as palavras e as frases são usadas, definidas ou inventadas por uma das partes do debate para derrotar ou enfraquecer a outra parte. Nesse caso, o

▼

1. "In Brief: For Access to Health Care, Who Is an Indian and Who Decides", *Hasting Center Report*, vol. 16, agosto de 1986.

termo em questão está sendo usado como um argumento, e o outro lado deve ter o direito de replicar ou até mesmo rejeitar o termo controverso.

9.2 TERMOS CAPCIOSOS E LINGUAGEM QUE IMPLICA A PETIÇÃO DE PRINCÍPIO

Numa argumentação, é *tendencioso* (*argumentativamente tendencioso*) o termo que é definido ou usado para derrotar ou enfraquecer a posição do(s) participante(s) a quem é dirigido o argumento. A palavra *termo* é usada aqui em sentido amplo, incluindo palavras e frases. Como foi observado na Seção 9.1, uma das formas de inserir termos capciosos numa argumentação consiste em definir dois termos paralelos, um deles com conotação de bom ou certo e outro com conotação de ruim ou errado. Este último, então, é aplicado aos argumentos do oponente e o primeiro é reservado aos do proponente.

Na verdade, em casos extremos, o próprio proponente é posto na mesma categoria do termo ruim. Tal ocorrência é uma combinação do uso de termos capciosos com o ataque *ad hominem*. Já vimos um caso desse tipo. No exemplo 6.8, o líder do grupo religioso definiu todos os seus oponentes como "diabos" numa declaração radical:

Exemplo 6.8
O dicionário define demônio como um adversário de Deus. Se você é meu oponente, então seria classificado como um demônio.

Isso deixa ao oponente pouco espaço de manobra. Ele pode aceitar a definição do dicionário, mas, se aceitar a aplicação do termo ao seu caso, terá perdido a discussão.

Numa argumentação, há dois tipos de problemas associados ao uso de definições capciosas, do ponto de vista de quem tem que lidar com elas. Um é a razoabilidade da própria definição. O outro é a razoabilidade da aplicação do termo em questão ao lado do proponente ou ao lado do oponente. No exemplo 6.8, o segundo problema parece ser o mais importante, já que o oponente contra quem o argumento é dirigido foi classificado como diabo, quer goste disso, quer não.

Um caso um pouco mais sutil do mesmo tipo de estratégia ocorre no seguinte exemplo:

Exemplo 9.0

Um psicólogo, comentando um caso em que os pais estimulam a filha pequena a brincar com bonecas e o filho a brincar com jogos de armar, define tal comportamento como "preconceituoso". Conclui que os pais devem se esforçar para ter um comportamento neutro no que diz respeito aos sexos. Os pais contestam o uso desse termo porque acham que há diferenças reais e importantes entre meninos e meninas e que, do seu ponto de vista, respeitar tais diferenças é um comportamento justificável e não "preconceituoso".

Neste caso, os pais seguramente contestam o argumento do psicólogo por este conter um termo capcioso que critica injustamente seu ponto de vista. Evidentemente, eles não consideram racional o uso do termo "preconceituoso", que sugere que seu comportamento está errado e que sua posição na argumentação é tendenciosa e irracional.

Parece bem claro o que ocorre nesse tipo de caso. Os termos podem ser definidos ou aplicados de uma forma que não é neutra no contexto daquele argumento. A própria definição usada para um termo pode ser tema de discussão. Então, definir ou usar um termo de maneira unilateral e ofensiva pode ser motivo de contestação.

Numa argumentação, as palavras e definições têm força persuasiva. Portanto, temos que estar atentos para que os termos não sejam definidos ou aplicados de modo que predisponham a argumentação contra a nossa posição desde o início. Quando isso ocorre num diálogo racional, é apropriado contestar o argumento do oponente por conter uma definição ou termo capcioso.

Até agora, tudo ficou relativamente claro. Surge, entretanto, uma complicação, porque o tipo de objeção feita pelos pais no exemplo 9.0 costuma ser definido pelo termo "petição de princípio". Os pais poderiam ter objetado dizendo que o uso que o psicólogo faz do termo "preconceituoso" já introduz a conclusão. Mas o que essa objeção poderia significar além da objeção já apresentada? De acordo com a Seção 2.7, petição de princípio é argumentar em círculo. Mas, no exemplo 9.0, onde está o círculo no argumento do psicólogo? É difícil dizer, e, assim, a expressão "petição de princípio" introduz um enigma.

Segundo Hamblin (1970, p. 32), "petição de princípio" vem do grego, da expressão de Aristóteles τὸ ἐν ἀρχῆ αἰτεῖσθαι, traduzida para o latim como *petitio principii*, que significa "pedir o que está na questão em pauta". O significado dessa expressão curiosa fica mais claro no contexto de um diálogo persuasivo baseado num conflito de opinião entre duas partes. Nesse tipo de diálogo, um dos participantes pode *pedir que sejam aceitas* certas premissas, necessárias para que ele construa sua argumentação e consiga persuadir a outra parte a aceitar sua tese (a conclusão que pretende estabelecer no debate). A tese (conclusão) é a *questão* a ser estabelecida por esse participante através de seus argumentos. Quando ele inclui sua conclusão entre as premissas que pede que o outro aceite, ele faz uma *petição de princípio*, ou seja, pede que seja aceita a *questão* (conclusão) a ser supostamente provada. Em outras palavras, o erro é "pedir" uma coisa que deveria ser conquistada através do trabalho da argumentação.

De acordo com a Seção 2.7, petição de princípio e argumentação em círculo são, basicamente, o mesmo erro. Mas, infelizmente, a expressão "petição de princípio" parece ser usada na tradição popular, e até mesmo em livros de lógica, de várias outras maneiras. Em alguns casos, o erro alegado de "petição de princípio" é entendido apenas como falta de provas na argumentação. Da mesma forma, é comum chamar de petição de princípio insultuosa (ou petição de princípio apelativa) o uso de um termo capcioso na argumentação. Mas essa denominação é incorreta porque o uso de um termo capcioso numa argumentação não implica necessariamente que ela seja circular.

Historicamente, essa tendência pode ter sido favorecida por Bentham (1838/1962, p. 437), que interpretou a falácia da petição de princípio de maneira muito ampla. Seu tema eram os (termos) vocativos que podem ser usados numa argumentação de maneira laudatória (positiva), neutra ou vituperiosa (negativa). Ele associou o uso de tais termos à falácia da petição de princípio observando que, num certo tipo de caso, o termo capcioso pode ser usado para disfarçar a ausência de provas que sustentem a conclusão:

Exemplo 9.1
    Esta doutrina é uma heresia.
    Logo, esta doutrina tem que ser condenada.

Segundo Bentham (1838, pp. 436 s.), este uso de um termo capcioso (vituperioso) para classificar alguma coisa pode ser um caso de falácia de petição de princípio porque (1) a conclusão precisa ser provada e (2) o uso do termo capcioso tem o objetivo de fazer com que o oponente admita que a conclusão foi provada, mas (3) a conclusão não foi, de fato, provada.

Vemos agora que o exemplo 9.1 pode mesmo representar um tipo interessante de falha que pode ocorrer na argumentação. Mas será que é um caso de petição de princípio? O problema é que este não é necessariamente um caso de petição de princípio, no sentido de argumento circular, como foi proposto.

Considere o ponto de vista de um argumentador que defenda a doutrina em questão e se veja diante do argumento do exemplo 9.1. O que dirá ele? É claro que ele pode concordar com a necessidade de condenar a doutrina caso ela seja uma heresia, aceitando assim a validade do argumento. Mas, mesmo neste caso, ele pode contestar a classificação de "heresia" para a sua doutrina. E, portanto, ele pode rejeitar o argumento por usar um termo capcioso. Até aí não tem problema. O crítico tem todo o direito de fazer essa objeção.

Mas e se ele alegar que o argumento é uma petição de princípio? Como sustentaria tal crítica? Ele poderia dizer que não aceita a conclusão de que a doutrina tem que ser condenada. Portanto, não aceita também a premissa de que a doutrina é uma heresia porque o proponente do argumento não provou tal coisa. Isso também é uma objeção razoável, mas não mostra que o argumento é circular. Mostra apenas que ele é fraco, que lhe faltam provas suficientes para sustentar a premissa.

Como poderia o crítico sustentar a alegação de que o argumento é um caso de petição de princípio? Uma possibilidade é a seguinte: ele pode argumentar que a premissa só é plausível com base no pressuposto de que a doutrina tem que ser condenada, pois "heresia" é um termo vituperioso (capcioso) que se aplica a uma coisa ruim. Mas o problema é que o proponente do argumento pode rejeitar racionalmente essa alegação, argumentando que "heresia" significa "contrário aos ensinamentos da Igreja", e que ele pode apresentar provas independentes de que essa doutrina específica é contrária a tais ensinamentos. Ele pode também admitir que heresia é uma coisa ruim e que, portanto, "heresia" é um termo capcioso. Mesmo assim, ele pode argumentar que a proposição "Esta doutrina é uma heresia" não requer que se pressuponha a proposição "Esta doutrina tem que ser condenada" nem é equivalente a ela. Em suma, o caso do argumento do exemplo 9.1 não é necessariamente um caso de petição de princípio, embora possa ser um caso de definição capciosa.

O problema é que a expressão "petição de princípio" gera um pouco de confusão por causa de sua etimologia incomum e curiosa e pelo fato de ser usada em linguagem popular para objeções e falhas de argumentação que nada têm a ver com o argumento circular. Na verdade, segundo o professor D. D. Todd (1987), a expressão "petição de princípio" tem sido usada até em artigos de jornal referindo-se a casos em que se requer ou se exige que uma determinada questão seja levantada ou respondida. Esse mau uso mostra que se atribui à expressão um sentido indevidamente amplo, que inclui casos sem relação com a argumentação em círculo*.

Em certos casos, o problema é uma *definição capciosa* e não um termo capcioso. Nesse caso, a definição apresentada tende a anular o lado do oponente na argumentação:

Exemplo 9.2

    Black e White discutem se o assassinato é sempre errado. White admite que normalmente o assassinato é errado, mas argumenta que pode não ser errado em casos excepcionais. Por exemplo, se alguém tivesse assassinado Hitler logo antes de 1939, não teria cometido um ato moralmente errado. Black argumenta que é possível provar que o assassinato é sempre moralmente errado com base numa premissa que ele considera razoável. Ele então apresenta seu argumento: assassinar é matar sem justificativa. Logo, o assassinato é sempre errado.

O que Black fez foi definir "assassinato" como matar sem justificativa. Parece assim vencer a argumentação, provando que a tese de White é falsa e descartando seu argumento baseado no contra-exemplo do hipotético assassinato de Hitler: se assassinato é matar sem justificativa e se White tem razão ao argumentar que matar Hitler seria um ato justificado, segue-se que matar Hitler não teria sido um assassinato. Assim, o contra-exemplo de White não tem mais eficácia contra a tese de Black, de que o assassinato é sempre errado.

Como pode White reagir à estratégia de Black? Há duas opções. Ele pode contestar a definição de assassinato que

▼

* Embora estas últimas considerações se apliquem, de certo modo, ao termo "petição de princípio", aplicam-se com força maior à expressão inglesa *begging the question*, da qual trata o texto original e que é muito mais comum na "linguagem natural" dos países de língua inglesa do que "petição de princípio" é no Brasil. (N. do E.)

Black apresentou. Ou pode afirmar que matar Hitler teria sido assassinato, seja qual for a definição racional de "assassinato". De qualquer forma, White estaria criticando o argumento de Black pelo uso de uma definição capciosa e inaceitável.

Mas será que White pode acusar Black de ter usado uma definição que implica uma petição de princípio? Para isso, ele teria que dar mais um passo. Uma forma de fazer isso seria a seguinte: White poderia argumentar que provar que alguma coisa é injustificada exige que se pressuponha que tal coisa seja moralmente errada. Ele poderia argumentar, por exemplo, que "injustificado" significa simplesmente "moralmente errado" e que, portanto, o argumento de Black é circular.

Observe, no entanto, que Black poderia contestar essa alegação. Ele poderia argumentar que "injustificado" significa "não justificado", o que significa que não foi apresentada uma justificativa e não, necessariamente, que o ato em questão seja moralmente errado.

Portanto, uma vez mais, é preciso cuidado. A definição de assassinato como matar sem justificativa, apresentada por Black, pode ser contestada por White como sendo uma definição capciosa. Mas isso não significa necessariamente que a definição implique uma petição de princípio.

Por que é tão tentador aplicar o termo "petição de princípio" a casos de definições capciosas numa argumentação? Pode ser que o uso de um termo ou definição que seja contrário ao nosso lado da argumentação nos faça temer que esse termo esteja sendo usado como petição de princípio sem que ninguém se dê conta disso. Um exemplo tirado da ciência pode ilustrar esse tipo de preocupação.

Entre cientistas, pode-se discutir a definição de certos termos em determinadas áreas da ciência. Recentemente, houve debates acalorados sobre a questão de a teoria darwiniana da evolução ser ou não uma teoria científica clara e verificável. Novos evolucionistas apresentaram críticas à teoria tradicional da evolução, com base em novas descobertas científicas em outras áreas da ciência, como a genética.

Esses críticos começam agora a questionar a sustentabilidade da atual classificação dos animais em mamíferos, répteis, anfíbios e assim por diante. Uma nova escola de classificação, chamada *cladismo* (de *klados*, palavra grega que significa ramo), classifica os grupos de animais sem fazer suposições sobre sua ascendência evolutiva. A Sociedade Hennig leva o nome de Willi Hennig, entomologista da Alemanha Oriental que fundou o cladismo nos anos 1950. Segundo este relato de Begley (1985, p. 81), os cladistas são agnósticos a respeito da evolução:

Exemplo 9.3

Ao contrário dos evolucionistas, eles não levam em conta a possibilidade de certos animais terem ancestrais comuns – algo que pode ser inferido através de fósseis, mas nunca provado. "Fósseis são apenas um monte de ossos em faixas de tempo diferentes. [Ancestralidade é] algo introduzido por nossa mente", diz o biólogo Steve Farris, da Universidade Estadual de Nova York em Stony Brook, que é também presidente da Sociedade Hennig, fundada há três anos. Como os cladistas se interessam pelos traços que vários grupos de animais têm em comum hoje e não pela origem desses traços, eles são agnósticos a respeito da evolução. Diz Farris: "No cladismo, não é preciso pressupor a evolução."

O método cladístico de classificação resulta em algumas diferenças entre suas definições e as dos evolucionistas mais tradicionais. Por exemplo, os crocodilos são agrupados com os pássaros e não com os lagartos, porque o coração e as articulações dos tornozelos desses animais se assemelham mais aos dos pássaros que aos dos lagartos. Os evolucionistas tradicionais juntariam crocodilos e lagartos e poriam os pássaros numa classe diferente. No entanto, os cladistas vêem os pássaros e os crocodilos como o agrupamento mais natural por causa das características que têm em comum.

Segundo Bowler (1984, p. 330), os representantes mais radicais do cladismo afirmam que as relações entre as formas podem ser estabelecidas sem fazer referência à evolução. Esses cladistas transformados, como são chamados, são críticos declarados do darwinismo, afirmando que os argumentos tradicionais a favor da seleção natural não são científicos.

Como sugere a citação de Begley, o cladismo contesta a abordagem tradicional à taxonomia porque as classificações tradicionais podem conter uma petição de princípio. Permitir que suposições acerca da descendência comum de grupos de animais integrem as definições desses grupos é pedir que seja aceita a questão de que determinados animais têm ancestrais em comum. Por quê? Porque, uma vez que os fósseis sejam agrupados em certas categorias taxonômicas, essa ancestralidade comum é inferida das evidências fósseis. Mas o agrupamento anterior dos organismos em categorias taxonômicas pode, na abordagem tradicional, ser feito com base na atribuição de uma ancestralidade comum a determinados animais. Certamente, o risco de esse procedimento implicar uma petição de princípio é real. Nesse caso, o potencial de circularidade está relacionado às definições dos termos usados pelos biólogos. Os cladistas não alegam necessariamente que as classificações e definições tradicionais exigem conclusões específicas sobre a evolução. Mas, como estão preocupados com o risco potencial do raciocínio circular, eles procuram escolher termos que não dependam de suposições específicas sobre linhas de descendência evolutiva.

Assim, numa argumentação, nem sempre é falacioso usar termos vagos, ambíguos ou até mesmo capciosos. No entanto, o uso desses termos pode levar, em alguns casos, à possibilidade de uma linguagem que implique a petição de princípio. Mas esse não é o único problema decorrente do uso da linguagem argumentativa. Outros problemas importantes derivados do uso de termos vagos e ambíguos são o tema do restante deste capítulo.

9.3 EQUÍVOCO

A falácia tradicional do equívoco ocorre quando uma palavra ou frase é usada de maneira ambígua, assumindo diferentes significados no decorrer da argumentação. O perigo do equívoco é que, quando o termo ambíguo é tomado de uma determinada maneira numa ocorrência e de outra numa segunda ocorrência, o argumento pode parecer válido sem que realmente o seja. O engano resultante é a fonte da falácia.

Um exemplo simples serve para ilustrar como funciona o equívoco:

Exemplo 9.4
Todas as estrelas estão em órbita no espaço.
Sarah Flamingo é uma estrela.
Logo, Sarah Flamingo está em órbita no espaço.

Este argumento pode ser considerado um equívoco porque, nele, o termo "estrela" é usado de maneira ambígua. Na primeira premissa, é mais plausível que "estrela" signifique "corpo celestial luminoso e distante". Mas há uma mudança de significado. Na segunda premissa, é mais plausível que "estrela" signifique "celebridade do entretenimento". Por causa dessa mudança de significado, o argumento pode ser considerado válido quando na verdade não o é.

Examinando o exemplo 9.4, vemos que ele tem a forma de um argumento válido: Todo x tem a propriedade F; y é um x; logo, y tem a propriedade F. Essa forma de argumento é dedutivamente válida. Mas o exemplo 9.4 é um argumento válido? Não, uma vez eliminada a ambigüidade das duas ocorrências de "estrela" de acordo com as interpretações mais plausíveis das premissas:

Exemplo 9.5

Todos os corpos celestiais estão em órbita no espaço.
Sarah Flamingo é uma estrela do entretenimento.
Logo, Sarah Flamingo está em órbita no espaço.

Este argumento não é válido. De acordo com a interpretação mais plausível que consideramos, as premissas são verdadeiras e a conclusão é falsa.

Vemos, portanto, que o equívoco pode funcionar como uma falácia. O exemplo 9.5 é claramente inválido e não enganaria ninguém. Mas, como argumento, o exemplo 9.4 tem uma forma válida. Assim, uma pessoa que aceite suas premissas sem se dar conta da ambigüidade pode ser levada a aceitar sua conclusão. Argumento equivocado é aquele que parece válido mas, uma vez eliminada a ambigüidade, não é.

O que faz o equívoco funcionar é a mudança contextual. Somos levados a uma interpretação de "estrela" para tornar uma das premissas plausivelmente verdadeira, mas somos levados em outra direção no contexto da outra premissa. Puxados nas duas direções, nós nos equivocamos.

O problema do equívoco é que ele não é, de maneira nenhuma, um único argumento. Na verdade, ele é um grupo de argumentos. A pessoa a quem o argumento é apresentado está diante de muitos argumentos, mas é levada a aceitar confusamente o que parece ser um único argumento, que é válido e tem premissas verdadeiras. No exemplo 9.4, a pessoa a quem o argumento é dirigido está, na verdade, diante de quatro argumentos. Só um dos quatro, ou seja, o exemplo 9.5, tem duas premissas plausivelmente verdadeiras. Mas o exemplo 9.5 é um argumento inválido. Se interpretarmos "estrela" de maneira coerente nas duas premissas, com o mesmo significado, teremos um argumento válido. Mas o problema é que uma das premissas será falsa. Em suma, mesmo quando, de uma forma ou de outra, eliminamos a ambigüidade, não chegamos a um argumento válido com duas premissas plausíveis. O exemplo 9.4, portanto, é na verdade um embuste. Não é o que pretende ser. Parece que estamos diante de um bom argumento quando, na verdade, estamos diante de quatro argumentos ruins.

Em algumas das falácias anteriores, o problema era que um apelo emocional mascarava a ausência mesma de argumentos. Ali, o que parecia ser um argumento não era. Aqui, o que parece ser um argumento é, na realidade, um grupo de argumentos – um grupo de argumentos sem valor disfarçados de maneira que pareçam um bom argumento.

Em alguns casos, o equívoco pode estar associado à mudança de significado de um termo relativo que ocorre em diferentes contextos. Por exemplo, "alto" e "baixo" são termos relativos que mudam de significado em diferentes contextos. Um jogador de basquete baixo pode não ser um homem baixo. E uma jóquei alta pode não ser uma mulher alta. Quando uma dessas mudanças de significado de um termo relativo ocorre em duas ou mais proposições de um argumento, pode ocorrer um equívoco:

Exemplo 9.6
    O elefante é um animal.
    O elefante cinzento é um animal cinzento.
    Logo, o elefante pequeno é um animal pequeno.

Neste argumento, ambas as premissas são verdadeiras, mas a conclusão é falsa. Na maior parte dos contextos, um elefante pequeno provavelmente é considerado um animal relativamente grande, no caso, por exemplo, de ser transportado de um zoológico para outro.

O fato de as palavras poderem mudar de significado quando muda o contexto do argumento significa que, em argumentos mais longos, o processo de mudança pode ser mais gradual. A mudança nos padrões de comparação pode ser mais difícil de detectar quando há várias etapas envolvidas. O exemplo seguinte é um caso clássico. Nele, cada premissa é individualmente plausível. Mas, quando são reunidas, parece que ocorre uma mudança gradual de significado:

Exemplo 9.7
    Quanto mais você estuda, mais você sabe.
    Quanto mais você sabe, mais você esquece.
    Quanto mais você esquece, menos você sabe.
    Então, para que estudar?

Cada uma das três premissas desse argumento é plausivelmente verdadeira. Mas, examinando a segunda e a terceira premissas juntas, enxergamos o problema. Se aprendemos mais e conseqüentemente esquecemos mais, isso não significa que sabemos menos. Nosso incremento total de conhecimento pode ser maior do que antes. À medida que aprendemos mais, podemos esquecer mais, mas isso não significa que sabemos menos no total.

O tipo de equívoco gradual do exemplo 9.7 se desenvolve através de uma série de etapas graduais que vão na direção de uma conclusão. Assim, a mudança pode passar despercebida. Uma mudança gradual de significado ou de padrões de precisão ao longo de vários estágios pode ser um erro mais difícil de detectar. Vamos encontrar, na Seção 9.9, um exemplo mais sutil desse fenômeno e, assim, chegar a uma compreensão mais profunda do equívoco.

9.4 ARGUMENTOS POR ANALOGIA

Muitas vezes, a comparação com uma situação semelhante pode ser usada como argumento para exigir coerência. Esse tipo de argumento é baseado no pressuposto de que uma alegação de incoerência prática transfere o ônus da réplica para o argumentador acusado de não ser coerente. Sob esse aspecto, o mecanismo do ônus da prova é semelhante ao do argumento circunstancial contra a pessoa. Considere o exemplo seguinte:

Exemplo 9.8

O advogado de três prisioneiros alegou que a lei que nega o direito a voto a todos os prisioneiros sentenciados é inconstitucional. Ele argumentou que a presente lei não faz sentido porque impede de votar os que estão na prisão, mas permite que votem os que estão em condicional ou aguardando sentença. Argumentou também que a lei não faz distinção entre prisioneiros condenados por crimes sérios e os que estão na prisão por infrações menores. Disse ainda que, para excluir os prisioneiros do processo democrático, os legisladores têm que garantir que o motivo é suficientemente importante para anular o direito constitucional ao voto. Concluiu que o ônus da prova cabe ao Estado, que deve demonstrar por que se deve negar aos prisioneiros esse direito civil fundamental.[2]

Neste exemplo, o advogado usa duas comparações entre classes de prisioneiros para argumentar que a lei é incoerente, procurando, assim, passar o ônus da prova ao Estado, que deve então defender a lei atual. A primeira comparação é entre os que estão em condicional ou aguardando sentença e o restante dos prisioneiros, que não pertencem a essas categorias. Ao primeiro grupo é permitido votar e ao segundo, não. Conforme esse argumento, essa prática não é coerente porque não há uma diferença pertinente, com relação ao direito a voto, entre os dois grupos. A segunda comparação é entre os que cometeram crimes sérios e os que estão na prisão por infrações menores. Aqui, segundo o argumento do advogado, há uma diferença pertinente. Mas a lei não reconhece essa diferença com relação ao voto, e, assim, uma vez mais é incoerente. O advogado conclui que a lei atual, ao negar a todos os prisioneiros o direito a voto, é irracional.

O advogado usa essas três alegações de incoerência para argumentar pela mudança da presente lei. Normalmente, o

▼

2. Este exemplo está baseado em informações de um artigo de Paul Moloney, "Voting Right Denial Called Unfair to Prisoners", *Winnipeg Free Press*, 5 de março de 1986.

ônus da prova cabe a quem defende a mudança de uma prática existente. No entanto, neste caso, o advogado argumenta que cabe ao Estado defender a presente lei, porque todas as pessoas têm direito constitucional a voto.

O tipo de argumento usado aqui é a base do argumento em cunha estudado com relação ao raciocínio do declive escorregadio na Seção 9.7. O advogado argumenta que já garantimos aos condenados, que estão em condicional ou aguardando sentença, o direito a voto. Então, em nome da coerência, também deveríamos garantir aos condenados, que por acaso não estão em nenhuma dessas duas situações, o direito a voto. O argumento é que deveríamos tratar da mesma forma esses dois casos similares.

O princípio de tratar casos similares de maneira similar está por trás de alguns tipos de argumentos e críticas que estudamos nos capítulos anteriores. Por exemplo, no caso do argumento *ad hominem* do exemplo 6.3, a crítica do filho à incoerência do pai, que fuma e ao mesmo tempo condena o ato de fumar, parte do pressuposto de que o pai não dá ao filho o mesmo tratamento que dá a si mesmo. O pai fuma, mas diz ao filho que ele não deve fumar. O filho, ao alegar incoerência circunstancial, está na verdade acusando o pai de tratar casos similares de maneira diferente.

Exigir coerência prática significa exigir que casos similares sejam tratados de maneira similar, permitindo no entanto que um caso seja tratado de maneira diferente quando um bom argumento demonstra que os dois casos em questão são diferentes em aspectos pertinentes. Então, a coerência caso a caso é diferente da coerência lógica definida no Capítulo 5. Quando duas proposições são logicamente incoerentes e uma delas é verdadeira, então a outra tem que ser falsa. Mas, quando dois casos não são tratados com coerência, isso significa que não são similares em alguns aspectos, embora possam ser similares em outros.

Às vezes, a melhor maneira de contestar um argumento baseado na comparação com outro caso é produzir um terceiro caso, que também seja similar, mas leve à conclusão oposta. No exemplo 9.8, a comparação entre grupos de pessoas levou o advogado a concluir que os condenados devem ter direito a voto. No entanto, durante a controvérsia sobre essa questão, o argumento a seguir, tirado de um caso paralelo, foi usado para questionar se os condenados devem ou não ter direito a voto:

Exemplo 9.9

Em recentes eleições simuladas, feitas nas escolas, os adolescentes se mostraram politicamente conscientes e capazes de expressar seus pontos de vista de maneira civilizada. Com base nessa evidência, é razoável ter mais confiança na capacidade de raciocínio e no senso de honestidade e justiça de muitos garotos de dezessete anos, havendo menos razões para temer sua motivação e sua integridade do que as de muitos adultos condenados por crimes. "No afã de criar uma sociedade justa e eqüitativa para todos, será que faz sentido estender o direito a voto aos criminosos e degenerados de nossas prisões mas não aos nossos jovens? Por que alguém cujo aniversário cai um dia depois tem menos direito ao voto do que alguém que foi condenado por um crime e está atrás das grades, banido da sociedade?"[3]

A conclusão deste argumento parece questionar a racionalidade de permitir aos condenados o direito a voto. Segundo

---

3. Roger Young, "Readers Forum: No Vote for Convicts", *Winnipeg Free Press*, 22 de março de 1986.

ele, se damos aos prisioneiros o direito de votar nas eleições, como manter a coerência se não damos aos nossos jovens o direito de também votar?

Ao levantar tal questão, o argumento do exemplo 9.9 sugere que não devemos dar aos presos condenados o direito a voto, pelo menos enquanto o mesmo direito for negado aos menores de idade. Aqui, a comparação com o caso dos menores de idade leva a uma conclusão oposta à conclusão do argumento anterior, que se baseia na comparação de casos usada no exemplo 9.8.

Um argumento que se baseia na comparação de dois casos similares é chamado de *argumento por analogia*. Em geral, os argumentos por analogia são extremamente eficazes para persuadir o público porque podem comparar uma questão com alguma coisa que o público conhece bem ou a respeito da qual tem sentimentos positivos. Os argumentos baseados em analogias são uma forma plausível de raciocínio. Duas situações podem ser semelhantes ou dessemelhantes sob inúmeros aspectos, que poderiam ser citados. Mas, quando uma similaridade pertinente é citada, ela pode ser usada para transferir o ônus da prova numa argumentação.

Os argumentos que exigem coerência por meio de uma comparação entre casos supostamente similares são argumentos por analogia. Por isso é útil estudar esse tipo de argumento.

9.5 USO ARGUMENTATIVO DA ANALOGIA

O exemplo seguinte mostra o uso da analogia numa disputa, um tipo de diálogo em que a conclusão de um argumentador é oposta à conclusão do outro:

Exemplo 9.10

O presidente Reagan, num discurso pela liberação de fundos para ajudar os Contras na Nicarágua, compara-os aos patriotas americanos que lutaram na Guerra da Independência. Um congressista, que se opõe ao envio de ajuda para os Contras, compara a situação da Nicarágua à da Guerra do Vietnã.

Esse exemplo mostra um uso argumentativo da analogia. O argumento de Reagan se apóia no pressuposto de que os patriotas da Guerra da Independência lutaram por uma boa causa, que teria o apoio do Congresso. Então, por analogia, o Congresso deveria apoiar também os rebeldes da Nicarágua. Podemos presumir daí que Reagan está tentando chegar à conclusão de que o Congresso deve liberar fundos para ajudar os Contras.

O congressista está, evidentemente, argumentando pela conclusão oposta. Sua conclusão é que o Congresso não deve se envolver na questão da Nicarágua, ou seja, que o Congresso não deve liberar fundos para apoiar os Contras. A base desse argumento é a comparação entre Nicarágua e Vietnã. A intervenção dos Estados Unidos no Vietnã foi desastrosa. Esse é o pressuposto em que se baseia o argumento do congressista, já que é opinião corrente, hoje em dia, que o envolvimento dos Estados Unidos na Guerra do Vietnã levou a uma guerra cara e prolongada, que os Estados Unidos perderam e que provocou divisões políticas. Não é uma situação que país algum gostaria de repetir. Como a situação da Nicarágua é semelhante à do Vietnã, segundo a analogia do congressista, a conclusão é que o Congresso não deve se envolver ajudando as forças rebeldes da Nicarágua.

Os dois argumentadores apresentaram analogias eficazes nesse debate. É a continuação do debate que vai determinar se um dos argumentos é mais persuasivo do que o outro. Cada um deles procura sustentar a própria analogia apresentando similaridades pertinentes e contestar a analogia do oponente citando diferenças pertinentes entre os dois casos.

A argumentação de cada um pode ser representada no esquema a seguir, no qual S_0 representa a situação da Guerra do Vietnã, S_1 representa a situação na época da Guerra da Independência Americana e S_2 representa a situação da Nicarágua. Além disso, A representa o envio de ajuda para as forças que lutam contra o regime. O primeiro esquema de argumentação (F_1) representa a forma do argumento de Reagan, e o segundo esquema (F_2), a do argumento contrário:

(F_1) O certo em S_1 era A.
S_2 é semelhante a S_1.
Logo, o certo em S_2 é A.
(F_2) O errado em S_0 era A.
S_2 é semelhante a S_0.
Logo, o errado em S_2 é A.

Observe que, neste diálogo, as duas analogias são usadas de maneira argumentativa. Isso significa que a analogia das premissas é usada para inferir uma conclusão para o argumento que é baseado na analogia das premissas. A primeira premissa diz que uma coisa se aplica a uma situação. A segunda premissa diz que outra situação é semelhante à primeira. A conclusão é que a coisa mencionada na primeira premissa se aplica também à segunda situação.

O argumento por analogia não está necessariamente limitado a duas situações. Quando é possível demonstrar que várias situações têm uma determinada característica em comum, pode-se concluir que uma nova situação tem também essa característica.

Muitos textos, como por exemplo Copi (1982, p. 389), observam que as analogias podem ser baseadas em semelhanças entre múltiplos casos, e concluem que todos os argumentos por analogia são de natureza essencialmente indutiva. Segundo eles, o argumento por analogia começa com a premissa de que uma coisa tem uma determinada propriedade e que uma segunda e uma terceira coisa – e assim por diante – têm a propriedade em questão, chegando à conclusão de que outra coisa vai ter *provavelmente* a mesma propriedade. No entanto, a tese de que todos os argumentos por analogia são indutivos é questionável.

O exemplo seguinte é citado por Copi (1982, p. 390) como uma inferência cotidiana por analogia:

Exemplo 9.11
    Com base no fato de que comprei, numa determinada loja, sapatos que me serviram, infiro que um novo par de sapatos, comprado na mesma loja, vai me servir também.

No entanto, a julgar pelos padrões do argumento indutivo, o exemplo 9.11 seria considerado ruim. Em primeiro lugar, seria um caso de falácia de estatística insuficiente, já que não informa o tamanho da amostra. Quantos pares de sapato eu já comprei naquela loja? Talvez não tenham sido em número suficiente para justificar uma generalização indutiva. Em segundo lugar, seria um caso de viés estatístico. Pode ser que os pares de sapato que comprei antes nessa loja não sejam representativos do par que acabei de comprar. Pode ser, por exemplo, que os sapatos que comprei antes tivessem solas grossas, enquanto o novo par tem solas finas.

Infelizmente, muitos argumentos por analogia que poderiam ser razoáveis têm que ser considerados fracos, questionáveis ou até mesmo falaciosos quando são tratados como argumentos indutivos. Por quê? Porque muitos argumentos por analogia são argumentos plausíveis e não indutivos.

Para entender por quê, volte aos esquemas de argumentação (F_1) e (F_2). A primeira premissa, em cada um desses argumentos, está baseada no pressuposto de que o público a quem o argumento é dirigido aceita essa proposição como basicamente plausível, dada sua posição. A segunda premissa é baseada numa similaridade aparente entre duas situações, outro pressuposto com bases essencialmente plausíveis e não indutivas.

Considere o seguinte exemplo de inferência cotidiana baseado na analogia:

Exemplo 9.12
   Bob tem um Volkswagen Rabbit 1973 e precisou trocar os freios com sessenta mil quilômetros. Nosso Volkswagen Rabbit tem quase sessenta mil quilômetros. Na próxima revisão, devemos verificar os freios.

Aqui também, se tratarmos esse argumento como indutivo, ele é no máximo um argumento fraco, já que pode ser um caso de estatística insuficiente ou com viés. No entanto, ele parece ser um bom argumento por analogia, pois há motivos para acreditar que o meu carro e o de Bob têm aspectos pertinentes semelhantes.

Poderíamos dizer, justificadamente, que o exemplo 9.12 é uma espécie de argumento *ad ignorantiam*. É como o exemplo 2.19, em que havia motivo para ter cuidado com o rifle porque não tínhamos certeza de que não estava carregado. Aqui, não temos certeza de que o carro não apresenta perigo, mas, como há motivos razoáveis para nos precavermos, é melhor pressupor que o carro pode dar problema. Ou seja, é racional reforçar o ônus da prova contra o pressuposto de que o carro está seguro, justificando assim a revisão dos freios. Então, se ele é um argumento *ad ignorantiam*, é um exemplo racional e não falacioso desse tipo de argumento. Nesse caso, o argumento por analogia sustenta sua conclusão por ser um argumento plausível e não por ser um argumento indutivamente forte.

Em geral, então, o uso argumentativo da analogia faz com que o ônus da prova recaia sobre a alegação do oponente; ou que recaia sobre o próprio argumento, no caso de discussões controversas em que não há prova indutiva, sendo o raciocínio plausível a força que muda a opinião numa ou noutra direção. É exatamente nesse contexto de diálogo que a analogia é uma base eficaz para argumentar a favor de uma conclusão.

Muitas vezes, as analogias são usadas de forma não-argumentativa, por exemplo, como símiles e metáforas para criar imagens literárias ou para explicar alguma coisa pouco conhecida comparando-a com outra mais conhecida.

Exemplo 9.13

O nome da baleia vem das longas lâminas flexíveis que lhe pendem do céu da boca, chamadas baleias. A borda de cada lâmina termina em franjas que parecem cabelo, servindo de filtro para a comida.[4]

▼

4. Robert T. Orr, *Marine Mammals of California*, Berkeley e Los Angeles, University of California Press, 1972, p. 11.

Pouca gente já observou o interior da boca de uma baleia, e não é fácil visualizar como são essas lâminas e como funcionam. A descrição da borda das barbatanas, "franjas que parecem cabelo", é uma analogia que nos ajuda a visualizar a boca e a ter uma idéia de como ela funciona, filtrando organismos marinhos quando a baleia se alimenta. Temos aí, portanto, uma analogia, mas seu uso não é argumentativo. O autor não usa a analogia para transferir o ônus da prova numa questão controversa nem para estabelecer uma conclusão que possamos detectar. A interpretação mais razoável do exemplo 9.13 é que o autor usa a comparação com o cabelo para ajudar o leitor a visualizar um objeto desconhecido, de forma que a baleia possa ser descrita para ele.

Ao analisar qualquer *corpus*, o primeiro passo é indagar qual é a conclusão ou se há uma conclusão a ser estabelecida pelo argumentador. Quando o *corpus* contém uma analogia, é bom averiguar logo de início se o caso examinado é um argumento por analogia ou uma analogia não-argumentativa.

9.6 CRÍTICAS A ARGUMENTOS POR ANALOGIA

Os argumentos por analogia são persuasivos porque há uma base plausível de similaridade entre as duas situações comparadas e porque no mínimo uma delas é conhecida do público. Mas qual é exatamente o conjunto de proposições contido numa situação conhecida? E quando exatamente duas situações são plausivelmente similares? Conforme o caso, pode ser difícil dar uma resposta segura a essas perguntas. Pode ser difícil confirmar ou refutar claramente um argumento por analogia. Mas, como veremos, existe um questionamento crítico dos argumentos baseados na analogia.

Num debate, pode-se fazer um número potencialmente infinito de comparações, contra ou a favor, entre duas situações quaisquer. Por isso, é comum o uso da analogia deixar o debate em aberto. Mas a analogia eficaz transfere o ônus da prova para um dos lados, exigindo portanto uma resposta do outro lado. Quando a analogia é contestada com base numa dissimilaridade, cabe ao defensor o ônus da prova. Caso ele seja bem-sucedido em sua réplica, o ônus da prova volta para o crítico, que deve então provar que há uma dissimilaridade pertinente. Em muitos casos, esse padrão de contestação e resposta pode se repetir várias vezes numa seqüência de diálogo racional sem que nenhuma das partes leve vantagem.

Johnson e Blair (1983, p. 100) citam uma resposta interessante de um leitor a um artigo da *Saturday Review*[5], escrito por Thomas Middleton, que argumenta a favor de uma legislação mais severa de controle do uso de armas:

Exemplo 9.14

    Quero contestar o artigo escrito por Thomas Middleton. Será que ele é ingênuo a ponto de realmente acreditar que a proibição da posse de armas de fogo reduziria significativamente o número de assaltos e assassinatos? A proibição das bebidas alcoólicas diminuiu significativamente seu consumo?

Esse exemplo é um típico argumento por analogia. A premissa plausível, que seria aceita pela média dos leitores, é que a lei seca não funcionou como medida para reduzir o consumo de álcool. A analogia, ou premissa de comparação, é que

▼

5. Paul Curtis, "Gun Control Debated", *Saturday Review*, 29 de novembro de 1975, p. 4.

proibir a posse de armas de fogo é semelhante a proibir o consumo de álcool. A conclusão do argumento é que proibir a posse de armas de fogo não vai funcionar como medida para reduzir significativamente a incidência de crimes como assassinatos e assaltos.

A primeira premissa, de que a lei seca não funcionou, é historicamente plausível, e não é provável que seja contestada pelos leitores a quem a argumentação é dirigida. Assim, a pergunta é se a premissa da analogia também é plausível.

Em sua avaliação (p. 100), Johnson e Blair argumentam que a premissa da analogia não funciona e que, portanto, o argumento é um caso de analogia imperfeita. É imperfeita porque as duas situações comparadas não são similares no aspecto que é pertinente à conclusão. Suas razões para essa contestação são baseadas na dissimilaridade a seguir. Como destilados, cerveja e vinho são fáceis de fazer em casa, foi difícil fazer valer a lei seca. No entanto, seria difícil fabricar armas secretamente ou em casa, e fácil policiar sua distribuição. Então, argumentam eles, as razões que explicam o fracasso da proibição não se aplicam ao caso do controle de armas.

A contestação de Johnson e Blair é altamente racional, mas deixa espaço para um defensor do argumento responder. Ele poderia argumentar que existe hoje um comércio ativo de armas ilícitas em todo o mundo, que seria muito difícil de controlar mesmo que a posse de armas de fogo fosse ilegal ou mais ilegal do que já é. Além disso, banir as armas de fogo em certas áreas do norte dos Estados Unidos, onde a caça esportiva é uma fonte importante de renda e alimento, poderia não ter eficácia. Além disso, fabricar uma arma em casa não é tão difícil quanto parece.

É fácil perceber, no caso desta interessante analogia, que o debate poderia continuar numa sucessão de contestações e respostas. Trata-se de um debate nada trivial e que pode levantar questões interessantes sobre o tema do controle de armas. Uma analogia interessante pode ser uma forma de provocar uma discussão crítica sobre determinado assunto.

Há três maneiras básicas de questionar criticamente o argumento por analogia. A primeira é questionar a premissa principal, segundo a qual uma determinada conclusão é plausível ou correta na situação análoga apresentada. Neste caso, não é fácil sustentar essa crítica, porque é altamente plausível (pelo bom senso convencional) que a lei seca não funcionou para reduzir o consumo de álcool. A segunda maneira é argumentar que a premissa da analogia não funciona. Para isso, é preciso averiguar a possibilidade de a analogia ser imperfeita pelo fato de as situações comparadas não serem similares naquilo que interessa. Essa é a abordagem de Johnson e Blair na análise que fazem do exemplo 9.14. A terceira maneira é propor uma contra-analogia. Um bom exemplo desse tipo de estratégia é a contestação ao argumento de Reagan, do exemplo 9.10, através da contra-analogia de que a situação na Nicarágua é igual à situação no Vietnã. No caso presente, o crítico poderia argumentar, por exemplo, que o controle de armas funcionou na Inglaterra, reduzindo significativamente os assaltos a mão armada e outros crimes violentos em que as armas de fogo são usadas. Logo, a proibição da posse de armas funcionaria também nos Estados Unidos. O crítico, aqui, traça um paralelo entre uma situação e outra, recorrendo a uma analogia para criticar a analogia original. Usando uma contra-analogia possivelmente melhor, o crítico devolve o ônus da prova ao argumentador original, que deve agora defender a plausibilidade de sua analogia.

Uma vez aceita a analogia entre dois casos, o argumentador agressivo pode explorar o fato alegando coerência com um terceiro caso. Quando é posto em movimento, esse tipo de cadeia argumentativa é chamado de declive escorregadio.

9.7 DECLIVE ESCORREGADIO

O declive escorregadio é um tipo de argumento que começa quando somos levados a reconhecer que uma diferença entre duas coisas não é significativa. Depois disso, pode ser difícil negar que a mesma diferença, entre a segunda coisa e a terceira, também não é significativa. Quando esse tipo de argumento começa, pode ser tarde demais para detê-lo: entramos no declive escorregadio. O argumento pode ser aplicado muitas e muitas vezes, levando-nos a aceitar uma conclusão absurda.

Exemplo 9.15

Um homem é fotografado a 92 quilômetros por hora pelo radar da polícia rodoviária numa zona em que o limite máximo de velocidade é de 90 quilômetros por hora. Ele argumenta que não merece ser multado porque a diferença de dois quilômetros por hora é insignificante. "Afinal, estabelecer o limite de velocidade em 90 quilômetros e não em 92 é uma coisa arbitrária, não é? Escolheram 90 só porque é um número redondo."

O que acontece caso o guarda aceite esse argumento? O motorista seguinte, fotografado a 94 quilômetros por hora, vai argumentar: "Você não multou o Smith, que estava a 90 por hora, porque concordou que dois quilômetros por hora não são uma diferença significativa. Por esse mesmo critério, você não pode me multar. Senão, vou reclamar da injustiça. Você fez um favor ao Smith deixando de multá-lo. Se não fizer a mesma coisa por mim, vou acusá-lo de favoritismo e tratamento especial para os amigos." O guarda, com isso, arranjou um problema porque o motorista seguinte, fotografado a 96 quilômetros por hora, pode usar o mesmo argumento: "Fiquei sabendo que você não multou o Jones, que estava a 94 por hora. Como você admitiu que dois quilômetros não fazem diferença, então não pode me multar também." E assim vai. No fim, o pobre guarda vai ter que deixar passar todo o mundo sem multar, seja qual for a velocidade. Depois que a notícia se espalha, todo o mundo pode exigir um "tratamento eqüitativo".

Um esquema de argumentação do tipo declive escorregadio é uma seqüência de passos, uma cadeia argumentativa com a seguinte forma: primeiro, admite-se que não há uma diferença significativa entre duas coisas, A_0 e A_1. E como A_0 é aceitável, A_1 tem que ser aceitável também. Mas então, como entre A_1 e outra coisa A_2 existe a mesma relação que havia entre A_0 e A_1, é preciso concordar que A_2 também é aceitável. A cada vez, o argumento é que a diferença não é significativa até que, seguindo a seqüência A_0, A_1, ..., A_k, acabamos chegando a um resultado absurdo ou desastroso, A_k. A conclusão inevitável é que A_k tem que ser aceitável também. No exemplo 9.15, pode-se chegar ao ponto em que um motorista fotografado a 200 quilômetros por hora pode argumentar que não deve ser multado.

Como o guarda rodoviário poderia ter respondido de maneira crítica ao argumento do primeiro motorista? Ele poderia ter respondido que, embora o limite máximo de 90 por hora possa ser um tanto arbitrário, é esse o limite exato estabelecido como norma para todos. E essa norma uniforme tem que ser aplicada igualmente a todos os motoristas. O caso de um motorista que esteja levando para o hospital um passageiro gravemente ferido pode ser avaliado como diferença significativamente pertinente para eximi-lo da norma nesse caso específico. Portanto, pode haver exceções em casos especiais. Mas a alegação de que um motorista excedeu só um pouquinho o limite de velocidade pode não ser uma diferença significativamente pertinente entre o seu caso e o do motorista que está dentro do limite. Com essa argumentação, o guarda poderia ter contestado o argumento em declive escorregadio do motorista.

Há, em muitos casos de argumentação em declive escorregadio, um espaço legítimo para ataque e defesa, já que no caso de qualquer regra ou norma social, legal ou organizacional, temos razão de exigir regras justas que se apliquem igualmente a todas as pessoas que nelas se encaixem. Mas exigimos também que as regras não sejam aplicadas de maneira rígida por uma burocracia cega. Quando uma avaliação racional nos leva a concluir que um caso é suficientemente diferente para se qualificar como algo excepcional, então exigimos que a regra seja quebrada. A questão é até que ponto um caso é semelhante ao outro.

Numa argumentação realista, pode ser necessária uma boa avaliação para determinar se um caso é suficientemente semelhante a outro. Esse tipo de avaliação é baseada numa analogia entre os casos. Não há dúvida de que cada caso tem que ser julgado isoladamente. Mas o declive escorregadio entra em cena quando, segundo uma avaliação inicial, os dois casos são considerados semelhantes. Então, quando a diferença entre um terceiro caso e o segundo não é menor do que essa semelhança inicial, a coerência exige que o passo seguinte seja aceitar também esse terceiro caso. E, uma vez no declive escorregadio, pode não haver como sair.

O declive escorregadio é uma armadilha particularmente convidativa quando é fácil dar os primeiros passos. Alguns passos são mais fáceis do que outros porque termos vagos se aplicam melhor a certas situações do que a outras. Um tipo tradicional de argumento que exemplifica essa variabilidade entre os diferentes passos da seqüência é chamado de argumento *sorites*. O exemplo 9.16, como todos os argumentos sorites, tem duas premissas: uma premissa-base (B_0) e uma premissa indutiva (I):

Exemplo 9.16

(B_0) Todo homem com um metro e vinte de altura é baixo.
(I) Se você acrescentar dois milímetros à altura de um homem baixo, ele continua sendo baixo.
(C) Logo, todo homem é baixo.

Neste caso, a premissa-base é altamente plausível. Aplicando a premissa indutiva à premissa-base, o resultado, B_1, também é altamente plausível:

(B_1) Todo homem que tem um metro, vinte centímetros e dois milímetros de altura é baixo.

Mas o sorites é um argumento do tipo declive escorregadio porque, toda vez que aplicamos o passo indutivo (I) à nova premissa, B_2, B_3, ..., B_k, temos que aceitar a premissa que vem a seguir. Numa argumentação em declive escorregadio, uma vez aceito o primeiro passo, a coerência nos obriga a aceitar cada passo sucessivo, enquanto o autor do argumento continuar a nos conduzir. Mas, continuando indefinidamente, somos obrigados a aceitar uma conclusão absurda. No exemplo 9.16, temos que acabar admitindo que todo homem é baixo.

O sorites é um argumento intrigante, muitas vezes chamado de falácia ou de sofisma porque as premissas parecem verdadeiras, o argumento parece válido e, no entanto, a conclusão é claramente falsa. Mas isso seria uma contradição porque, se as premissas de um argumento válido são verdadeiras, a conclusão tem que ser verdadeira.

Tradicionalmente, os argumentos sorites são chamados de "monte de areia" ou "careca". Se tirarmos um grão de um monte de areia, ele continuará sendo um monte de areia. Mas, se o processo continuar, vai chegar um momento em que não haverá mais o monte de areia. Da mesma forma, se arrancarmos um fio de cabelo da cabeça de um homem, ele não fica careca. Mas, se o processo continuar, ele vai acabar deixando de não ser careca. Os argumentos sorites funcionam porque termos como "baixo", "monte" e "careca" são vagos. Não existe um ponto preciso, x, que nos permita dizer que um homem é careca se tiver menos do que x fios de cabelo na cabeça e que não é careca se tiver x ou mais fios de cabelo na cabeça. É por causa dessa falta de limites claros que não existe, nos argumentos em declive escorregadio, um momento específico em que o defensor possa se negar a aplicar o passo indutivo.

O argumento sorites é tão eficaz como tática de argumentação porque há uma variação em grau de plausibilidade que permite que um conceito vago seja aplicado a diferentes situações. Por exemplo, é extremamente plausível alegar que um homem com um metro e vinte de altura é baixo. Continua sendo extremamente plausível dizer que um homem com um metro e cinqüenta é baixo, embora em alguns contextos – por exemplo, se estamos falando de jóqueis – a plausibilidade da alegação possa ser menor. Mas, embora ainda seja bastante plausível dizer que um homem com um metro e sessenta é baixo, essa alegação já é menos plausível que as duas anteriores.

Reconhecendo essa variabilidade, vemos que o argumento sorites é forte no início, mas vai ficando mais fraco em plausibilidade. Quando aplicamos (I) a (B_0) no primeiro passo, chegamos à conclusão seguinte (B_1) pela forma dedutivamente válida do argumento *modus ponens*. Como ambos, (B_0) e (I), são extremamente plausíveis, (B_1) tem que ser igualmente plausível. Mas, na realidade, (B_1) é um pouco menos plausível do que (B_0), já que, num argumento plausível, a conclusão é tão plausível quanto a premissa menos plausível. Então, o passo indutivo (I) tem que ser menos plausível do que (B_0). E, à medida que avançamos, passo a passo, pela cadeia de argumentos *modus ponens*, (I) tem que se tornar cada vez menos plausível[6].

Isso demonstra que a condicional (I) não é absolutamente verdadeira, mas que tem uma legitimidade prática que pode variar em valor de plausibilidade em diferentes estágios de aplicação a homens de alturas diferentes. À medida que essa

▼

6. Esta análise é baseada numa solução para o paradoxo sorites semelhante à que é apresentada em King (1979).

condicional é aplicada seguidamente, seu valor de plausibilidade tende a decrescer. Até que atinge uma série de casos para os quais sua plausibilidade é desprezível. Então, o argumento sorites não prova que sua conclusão (C) é verdadeira. Não se pode concluir, através dele, que todos os homens são baixos. Pode-se constatar, portanto, que, conforme o caso, o argumento sorites pode envolver um tipo de falácia ou de sofisma.

O sorites é um esquema particularmente eficaz de argumento em declive escorregadio por causa da variabilidade da premissa indutiva em diferentes contextos. Aplicado à primeira premissa (B_0), o passo indutivo (I) é altamente plausível. Do ponto de vista prático, é virtualmente impossível deixar de aceitá-lo como argumento plausível. Mas, para manter a coerência, o argumentador a quem o declive escorregadio é dirigido tem que continuar a aceitar (I) a cada passo sucessivo. Caso se recuse, pode ser acusado de incoerência. E o problema é que não há um ponto claro na seqüência em que ele possa se recusar a aceitar (I), já que, quando se trata de termos vagos, não há um ponto-limite específico em que o termo deixa claramente de se aplicar. Portanto, o declive escorregadio é como o processo de tentação e sedução. Uma vez iniciado e posto em movimento, fica cada vez mais difícil parar.

O *argumento de efeito dominó* usa a possibilidade ou a ameaça de um argumento em declive escorregadio para desaconselhar o primeiro passo. Ele geralmente é usado como argumento conservador contra quaisquer políticas ou propostas até então não experimentadas. Por exemplo, é possível argumentar que, se os pacientes terminais puderem se recusar a receber tratamento, isso pode levar à eliminação dos inaptos. O que, por sua vez, pode levar a campos de concentração e a grupos de genocídio nazistas. O efeito dominó não é um uso positivo do declive escorregadio, mas uma espécie de resposta crítica ou tática defensiva contra um argumento em declive escorregadio que possa se desenvolver. Ao lidar com o argumento de efeito dominó, é importante distinguir entre a alegação de que certas conseqüências *podem* se desenvolver e a alegação de que elas *vão* se desenvolver. A sugestão de que podem se desenvolver costuma ser uma tática para assustar ou uma estratégia de intimidação cujo objetivo é silenciar o oponente e encerrar prematuramente a argumentação.

O argumento em declive escorregadio parte muitas vezes da exploração da vagueza de um termo da linguagem natural. Não há nada de errado ou falacioso na vagueza em si mesma. Mas, assim como a ambigüidade é explorada pelo equívoco, a vagueza é explorada pelo declive escorregadio: quando o termo usado num ataque em declive escorregadio é vago, não há um ponto-limite em que aquele que se defende pode começar a resistir ao uso do passo indutivo pelo atacante. Para se defender com sucesso contra um argumento em declive escorregadio, é preciso ter cuidado para não se comprometer com a aplicação do passo indutivo logo na premissa-base, antes que se saiba que direção o argumento vai tomar e qual pode ser sua conclusão final.

O argumento de efeito dominó é a imagem espelhada do argumento sorites e envolve também uma série de passos ou estágios, S_0, S_1, ..., S_k. Tanto o argumento sorites quanto o argumento em declive escorregadio geralmente têm a ver com a vagueza de um termo, mas ambos também podem implicar ligações causais entre os vários estágios de uma seqüência. Muitas vezes, o argumento de efeito dominó se baseia na premissa de que há uma ligação causal entre S_0 e S_1, entre S_1 e S_2, e assim por diante, até que se chegue ao "horrível" resultado S_k.

Às vezes, o argumento causal de efeito dominó é razoável. Por exemplo, numa fileira de dominós em que as peças estejam suficientemente próximas umas das outras, quando empurramos a primeira, a última da fila vai acabar caindo também. Mas o argumento causal de efeito dominó é uma falácia quando a premissa de que cada passo *pode* causar o seguinte é usada para assustar o argumentador, levando-o a acreditar que o último e "horrível" passo *vai* acontecer a menos que ele se recuse a deixar que o primeiro aconteça. Esse tipo de argumento é considerado inadequado quando não apresenta provas ou evidências suficientes para mostrar que aquilo que pode acontecer vai mesmo acontecer, ou que é provável que aconteça.

O tipo causal do efeito dominó pode ou não ser racional, dependendo da força ou plausibilidade da prova apresentada para sustentar as ligações causais propostas a cada passo. Um caso clássico desse argumento era o usado durante a Guerra do Vietnã, quando se dizia que, se o Vietnã caísse em poder dos comunistas, os países vizinhos, como o Camboja, cairiam também. Com o tempo, os países adjacentes a estes cairiam até todo o Sudeste Asiático estar nas mãos dos comunistas. Esse argumento era usado por seus defensores como tática para assustar. Mas, como não havia provas que o sustentassem, ele acabou sendo considerado, nesse caso específico, um argumento falacioso.

No entanto, o argumento de efeito dominó pode ser um argumento racional se houver provas ou evidências suficientes para tornar suas premissas plausíveis. Só quando tais provas e evidências não são apresentadas é que se pode dizer que um determinado argumento de efeito dominó é errôneo, incorreto ou não persuasivo.

Em qualquer argumento em declive escorregadio, há sempre um atacante e alguém que se defende. No exemplo 9.15, o atacante é o motorista que argumenta que seu caso deve ser uma exceção à regra. O guarda procura defender a aplicabilidade da regra. Nesse caso, o atacante usou o argumento de maneira incorreta, já que não provou que seu caso deveria ser tratado como exceção. Às vezes, o lado do atacante na argumentação é chamado de *argumento cuneiforme* porque, depois de abrir a primeira exceção, aquele que se defende não poderá deixar de abrir muitas outras, até que a regra seja destruída. Portanto, o argumento cuneiforme é uma contratática ou uma refutação do argumento de efeito dominó.

Na tentativa de se opor a um argumento em declive escorregadio, quem se defende usa incorretamente a resposta de efeito dominó quando continua a exigir de maneira dogmática que a regra seja seguida, mesmo quando um argumento apresentado pelo atacante justifica a exceção. Outro caso é o do argumento de efeito dominó em que quem se defende recorre a táticas de intimidação em vez de apresentar evidências plausíveis para impedir que a cunha seja introduzida. Esse uso ilícito do argumento de efeito dominó, que poderia ser chamado igualmente de argumento do *bicho-papão*, tem sido chamado também de *rigorismo*.

9.8 EQUÍVOCOS SUTIS

Os exemplos de equívoco examinados na Seção 9.3 eram casos simples, com pouca probabilidade de enganar seriamente os participantes atentos de uma argumentação realista. Percebida a ambigüidade, o equívoco pode ser facilmente detectado nesses casos simples que são então rejeitados como falaciosos. No entanto, num contexto de discussão, pode haver fatores que tornem mais difícil detectar e criticar o equívoco.

Um dos problemas é que, nas argumentações em linguagem natural, o próprio significado das palavras ou frases pode ser motivo de controvérsia. Considere o argumento seguinte, apresentado num contexto de diálogo sobre a moralidade da lei:

Exemplo 9.17
    É obrigatório cumprir a lei.
    Deixar de fazer uma coisa obrigatória é moralmente errado.
    Logo, é moralmente errado deixar de cumprir a lei.

Qualquer um a quem esse argumento seja dirigido pode tachá-lo de falácia de equívoco, pelas seguintes razões. Na primeira premissa, "obrigatório" significa legalmente obrigatório. Ou seja, o cidadão não tem outra alternativa além de seguir a letra da lei – lei que se aplica a todos da mesma maneira –, e qualquer um que a desrespeite fica sujeito a certas penalidades. Mas, na segunda premissa, "obrigatório" significa moralmente obrigatório. Como o significado de "obrigatório" mudou de uma premissa para a outra, o exemplo 9.17 é um equívoco. É só através do equívoco que as duas premissas podem ser consideradas verdadeiras.

Essa crítica parece bastante razoável, mas o proponente do exemplo 9.17 pode responder a ela da seguinte maneira: "Meu argumento não é um equívoco. É um argumento perfeitamente convincente e sólido, pois eu identifiquei nele a classe de atos moralmente obrigatórios e a classe de atos prescritos pela lei como perfeitamente equivalentes quanto ao significado. Na verdade, estou estipulando que, no que diz respeito a este argumento, 'atos moralmente obrigatórios' e 'atos prescritos pela lei' devem significar a mesma coisa." Segundo esta réplica, o exemplo 9.17 não pode mais ser considerado um caso de falácia de equívoco. Ou assim parece, pois não há mais nenhuma ambigüidade em que basear um equívoco. Para esse argumentador, não há duplo sentido. Desse modo, não pode haver mudança de significado de uma premissa para a outra.

É claro que podemos questionar se esse argumentador tem o direito de impor a própria definição ao debate de maneira unilateral. E podemos até criticar sua definição por ser capciosa ou prejudicial. Mas, fora essas possíveis objeções, sua réplica à acusação de equívoco parece muito razoável. E agora? O exemplo 9.17 é mesmo uma falácia de equívoco? Para resolver esse dilema, precisamos nos aprofundar um pouco mais no contexto do diálogo.

Temos que perguntar qual é o tema do diálogo. Suponhamos que o tema seja a base moral da lei. Black, o proponente do exemplo 9.17, é um positivista jurídico. Ou seja, ele defende a posição de que a lei escrita, tal como se apresenta nos códigos e livros de direito, é idêntica à interpretação dada a ela em qualquer situação. White tem uma posição diferente. Ele sente que a lei escrita nem sempre está certa e que pode e deve ser aperfeiçoada. Segundo White, então, a lei real não é igual à lei escrita.

Imaginemos um contexto em que Black e White representam lados opostos num debate. Black está determinado a provar a tese de que deixar de seguir a lei é sempre moralmente errado. White está determinado a defender a tese de que, em certos casos, deixar de seguir a lei pode ser moralmente aceitável. Nesse contexto, Black apresentou o exemplo 9.17 como argumento. Trata-se de uma falácia ou de um equívoco?

Para responder a essa pergunta, temos que averiguar qual deveria ser o propósito do argumento de Black no contexto do diálogo persuasivo sobre a moralidade da lei. Como o diálogo é um debate, Black deve procurar partir das premissas com que White está comprometido para extrair daí a conclusão de que sua própria tese (de Black) é verdadeira. Black tem que tentar demonstrar, através de argumentos válidos, que sua conclusão resulta de proposições que White vai aceitar como plausíveis. Mas o uso que Black faz do exemplo 9.17, no que diz respeito a esse objetivo, traz um problema: White só vai aceitar as duas premissas como plausíveis se o termo "obrigatório" se livrar da ambigüidade, sendo entendido de maneira diferente em cada uma.

Portanto, o problema do exemplo 9.17, como argumento apresentado no contexto de um diálogo racional com White sobre o tema do debate, é a falta de utilidade prática como meio de persuadir White. É verdade que, do ponto de vista de Black, pode não haver ambigüidade. De sua perspectiva positivista, o argumento pode ser válido e as duas premissas podem ser aceitáveis (para ele mesmo). Mas isso não é necessariamente uma defesa eficaz contra a objeção de White, que considera o argumento um equívoco.

Para White, há uma distinção real e muito importante a ser feita entre "moralmente obrigatório" e "legalmente obrigatório". Qualquer argumento que negue o significado moral dessa distinção seria uma petição de princípio contra sua argumentação. Portanto, como White reconhece a ambigüidade das premissas do exemplo 9.17, esse argumento é inútil contra sua posição no diálogo racional. Seja como for, cabe a Black o ônus da prova, já que tem que justificar sua definição do termo em disputa. Interpretadas de maneira ambígua, ambas as premissas poderiam ser plausíveis, mas o argumento seria inválido. Se as premissas fossem interpretadas coerentemente, o argumento seria válido, mas uma das duas premissas não seria plausível do ponto de vista de White. Então, de qualquer forma, o argumento é inútil como meio para Black levar avante sua argumentação contra a posição de White. Logo, a crítica de White, que considera o argumento um equívoco, é justificada.

No entanto, a defesa de Black contra essa acusação de equívoco também se justifica em certa medida, já que do ponto de vista da posição sustentada por ele não há ambigüidade. Qual argumento, então, é mais forte? Isso depende do que significa, na verdade, o termo "obrigatório". Em outras palavras, a argumentação entre Black e White transformou-se numa disputa verbal sobre o significado de um termo. Sob este aspecto, ela é semelhante ao exemplo 9.2.

Às vezes, num debate sobre o significado de um termo na linguagem natural, pode-se demonstrar, através de evidências lingüísticas, que um dos lados tem a argumentação mais forte. Mas, neste caso, cada um dos contestantes procura justificar seu uso de "obrigatório", um termo que parece sujeito a diferentes interpretações. Mesmo assim, deveria caber a Black o ônus maior da prova porque a maioria das pessoas estaria pronta a admitir racionalmente que existem alguns atos legalmente obrigatórios que não são moralmente obrigatórios e vice-versa. A plausibilidade da distinção de White transfere o ônus para Black.

O equívoco, nesse caso, tem uma grande semelhança com a petição de princípio insultuosa. Ao insistir agressivamente num significado do termo "obrigatório" que é favorável ao seu lado da argumentação, Black tenta bloquear a posição de White, recusando-se a permitir uma distinção entre "moralmente obrigatório" e "legalmente obrigatório".

Nossa discussão do exemplo 9.17 mostra que uma acusação de equívoco pode revelar sérios problemas em argumentações realistas. Além disso, situando o argumento num contexto de diálogo plausível, vimos que uma crítica realista a um caso de equívoco é muito mais difícil de montar do que parece a princípio. A definição das palavras-chave de uma argumentação quase sempre pode ser questionada. Daí o fato de o ônus da prova caber inicialmente ao crítico que aponta o equívoco, pois ele deve mostrar que há uma ambigüidade ilícita no argumento supostamente falacioso. Mas, quando a acusação tem substância, o ônus da prova passa àquele que se defende para, se puder, responder.

Quando a mudança de significado ocorre gradualmente, por etapas, pode ser mais difícil detectar um equívoco numa argumentação mais longa. Como vimos, os padrões de precisão aplicados a termos vagos podem mudar de uma proposição para outra. Quando essa mudança é mais sutil e gradual, o perigo de escorregar aos poucos para um argumento falacioso é uma ameaça ainda mais séria ao diálogo racional. O equívoco de Black no exemplo 9.17 assemelha-se à linguagem que implica uma petição de princípio, analisada na Seção 9.2. Trata-se de definir agressivamente um termo do ponto de vista de um dos lados do argumento, na tentativa de bloquear o argumento do oponente. Nesse caso, o lado que se defende da acusação de equívoco pode ser ainda mais criticado por usar uma definição capciosa.

Podemos dizer, então, que equívoco é uma forma de usar um termo (ou termos) ambíguo numa argumentação. Às vezes basta revelar a ambigüidade no questionamento crítico para refutar o argumento como falácia de equívoco. Em outros casos, contudo, o defensor do argumento pode se aferrar à sua posição de maneira mais resoluta e negar a ambigüidade, ao menos do seu ponto de vista. Quando isso acontece, a situação é muito semelhante ao caso de definição capciosa, em que o argumentador define um termo controverso de forma que sustente o próprio lado do argumento e mine o lado do oponente. Ou pode até ser um caso de petição de princípio. Em tais casos, o argumento degenerou para uma disputa de terminologia. Isso acontece freqüentemente nas discussões acaloradas sobre questões controversas e pode ser um mau sinal, indicando que a argumentação está degenerando para uma altercação.

Para resolver algumas disputas terminológicas, pode-se recorrer ao dicionário, ao costume ou a interpretações plausíveis de um termo, a fim de determinar a quem cabe o ônus da prova. Mas em outros casos a disputa terminológica está sujeita à argumentação como qualquer outro tópico do diálogo racional. Neste caso, pode não ser fácil manter uma acusação de equívoco. Portanto, para criticar um argumento por equívoco, é sempre bom imaginar como um defensor determinado o defenderia contra esse ataque.

9.9 VARIABILIDADE NO RIGOR DOS PADRÕES

Termos vagos que são usados com coerência ao longo da argumentação não costumam gerar problemas lógicos nem falácias. O problema surge quando um termo vago ocorre mais de uma vez, em diferentes proposições de um argumento, exigindo a cada vez diferentes padrões de precisão para manter a plausibilidade das proposições. O problema, nesse caso, é um tipo especial de equívoco, introduzido através da vagueza de termos usados na argumentação. Ele difere do declive escorregadio, mas tem algumas características semelhantes.

No exemplo a seguir, o contexto do diálogo é a questão do casamento: as pessoas devem ou não se casar? Frank adota a visão tradicional de que o casamento é uma prática, ou instituição, excelente, da qual os casais devem participar de boa-fé e que devem fazer um esforço sério para preservar. Larry adota a tese progressista de que, nos anos 1980, o casamento deixou de ser prático ou pertinente, e que os casais não devem mais adotá-lo nem levá-lo a sério. A uma altura da discussão, Larry apresenta o seguinte argumento:

Exemplo 9.18

Casar implica a promessa de viver com outra pessoa pelo resto da vida. Mas ninguém é capaz de prever com segurança que vai ser compatível com outra pessoa a vida inteira.[7]

---

7. Este exemplo foi retirado de um exemplo semelhante de Cederblom e Paulsen (1982, p. 59).

Frank então pergunta: "Mas não fazemos tantas vezes promessas que não cumprimos?" Larry replica: "Sim, mas a questão é que não deveríamos fazer promessas a menos que pudéssemos prever com segurança que vamos cumpri-las." Frank finalmente replica: "Então o que você quer dizer é que, se duas pessoas não são compatíveis, não podem viver juntas. E que não deveriam prometer fazer uma coisa que não podem fazer." Larry admite que é exatamente isso o que está querendo dizer e acrescenta: "Concluo que ninguém deveria se casar."

O argumento de Larry parece lógico. Como Frank poderia criticá-lo? As premissas parecem plausíveis e o argumento parece válido. Como primeiro passo da análise, vamos formular o argumento de Larry de forma mais explícita, especificando as premissas e a conclusão:

Exemplo 9.19

(1) Casar implica a promessa de viver com outra pessoa pelo resto da vida.
(2) Ninguém pode prever com segurança que será compatível com essa outra pessoa pelo resto da vida.
(3) Não se deve fazer uma promessa a menos que se possa prever com segurança que ela será cumprida.
(4) Duas pessoas que não são compatíveis não podem viver juntas.
(5) Ninguém deve prometer fazer uma coisa que não pode fazer.
(6) Logo, ninguém deve se casar.

Examinando separadamente as premissas (1) a (5), elas parecem bastante plausíveis ou, pelo menos, sustentavelmente plausíveis. Mas, juntas, elas implicam (6) através de argumentos válidos. Juntas, as premissas (2) e (4) implicam que ninguém pode prever com segurança que duas pessoas vão viver juntas pelo resto da vida. Mas junto com (3) e (5) implicam que não se deve fazer a promessa de viver junto com alguém pelo resto da vida. Mas essa conclusão, considerada juntamente com (1), implica que ninguém deve se casar. Em suma, Larry parece ter um argumento válido, com premissas plausíveis, para sustentar sua conclusão. O pobre Frank parece estar levando a pior na argumentação.

Vamos examinar o argumento mais de perto. O termo "compatível" ocorre em duas premissas, (2) e (4). "Compatível" é um termo vago. É difícil dizer exatamente quando duas pessoas se tornam incompatíveis. Elas são incompatíveis quando discutem ocasionalmente, quando têm diferenças de opinião ou não têm muito em comum? Ou o termo deve ser reservado para casos em que há ódio e amargura entre elas e as brigas são constantes? É difícil dizer. Alguns casais conseguem tolerar diferenças e discordâncias melhor do que outros. Podemos ter altos padrões de compatibilidade, mas, dependendo do contexto, podemos adotar padrões menos exigentes.

Pode-se resumir no seguinte esquema as duas possibilidades extremas de nível de rigor para os padrões de compatibilidade:

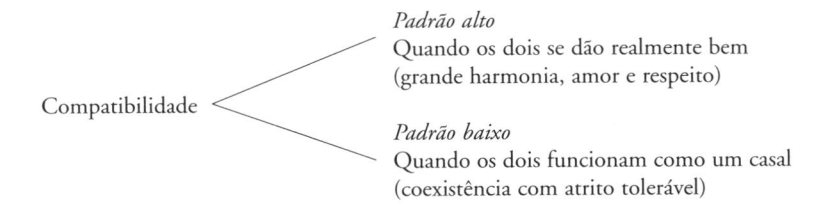

Compatibilidade
- *Padrão alto*
  Quando os dois se dão realmente bem (grande harmonia, amor e respeito)
- *Padrão baixo*
  Quando os dois funcionam como um casal (coexistência com atrito tolerável)

Examinemos agora (4), que afirma que se duas pessoas conseguem viver juntas é porque são compatíveis. De acordo com o padrão de compatibilidade alto, é mais plausível que (4) seja uma premissa falsa. Para que (4) seja plausível, temos que descer ao padrão de compatibilidade baixo, já que alguns casais conseguem viver juntos mesmo durante períodos ruins em que não daria para chamá-los de "compatíveis" de acordo com o padrão alto.

Vamos examinar agora (2), uma premissa que também contém o termo "compatível". Aqui, quanto mais baixo o padrão de compatibilidade, mais casais se qualificarão como compatíveis. Portanto, se a previsão de compatibilidade usa o padrão mais baixo, maior a probabilidade de um casal continuar compatível por mais tempo. Neste caso, quanto mais baixo o padrão, maior o risco de a proposição (2) ser falsa. Quanto mais alto o padrão de compatibilidade, maior a dificuldade de prever que um casal será compatível por toda a vida. Para que (2) seja plausível, tendemos a optar pelo padrão alto de compatibilidade.

Esse mesmo tipo de ambigüidade afeta o termo "prever com segurança" das premissas (2) e (3):

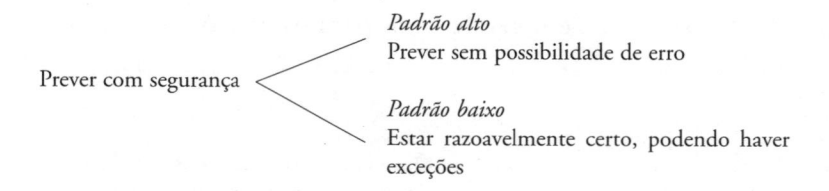

Prever com segurança
- *Padrão alto*
  Prever sem possibilidade de erro
- *Padrão baixo*
  Estar razoavelmente certo, podendo haver exceções

A premissa (3) afirma que não se deve fazer uma promessa a menos que se possa prever com segurança que ela será cumprida. Mas (3) só é plausível quando se interpreta "prever com segurança" pelo padrão mais baixo, já que não dá para manter uma promessa em qualquer situação. Eu não poderia prever que não manteria a promessa de estar presente no aniversário de meu pai. Mas eu não tinha como saber, quando fiz a promessa, que minha mulher ficaria doente bem nesse dia.

Por outro lado, usando esse padrão mais baixo de "prever com segurança" para interpretar (2), é mais plausível que ela seja considerada falsa, pois, se os padrões de previsão segura são baixos, então alguém que prevê compatibilidade para a vida toda tem, num número razoável de casos, mais probabilidade de estar certo. O padrão mais baixo de "prever com segurança", que torna (3) mais plausível, tende a tornar (2) implausível. E uma interpretação coerente de (2) e (3), usando o padrão alto, teria o resultado oposto.

No caso desses dois termos vagos, "compatível" e "prever com segurança", a interpretação mais plausível do padrão de precisão usado numa premissa é a interpretação menos plausível na outra premissa. A interpretação mais plausível de cada termo em cada ocorrência está resumida a seguir:

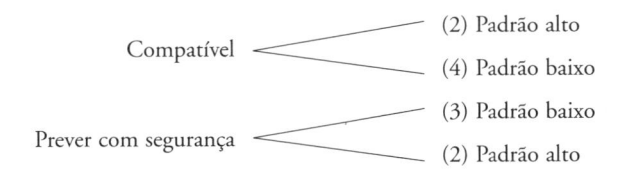

Compatível ⟨ (2) Padrão alto
              (4) Padrão baixo

Prever com segurança ⟨ (3) Padrão baixo
                       (2) Padrão alto

O problema do exemplo 9.19 é que os termos vagos recorrem a diferentes padrões de precisão em diferentes premissas, como fica claro na versão mais explícita do argumento. Por isso, quando a pessoa a quem o argumento é dirigido tenta interpretar cada premissa como proposição plausível, ela se vê diante de uma espécie de ambigüidade. Trata-se de um caso clássico de equívoco, embora ocorra num sutil contexto pragmático de padrões que mudam no decorrer do argumento, à medida que ele se desenvolve no diálogo.

9.10 CONCLUSÕES

Num caso relativamente simples de equívoco, em que há apenas duas premissas e um termo ambíguo que ocorre em cada uma delas, é fácil detectar o problema. Por quê? Porque, quando vemos as duas premissas juntas, percebemos que as duas só podem ser plausíveis se cada uma for interpretada de uma forma. Mas, quando o argumento é mais longo, com várias premissas diferentes e vários termos ambíguos ou vagos, é mais difícil detectar a mudança de significado. Por quê? Porque podemos não ver as duas premissas lado a lado quando há um equívoco entre elas. Pode haver várias outras premissas entre elas. Nesse meio tempo, podemos muito bem esquecer que uma palavra que ocorreu numa premissa plausível anterior tem agora que ser interpretada de forma diferente para tornar a nova premissa plausível. Quanto mais longo for o argumento, e quanto mais vagas e ambíguas forem as palavras que ele contém, mais provável será que o equívoco passe despercebido.

O truque do equívoco é que, individualmente, cada premissa parece plausível. A suspeita de equívoco surge quando juntamos duas premissas e comparamos os termos que ocorreram em cada uma delas. Assim, para avaliar casos realistas de equívoco na argumentação prática, é necessário assumir uma perspectiva global. O crítico tem que examinar o argumento inteiro e ver se houve uma mudança de contexto que possa afetar qualquer par de premissas que tenham sido usadas.

Em todas as falácias de linguagem que examinamos neste capítulo, o importante é estudar o argumento inteiro no contexto do diálogo. Quando há uma mudança contextual, pode haver problemas de vagueza ou ambigüidade. O exemplo

9.19 mostrou que uma análise cuidadosa de casos realistas de equívoco exige atenção às mudanças sutis nos padrões de precisão que ocorrem durante uma seqüência mais longa de argumentação.

Aqui, como em qualquer ponto do estudo das falácias, confirma-se mais uma vez um axioma fundamental da crítica racional, apontado por Whately (1836, p. 162): "Uma discussão muito longa é um dos disfarces mais eficazes da Falácia;... uma Falácia que, enunciada sem disfarces,... não enganaria uma criança, pode enganar meio mundo quando é *diluída* num volume de bom tamanho." Portanto, antes de criticar um argumento, é importante reconstruir o contexto do diálogo para descobrir qual é, presumivelmente, seu propósito. Senão, a prova para sustentar a alegação de que o argumento contém uma falácia pode ficar incompleta.

Como diz J. L. Mackie (1967, p. 179): "Quando suspeitamos da existência de uma falácia, nosso objetivo deve ser descobrir exatamente o que é o argumento." Mackie acrescenta que o primeiro passo na avaliação racional de um argumento é separar o esquema principal e depois examinar seus aspectos ou qualificações mais sutis.

Como, em geral, os argumentadores são vagos, distraídos e incoerentes a respeito do que afirmam no decorrer de uma discussão, o primeiro passo importante da análise é determinar o tipo e o objetivo do argumento. Ainda mais nos casos em que o argumento é longo e "verborrágico", é crucial apagar os detalhes sem importância, separando e interpretando corretamente os principais estágios, num processo que é um importante pré-requisito da crítica.

Agindo com base no princípio da caridade, tendemos naturalmente a interpretar uma proposição que contenha termos vagos ou ambíguos tornando-a plausível. Isso é racional e correto. Mas, agindo assim com relação a duas proposições diferentes no mesmo argumento, podemos ter problemas.

No caso do argumento em declive escorregadio, somos tentados a aceitar o primeiro passo porque se trata de uma proposição plausível. Mas, à medida que os passos se sucedem no declive escorregadio, as proposições que temos que aceitar vão se tornando cada vez menos plausíveis. Só que, uma vez comprometidos, fica difícil voltar atrás. Estamos escorregando declive abaixo.

Em certos casos, o argumento do declive escorregadio se torna um problema nos passos intermediários da aplicação do termo vago, em que o passo indutivo se torna cada vez menos plausível. Mas o argumento do declive escorregadio é um ataque insidioso à posição do argumentador porque, aceitando os primeiros passos, que são premissas altamente plausíveis, ele fica cada vez mais comprometido a aceitar cada passo que se sucede ao longo do caminho. Daí que, se ele pára e tenta resistir ao ataque nesses passos intermediários, o atacante o acusa de incoerência.

No entanto, cada caso tem que ser analisado separadamente. É possível, por exemplo, que o defensor cometa uma falácia caso tente manter uma regra ou definição a despeito de um argumento mais forte do atacante, o qual justifica uma exceção específica a essa regra ou definição. Assim, o contexto de cada defesa e de cada ataque depende do ônus da prova no contexto do diálogo. Quando manter uma regra estabelecida ou o sentido de um termo implica um forte ônus da prova, quem argumenta que seu caso é uma exceção justificável a essa regra ou a esse sentido tem que seguir padrões altos compatíveis com o ônus da prova. Mas a esperteza do ataque em declive escorregadio é começar com uma primeira premissa altamente plausível e depois atacar gradualmente a posição do defensor.

No equívoco, também interpretamos generosamente o termo ambíguo a fim de tornar plausível a proposição em que ele ocorre. Mas então, no passo seguinte, temos que aceitar uma mudança de contexto para que a outra proposição se torne plausível. É aí que reside o perigo do equívoco.

O conceito de definição capciosa é semelhante ao conceito de pergunta capciosa que vimos no contexto das falácias de pergunta e resposta. E existem, de fato, alguns aspectos em comum. O pressuposto de uma pergunta é considerado capcioso quando prejudica automaticamente a posição de quem lhe dá uma resposta direta. Aqui, de maneira similar, uma definição que ocorre numa das proposições de um argumento é considerada capciosa quando prejudica automaticamente a posição de quem concorda com ela ao aceitar a proposição que a contém. A definição capciosa é uma forma indevidamente agressiva de forçar um argumentador a aceitar uma proposição, enquanto, numa discussão crítica, ele deveria ter a opção de aceitá-la ou não. Tais táticas são transgressões das regras negativas do diálogo persuasivo apresentadas no Capítulo 1. Seu objetivo é evitar o ônus da prova forçando o oponente a encerrar prematuramente a argumentação. No entanto, nem sempre um argumento que contém uma definição capciosa é falacioso. Do mesmo modo, nem sempre uma pergunta capciosa é falaciosa.

Em geral, o conceito de definição capciosa e o conceito de petição de princípio insultuosa correspondem a dois tipos distintos de crítica. Este último é uma crítica mais forte. Como vimos no caso do termo capcioso do exemplo 9.0, os pais não estão necessariamente alegando que o argumento do psicólogo seja falacioso ou contenha uma petição de princípio insultuosa. É possível que o psicólogo tenha vários argumentos independentes, baseados em evidências psicológicas, que lhe permitam avaliar o comportamento dos pais nesse caso como um exemplo de "preconceito sexual". E pode muito bem ser, pelo que se sabe até agora, que os argumentos do psicólogo não dependam da conclusão de que os pais deveriam ter um comportamento mais neutro, nem sejam equivalentes a ela. Essa possibilidade mostra que os pais podem se contrapor ao argumento do psicólogo como sendo capcioso sem alegar necessariamente que ele contém uma petição de princípio insultuosa. É claro que, ao elaborar uma análise mais extensa do argumento do psicólogo para refutá-lo, os pais podem fazer esta última alegação. Mas não é necessário que o façam para criticar ou questionar a definição capciosa.

Dizer que o argumento contém uma definição capciosa é dizer que um dos termos do argumento é definido ou usado de maneira que prejudica a posição da pessoa a quem ele é dirigido. No entanto, o argumento que contém uma petição de princípio insultuosa é tão fortemente tendencioso contra a posição do oponente que pode ter exigido pressupostos que excluem ou negam a possibilidade de essa pessoa provar sua tese a respeito do tema em discussão. Para provar que um argumento usa injustamente uma linguagem que implica uma petição de princípio, o crítico não pode se limitar a mostrar que a definição é capciosa. Ele precisa mostrar que a premissa que contém o termo ou cláusula em questão está tão estreitamente ligada à conclusão a ser provada pelo seu proponente que existe um círculo vicioso no argumento.

Às vezes, os argumentos e as críticas que vêm da vagueza ou da ambigüidade de termos da linguagem natural são difíceis ou frustrantes. Uma definição precisa pode não ser aceita por causa de um termo intrinsecamente controvertido e, mesmo quando tal definição é apresentada por um dos lados, o outro lado pode achar que ela é prejudicial ao seu ponto de vista. Como nas analogias, dois casos podem ter pontos de similaridade ou dissimilaridade, mas a pertinência das características em questão pode ser discutível. Então, em muitos casos, o máximo que se pode esperar é uma crítica que transfira racionalmente o ônus da prova. Muitas vezes, o raciocínio plausível é o padrão mais alto que se pode atingir numa argumentação em linguagem natural. Mas, em geral, esse padrão é suficientemente alto para concluir uma argumentação eficaz numa discussão crítica, numa investigação ou numa negociação.

BIBLIOGRAFIA

ALTER, Jonathan. "Round Up the Usual Suspects", *Newsweek,* 25 de março de 1985, p. 69.
APOSTEL, L. "Towards a General Theory of Argumentation", in *Argumentation: Approaches to Theory Formation.* E. M. Barth e J. L. Martens (orgs.). Amsterdam, Benjamins, 1982, pp. 93-122.
AQVIST, Lennart. *A New Approach to the Logical Theory of Interrogatives.* Uppsala, Filosofiska Studier, 1965.
ARISTÓTELES. *Topica et sophistici elenchi.* Trad. W. A. Pickard-Cambridge, W. D. Ross (org.). Nova York, Oxford University Press, 1958.
BAILEY, F. G. *The Tactical Uses of Passion.* Ithaca, N.Y., Cornell University Press, 1983.
BARTH, E. M. e KRABBE, E. C. W. *From Axiom to Dialogue; A Philosophical Study of Logics and Argumentation.* Berlim, de Gruyter, 1982.
———. e MARTENS, J. L. *"Argumentum ad Hominem:* From Chaos to Formal Dialectic", *Logique et Analyse,* 77-8, 1977, pp. 76-96.
BATESON, L. "The Message 'This is Play'", in *Group Processes: Transactions, of the Second Conference.* B. Schaffner (org.). Nova York, Josiah Macy Jr. Foundation, 1956, pp. 145-242.
BEGLEY, Sharon. "Science Contra Darwin", *Newsweek,* 8 de abril de 1985, pp. 80-1.
BELNAP, Nuel D. e STEEL, Thomas B., Jr. *The Logic of Questions and Answers.* New Haven, Conn., Yale University Press, 1976.
BENTHAM, Jeremy. *The Book of Fallacies,* vol. 2 de *The Works of Jeremy Bentham.*

John Bowring (org.). Nova York, Russell & Russell, 1962 (publicado originalmente em 1838).

BICKEL, Peter J.; HAMMEL, Eugene A. e O'CONNELL, William J. "Sex Bias in Graduate Admissions: Data from Berkeley", in *Statistics and Public Policy*. William B. Fairley e Frederick Mosteller (orgs.). Reading, Mass., Addison-Wesley, 1977. Primeira impressão in *Science, 187*, 1975, pp. 398-404.

BOWLER, Peter J. *Evolution: The History of an Idea*. Berkeley e Los Angeles, University of California Press, 1984.

BRINTON, Alan. "A Rhetorical View of the *Ad Hominem*", *Australasian Journal of Philosophy, 63*, 1985, pp. 50-63.

CAMPBELL, Stephen K. *Flaws and Fallacies in Statistical Thinking*. Englewood Cliffs, N.J., Prentice-Hall, 1974.

CEDERBLOM, Jerry e PAULSEN, David W. *Critical Reasoning*. Belmont, Cal., Wadsworth, 1982.

CLEMENTS, Colleen D. e CICCONE, Richard. "Ethics and Expert Witnesses", *Bulletin of the American Academy of Psychiatry and Law, 12*, 1984, pp. 127-36.

COHEN, David. *The Crucial 10% that Really Counts for Trial Victories*. Englewood Cliffs, N.J., Executive Reports, 1973.

COPI, Irving M. *Introduction to Logic*. 6ª ed., Nova York, Macmillan, 1982.

CROXTON, Frederick F. e COWDEN, Dudley J. *Applied General Statistics*. 2ª ed., Englewood Cliffs, N.J., Prentice-Hall, 1955.

DAMER, T. Edward. *Attacking Faulty Reasoning*. Belmont, Cal., Wadsworth, 1980.

DE KRUIF, Paul. *Men Against Death*. Nova York, Harcourt Brace, 1932.

DeMORGAN, Augustus. *Formal Logic*. Londres, Taylor & Walton, 1847.

EPSTEIN, Richard L. "Relatedness and Implication", *Philosophical Studies, 36*, 1979, pp. 137-73.

FISCHER, David Hackett. *Historians' Fallacies*. Nova York, Harper & Row, 1970.

FISHER, Alan C. e NORTH, Wendy. "Cancer Survival Rates: What the Media Haven't Told You", *American Council on Science and Health News & Views, 7*, 1986, pp. 1-7.

FREEDMAN, David; PISANI, Robert e PURVES, Roger. *Statistics*. Nova York, Norton, 1978.

GEVARTER, William B. *An Overview of Artificial Intelligence and Robotics*, NASA Technical Memorandum 855838. Houston, NASA Headquarters, Scientific and Technical Information Branch, 1983.

GIERE, Ronald N. *Understanding Scientific Reasoning*. Nova York, Holt, Rinehart & Winston, 1979.

GOVIER, Trudy. "*Ad Hominem:* Revising the Textbooks", *Teaching Philosophy,* 6, 1983, pp. 13-24.

———. *A Practical Study of Argument.* Belmont, Cal., Wadsworth, 1985.

———. *Problems in Argument Analysis and Evaluation.* Dordrecht, Foris, 1987.

GRAHAM, Michael H. "Impeaching the Professional Expert Witness by a Showing of Financial Interest", *Indiana Law Journal,* 53, 1977, pp. 35-53.

GRICE, H. Paul. "Logic and Conversation", in *The Logic of Grammar.* Donald Davidson e Gilbert Harman (orgs.). Encino, Cal., Dickenson, 1975, pp. 64-75.

HAMBLIN, C. L. *Fallacies.* Londres, Methuen & Co., 1970.

HARRAH, David. "The Logic of Questions", in *Handbook of Philosophical Logic,* vol. 2. D. Gabbay e F. Guenther (orgs.). Dordrecht, Reidel, 1984, pp. 715-64.

HINMAN, Lawrence M. "The Case for *Ad Hominem* Arguments", *Australasian Journal of Philosophy,* 60, 1982, pp. 338-45.

HINTIKKA, Jaakko. *The Semantics of Questions and the Questions of Semantics, Acta Philosophica Fennica,* vol. 28. Amsterdam, North-Holland, 1976.

———. "The Logic of Information-Seeking Dialogues: A Model", in *Konzepte der Dialektik.* Werner Becker e Wilhelm K. Essler (orgs.). Frankfurt, Klostermann, 1981, pp. 212-31.

———. "What is the Logic of Experimental Inquiry?" *Synthese,* 74, 1988, pp. 173-90.

HOOKE, Robert. *How to Tell the Liars from the Statisticians.* Nova York, Dekker, 1983.

HUFF, Darrel. *How to Lie with Statistics.* Nova York, Norton, 1954.

IMWINKELRIED, Edward J. *Scientific and Expert Evidence.* Nova York, Practicing Law Institute, 1981.

———. "Science Takes the Stand: The Growing Misuse of Expert Testimony", *The Sciences,* 26, 1986, pp. 20-5.

JEFFREY, C. *An Introduction to Plant Taxonomy.* 2ª ed., Cambridge University Press, 1982.

JOHNSON, Ralph H. e BLAIR, J. Anthony. *Logical Self-Defense.* Toronto, McGraw-Hill Ryerson, 1983.

JOHNSTONE, Henry W., Jr. *Validity and Rhetoric in Philosophical Argument.* University Park, Pen., Dialogue Press of Man and World, 1978.

JONES, Andrew, J. I. *Communication and Meaning.* Dordrecht, Reidel, 1983.

KIELKOPF, Charles. "Relevant Appeals to Force, Pity and Popular Pieties", *Informal Logic Newsletter,* 2, 1980, pp. 2-5.

KING, John L. "Bivalence and the Law of Excluded Middle", *American Philosophical Quarterly,* 16, 1979, pp. 17-25.

KRABBE, Erik C. W. "Formal Systems of Dialogue Rules", *Synthese, 63*, 1985, pp. 295-328.
LOCKE, John. *An Essay Concerning Human Understanding.* John W. Yolton (org.), 2 vols., Londres, Dent, 1961 (publicado originalmente em 1690).
LORENZEN, Paul. *Normative Logic and Ethics.* Mannheim, Hochschultashenbücher, 1969.
MACKIE, J. L. "Fallacies", *The Encyclopedia of Philosophy*, vol. 3. Paul Edwards (org.). Nova York, Macmillan, 1967, pp. 169-79.
MANN, William C. "Dialogue Games: Conventions of Human Interaction", *Argumentation* 2, 1988.
MANOR, Ruth. "A Language for Questions and Answers", *Theoretical Linguistics, 6*, 1979, pp. 1-21.
——. "Dialogues and the Logics of Questions and Answers", *Linguistische Berichte, 73*, 1981, pp. 1-28.
MOORE, Christopher W. *The Mediation Process.* São Francisco, Jossey-Bass, 1986.
MOORE, David S. *Statistics: Concepts and Controversies.* São Francisco, Freeman, 1979.
NEWTON-SMITH, W. H. *Logic: An Introductory Course.* Londres, Routledge & Kegan Paul, 1985.
RESCHER, Nicholas. *Plausible Reasoning.* Assen, Van Gorcum, 1976.
——. *Dialectics.* Albany, State University of New York Press, 1977.
SANDERS, Robert S. *Cognitive Foundations of Calculated Speech.* Albany, State University of New York Press, 1987.
SELIGMAN, Daniel. "We're Drowning in Phony Statistics", *Fortune*, novembro de 1961, pp. 146-71.
SELL, Peter S. *Expert Systems: A Practical Introduction.* Londres, Macmillan Press, 1985.
SHEPHERD, Robert Gordon e GOODE, Erich. "Scientists in the Popular Press", *New Scientist, 76*, 1977, pp. 482-84.
SIMON, H. A. "Spurious Correlation: A Causal Interpretation", *Journal of the American Statistical Association, 49*, 1954, pp. 467-92.
SPERBER, Dan e WILSON, Deidre. *Relevance.* Cambridge, Mass., Harvard University Press, 1986.
STEBBING, L. Susan. *Thinking to Some Purpose.* Harmondsworth, Penguin Books, 1939.
TODD, D. D. "Begging the Question", *Globe and Mail* (Seção de Cartas ao Editor), 24 de fevereiro de 1987, p. 6.
TRANKELL, Arne. *Reliability of Evidence.* Estocolmo, Beckmans, 1972.

VAN DER MEIJ, Hans. *Questioning.* Haia, Selecta Reeks, 1986.
VAN EEMEREN, Frans H. "Dialectical Analysis as a Normative Reconstruction of Argumentative Discourse", *Text, 6*, 1986, pp. 1-16.
———. VAN EEMEREN, Frans H. e GROOTENDORST, Rob. *Speech Acts in Argumentative Discussions.* Dordrecht, Foris, 1984.
———. VAN EEMEREN, Frans H., GROOTENDORST, Rob e KRUIGER, Tjark. *Handbook of Argumentation Theory.* Dordrecht, Foris, 1987.
———. VAN EEMEREN, Frans H.; GROOTENDORST, Rob; BLAIR, J. Anthony e WILLARD, Charles A. (orgs.). *Argumentation: Across the Lines of Discipline.* Dordrecht, Foris, 1987.
———. *Argumentation: Perspectives and Approaches.* Dordrecht, Foris, 1987.
———. *Argumentation: Analysis and Practices.* Dordrecht, Foris, 1987.
WALTON, Douglas N. "Why Is the *Ad Populum* a Fallacy?", *Philosophy and Rhetoric, 13*, 1980, pp. 264-78.
———. "The Fallacy of Many Questions", *Logique et Analyse, 95-6*, 1981, pp. 291-313.
———. *Topical Relevance in Argumentation.* Amsterdam, Benjamins, 1982.
———. *Logical Dialogue-Games and Fallacies.* Lanham, Md., University Press of America, 1984.
———. "New Directions in the Logic of Dialogue", *Synthese, 63*, 1985a, pp. 259-74.
———. *Arguer's Position: A Pragmatic Study of* Ad Hominem *Attack, Criticism, Refutation, and Fallacy.* Westport, Conn., Greenwood, 1985b.
———. *Informal Fallacies.* Filadélfia, Benjamins, 1987.
———. "Burden of Proof", *Argumentation, 2*, 1988, pp. 81-102.
WEBER, O. J. "Attacking the Expert Witness", *Federation of Insurance Counsel Quarterly, 31*, 1981, pp. 299-313.
WHATELY, Richard. *Elements of Logic.* Nova York, Jackson, 1836.
———. *Elements of Rhetoric.* Douglas Ehninger (org.). Carbondale, Southern Illinois University Press, 1963 (reimpressão da sétima edição inglesa, publicada em 1846).
WILSON, Patrick. *Second-Hand Knowledge: An Inquiry into Cognitive Authority.* Westport, Conn., Greenwood, 1983.
WOODS, John e WALTON, Douglas. *"Argumentum Ad Verecundiam", Philosophy and Rhetoric, 7*, 1974, pp. 135-53.
———. *"Ad Baculum", Grazer Philosophische Studien, 2*, 1976, pp. 133-40.
———. *"Post Hoc, Ergo Propter Hoc", Review of Metaphysics, 30*, 1977, pp. 569-93.
———. "The Fallacy of *Ad Ignorantiam*", *Dialectica, 32*, 1978, pp. 87-99.
———. "Equivocation and Practical Logic", *Ratio, 21*, 1979, pp. 31-43.
———. *Argument: The Logic of the Fallacies.* Toronto, McGraw-Hill Ryerson, 1982.

——. *Fallacies; Selected Papers 1972-1987.* Dordrecht, Foris, 1988.
WRIGHT, Richard A. e TOHINAKA, Ken. *Logical Thinking.* Englewood Cliffs, N.J., Prentice-Hall, 1984.
YOUNGER, Irving. "A Practical Approach to the Use of Expert Testimony", *Cleveland State Law Review, 31*, 1982, pp. 1-42.
ZEIDE, Janet S. e LEIBOWITZ, Jay. "Using Expert Systems: The Legal Perspective", *IEEE Expert, 2*, primavera de 1987, pp. 19-21.
ZEISEL, Hans. *Say It with Figures.* 5ª ed., Nova York, Harper & Row, 1968.

ÍNDICE REMISSIVO

ad baculum, 130-40, 148-9
ad hominem, 5, 28-9, 122, 177-8, 187-239, 357
   termos capciosos, 341
ad ignorantiam, 58-66, 76, 89n, 363
   ônus da prova, 63
ad populum, 146-9
ad verecundiam, 241-76
   autoridade administrativa, 244
   autoridade cognitiva, 244, 247-8
   avaliação da autoridade do especialista, 258-63
   base de conhecimento, 270
   erros comuns, 250-3
   esquema de argumentação, 269-76
   interpretação da opinião do especialista, 265-9
   perguntas críticas, 271-6
   testemunho especializado, 253-8
Alter, Jonathan, 194, 261
altercação, 33
   pessoal, 5, 13
ambigüidade e vagueza, 336-41, 379-80, 394-5
analogia
   argumentos baseados em, 355-9
   crítica a argumentos por, 365-9
   ônus da prova, 357
   usada como símile e metáfora, 364
   uso de, 359-65
apelos
   à emoção, 113-49
   à força, 130-5
      ad baculum, 130-40
   à piedade, 140-6
      ad misericordiam, 140-1
      explícitos, evocativos, 143-6
   à popularidade
      argumentum ad populum, 116-25
      problemas com, 125-6
Aqvist, Lennart, 38n
argumentação em linguagem natural, 335-95
   ambigüidade e vagueza, 336-41, 379-80
   analogia, *ver* analogia
   argumentos em declive
   equívoco, 351-5, 385, 390
      sutil, 379-85
   escorregadio, 369-78, 392
   termos capciosos e linguagem que implica a petição de princípio, 341-51, 393-4

variabilidade no rigor dos padrões, 385-95
argumento plausível, 20-1
argumento sorites, 372-3
argumento(s) *ver também*
  argumentum: falácia
  ameaça, 139-40
  analogia, *ver* analogia
  apelos à emoção, 113-49
  aspectos pragmáticos, 161
  aspectos semânticos, *ver* semântica
  componentes, 12-4
  críticas de não-pertinência, 103-6
  da ignorância, 58-66
  da popularidade, 121-5
  declive escorregadio, 369-78, 392
    argumento sorites, 372-3
  dedutivamente válido, *ver*
    argumentos dedutivamente
    válidos
  definido, 160
  diálogo racional, 1-35
  do rigorismo, 378
  efeito dominó, 375-8
  entimema, 160
  falácias em, 26-34
  falacioso, 85
  formas válidas de, 163-70
  fortalecimento causal, 319-28
  indutivo, *ver* indutivo
  linguagem natural, 335-95
  MP, *ver* MP
  mudança não-pertinente no
    argumento (*red herring*), 105
  ônus da prova, 63-4, 67-71, 78-80
  pertinência em, 81
  plausível, 20-1
  post hoc, 298-302
  premissas não-pertinentes, 104-5, 107-8
  questão, 81-2
  racional, 32-3

regras em direito criminal, 64, 89-90
  sobre assuntos controversos, 35
  termos capciosos, 341-51, 393-4
  termos coletivos, 180-2
  termos distributivos, 180-2
  tese, 82
  tipos, 4-12
  vagueza e ambigüidade, 336-41, 379-80, 395
  válido, *ver* argumentos válidos
  verdade no, 19-20
argumentos dedutivamente válidos, 19-20, 154
argumentos inválidos, 170-4
argumentos válidos, 151-86
  composição e divisão, 179-83
  constantes lógicas, 183
  contradição, 179
  dedutivamente, 19-20, 154
  definição, 160-2
  identificação de, 155-9
  incoerência, *ver* incoerência
  proposição, 152-3
    conclusão, 152
    premissas, 152
  seqüências de, 154
argumentum, *ver também* falácia
  ad baculum, 27
  ad hominem, 28-9, 187-239
    abusivo, 187, 189-96, 210
    casos, 234-9
    circunstancial, 188, 196-208, 210-1, 220-1
    perguntas críticas, 227-30
    poço envenenado, ou atribuição de parcialidade, 188, 208-15
    regras do diálogo persuasivo, 193
    réplica a um ataque pessoal, 222-7
    tipos de erros, 230-4
    tu quoque, 188, 205-6, 222-4

ad ignorantiam, 30, 58-66
   ônus da prova, 63-4
ad misericordiam, 2
ad populum, 27, 116-20, 132
ad verecundiam, 29, 241-76
   diálogo, 270
Aristóteles, 86-7, 343
ataque pessoal na argumentação, *ver ad hominem*

Bailey, F. G., 128-9
Bailor, John, 327-8
Barth, E. M., 7n, 200n
Bateson, L., 177
Begley, Sharon, 317n, 349-50
Belnap, Nuel D., 38n
Bentham, Jeremy, 344-5
Bickel, Peter J., 307
Binkley, Robert, 208n
Blair, J. Anthony, 105-6, 366-8
Bowler, Peter J., 350
Brothers, Joyce, 281

Câmara dos Comuns, 44-5, 211
Campbell, Stephen K., 288, 290, 293
causal
   argumento, 323
   relação, 330-1
      erros *post hoc*, 302-11
   simples, 314
causalidade, 319-20, 330-1
Cerf, Christopher, 28
Chrétien, Jean, 44-6
cladismo, 349
Clark, Ronald W., 251n
Cohen, David, 267
Coleman, Fred, 138n
conjunção, 175-6
contradição, 174-7
   argumentos válidos, 179
Copi, Irving M., 130n, 362
crítica(s)

ad baculum, 139-40
argumento, 34-5
circunstancial, 222
definição capciosa, 393-4
de não-pertinência, 81-111
de viés estatístico, 291
diálogo racional, 53-4
imparcial, 33
pertinência da resposta à pergunta, 92-7
petição de princípio insultuosa, 393-4
pessoal, 220, 230; *ver também ad hominem, argumentum*
post hoc, 314-9
revogável, 222
vagueza e ambigüidade, 336-41, 379-80, 395
Cuomo, Mario M., 236
Curtis, Paul, 366n

Damer, T. Edward, 306
debate, 33
   Câmara dos Comuns, 44-5
   forense, 5, 13
debate forense, *ver* debate
De Kruif, Paul, 324-5
DeMorgan, Augustus, 266n
Dershowitz, Alan A., 262
diálogo
   altercação pessoal, 5, 13, 33
   argumentativo, 4-15
   barganha, 10-1
   criação de uma pauta de discussão, 97-103
   cumulativo, 9-10
   debate forense, 5, 13
   definição, 4
   discussão crítica, *ver* diálogo persuasivo
   disputas, 82
   educacional, 12

estágios do, 12-4, 24-6
mudança dialética, 210
negociação, 10-1
  conflito baseado em interesse, 11
  passos da análise, 57-8
  persuasão, *ver* diálogo persuasivo
  pertinência da pergunta à resposta, 92-7
  pertinência no, 93-4
  procura de ação, 12
  procura de informação, 12
  questão do, 81
  questionamento no, 51-2
  racional, *ver* diálogo racional
  regras do, 13-4
diálogo argumentativo
  componente, 12-4
  tipos, 4-12
diálogo cumulativo, 9-10
diálogo de negociação, 10-1
  barganha, 10-1
  conflito baseado em interesse, 11
diálogo educacional, 12
diálogo persuasivo, 7-9
  argumentum ad verecundiam, 270
  assimétrico, 16
  falácias informais, 22
  investigação, 9
  modelo normativo, 22
  ônus da prova, 17-9
  petição de princípio, 71-2
  prova externa, 8
  prova interna, 7
  regras, 16-21
    ad hominem, 193
    negativas, 22-6
    positivas, 22
  retórica, 113-4
  simétrico, 16-9
  tolices, 22
diálogo racional, 53-8
  crítica, 53-4

ônus da prova, 63-4, 78-80, 107, 383
preconceito, 342, 394
quebra de procedimentos, 139-40
responder a uma pergunta com outra, 70
retórica, 113-4
uso unilateral de palavras, 335-6
disputa simétrica, 89
  disputa fracamente contestatória, ou assimétrica, 89-90
"double bind", 177
Dyson, John, 246n

Einstein, Albert, 251
entimema, 160
Epstein, Richard L., 92n
equívoco, *ver* falácia
estatística
  insuficiente e com viés, 289-92
  insuficiente, falácia da 362-3
  ônus da prova, 329
  procedimentos de amostragem, 286-9
  sem sentido e incognoscível, 280-6
  viés, 311-4, 362
evidência, 329

Falácia, *ver também* argumento,
  argumentum
  ad baculum 130-40, 148
  ad hominem, 5, 177-8, 202, 231
  ad ignorantiam, 58-66, 76, 89n
  ad populum, 116-20, 123, 125, 129, 146-9
  branco e preto, 54
  de composição, 31-2, 181-3
  de divisão, 181-2
  de estatística insuficiente, 362-3
  de *ignoratio elenchi*, 26, 83-7, 103-4, 106, 109-10

ad misericordiam, 140-1
de muitas perguntas (complexas),
   26, 40, 48-53
   análise, 57-8
equívoco, 30-1, 351-5, 385, 390
   sutil, 379-85
espantalho, 31
ladeira escorregadia, 31
petição de princípio, 31, 344-5
post hoc, ergo propter hoc, 29-30,
   298-302
   críticas, 314-9
   erros, 299, 302-26
relações entre parte e todo, 181-2
falácias, 277-333
   em perguntas, 40
   informais, 22-32, 33-4
   lógicas (apelos à emoção), 113-5
   sophistici elenchi, 23
Fineman, Howard, 191n
Fischer, David Hackett, 294n, 302,
   312
Fitzgerald, Karen, 317n
Freedman, David, 291n
Frum, Barbara, 96-7

Gallup, Pesquisa, 296
Giere, Ronald N., 291n
Goode, Erich, 260-1
Govier, Trudy, 107, 187n, 219n
Graham, Michael H., 257-8
Greenspan, Alan, 262
Grice, H. Paul, 13n
Grootendorst, Rob, 7n, 8n, 10n, 12n
Gross, Walter, 28n
Grunberger, R., 130

Hailey, Arthur, 105
Hamblin, C. L., 18, 23n, 114n, 142
Hammel, Eugene A., 307
Harrah, David, 37n, 38n
Hennig, Willi, 349

Himmelstein, David, 327-8
Hintikka, Jaakko, 7n, 9n, 44n
Huff, Darrel, 303-4
Hyer, Marjorie, 296n

ignoratio elenchi, 26, 83-7, 103-4,
   109-10; *ver também* não-pertinência
   ad misericordiam, 140-1
   falta de pertinência, 106
imparcialidade
   ataque à imparcialidade do
      argumentador, 208-15
   crítica, 33
Imwinkelried, Edward, J., 254-5
incoerência, 152, 174-9, 186, 217, 356
   circunstancial, 203-4, 204-6, 220-
      2, 231-2
   conjunção, 175-6
   contradição, 174-7
   em proposições, 174
   lógica, 203-4
   negação, 176
indutivos
   argumentos, 278, 362
   erros, 278-333

Johnson, Ralph H., 105, 366-8
Johnston, Lynn, 246n
Johnstone, Henry W., Jr., 197n, 220n
Jones, Andrew, J. I., 177

Krabbe, Erik C. W., 7n

Locke, John, 242-3
lógica
   formal, 185
   regra para condicional, 169
lógico(a)(as)
   constantes, 183
   incoerência, 203-4
   pragmática, 1-4
   semântica, 1-4
   teoria, 1

Manor, Ruth, 79n
Martens, J. L., 200n
Martin, Paul, 105-6
McIntosh, Dave, 3n
Middleton, Thomas, 366
modus operandi, 141
modus ponens, ver MP
modus tollens, ver MT
Moloney, Paul, 356n
Moore, Christopher W., 11, 101, 292, 295
Morganthau, Tom, 191n
MP (*modus ponens*), 154, 158, 165, 168, 184
  argumentos inválidos, 170-1
  argumento sorites, 374
MP, 170-1
MT (*modus tollens*), 165, 168, 184
Mulroney, Brian, 45

não-pertinência
  alegações de, 83-7
  críticas de, 81-111
    num diálogo regulamentado, 99
    variedades de, 103-6
  em premissas, 104, 107
  global, 88-91, 102, 107
  local, 107
  mudança no argumento (*red herring*), 105
Navasky, Victor, 28
negação, 175
Newman, Cardeal, 214
Nixon, Richard, 190-1, 235
North, Wendy, 294n, 312

O'Connell, William J., 307
ônus da prova
  ad ignorantiam, 63-4
  alegação estatística, 329
  analogia, 356-7
  argumento causal, 323-4
  argumento do declive escorregadio, 392
  diálogo persuasivo, 16-9
  diálogo racional, 63-4, 78-80, 106-7, 382
  pergunta capciosa, 67-71
  regra básica do, 80
  transferência do, 23, 218, 222-5, 232, 249
oposição, 16-7
Orr, Robert T., 364n

pauta
  definição, 99
  para uma discussão, 97-103
pena capital, 127-8
pergunta disjuntiva complexa, 55
pergunta(s)
  agressiva, 45, 75-6
  análise, 57
  Câmara dos Comuns, 44-5
  capciosa, 42, 48-53, 80, 393-4
    análise, 57
  de muitas (complexas), 26, 40, 43-53
    disjuntiva, 55
  e respostas no diálogo, 37-80
    seqüências circulares, 72-3
  falaciosa, 40
  petição de princípio, 31, 71-80
    falácia da, 344
    petitio principii, 343
    termos capciosos e, 341-51, 393-4
  resposta direta, 38
    análise, 57-8
  resposta indireta, 38
  ou, 37-8, 54, 73-5
  – pertinência à resposta, 92-7
  por quê, 37-8, 56-7, 73-5, 74
  pressupostos, 38-43, 74, 393
  racionalidade
    análise, 58
  responder a uma pergunta com outra, 67-71

sim-não, 38, 41, 73-5
pertinência, *ver também* não-pertinência
  falta de, 106
  global, 107, 380
  local, 107
  probatória (pertinência), 107
  relação de conteúdo, 107-8
PES, 65-6
petitio principii, 343-4
Pisani, Robert, 291n
pista falsa, 105
post hoc, ver falácia
pragmática(s)
  aspectos, 161
  lógica, 1-4
Pravda, 132
preconceito, 342, 394
premissa(s), 152
  ad baculum, 139-40
  entimemática, 160
  não-pertinência em, 104-5
pressupostos, 39-43
  análise, 57
  comprometimento indesejável, 42
  de uma pergunta, 74, 393-4
  disjunção, 74
  princípio de caridade, 159
  questionamento, 48-53
procura de ação, diálogo de, 12
propaganda
  apelo *ad populum* em 116-20
  apelo explícito e evocativo à piedade, 143-6
proposições, 79-80
  ad baculum, 139-40
  advertência, 139-40
  ameaça, 139
  argumentos inválidos, 154-8
  circunstancialmente incoerente, 204-6
  conclusão, 152

condicional, 166-70
conectivas, 151-83
  conjunção, 175-6
  conjunto incoerente de, 174-7
  contradição, 174-7
  disjuntiva, 166
    definição, 168
  globalmente não-pertinente, 88
  indesejável, 77
  negação, 176
  núcleo semântico, 160
  premissas, *ver* premissa(s)
prova
  externa, 8
  interna, 7
  obrigação de, 332
  ônus da, *ver* ônus da prova
Purves, Roger, 291n

Reagan, Ronald, 360, 368
regras
  de cooperação, 15
  de nível de informação, 15
  de pertinência, 15
  diálogo, 13-4
  do diálogo persuasivo, 14-26, 193
  em direito criminal, 64, 89-90
Rescher, Nicholas, 17n, 21n
retórica
  pessoal, 113-4
  popular, 113-4
Reuther, Walter, 128-9
rigorismo, 378
Roberts, Oral, 134-5

SD (silogismos disjuntivos), 165-6, 184
Seligman, Daniel, 280n, 282-3
semântica(o)
  definição, 1-4
  núcleo, 160
  termos, 180
  validade como, conceito, 159-63

SH (silogismo hipotético), 165, 167, 184
Shepherd, Robert Gordon, 260-1
silogismo hipotético, *ver* SH
silogismos
  disjuntivo, *ver* SD
  hipotético, *ver* SH
silogismos disjuntivos, *ver* SD
sophistici elenchi, 23
Sperber, Dan, 92n
Stebbing, L. Susan, 93-5
Steel, Thomas B., Jr., 38n
Steinem, Gloria, 262
substituição uniforme, 165n

termos capciosos, 341-51, 393-4
Todd, D. D., 346
Tohinaka, Ken, 107n
Trankell, Arne, 300

vagueza e ambigüidade, 336-41, 379-80, 384
validade
  como conceito semântico, 160-3
  constantes lógicas, 179-80
  dedutiva, 151-4
Van Eemeren, Frans H., 7n, 8n, 10n, 12n

verdade em argumentos, 19-20
viés, 277-333
  ad hominem, 187-8, 208-15
  atribuição (poço envenenado), 188, 208-15
  devido à definição de variáveis, 308-14
  em estatística, 289-92

Walton, Douglas N., 6n, 9n, 17n, 15n, 49n, 59n, 80n, 108, 114n, 118n, 136n, 182n, 197n, 219n, 264n
Weber, O. J., 257
Whately, Richard, 67
Whitecrow, Jake, 340
Will, George F., 192n
Wilson, Deidre, 92n
Wilson, Jack, 3n
Woods, John, 6n, 59n, 182n
Woodward, Kenneth L., 236
Woolhandler, Steffie, 327-8
Wright, Richard A., 107

Young, Roger, 358n
Younger, Irving, 256-7

Zeisel, Hans, 305